Ioannis Tsigaridas

Design-Konzepte mit Moodle

Ioannis Tsigaridas

Design-Konzepte mit Moodle

Lehrveranstaltungen bestmöglich mit Design-Konzepten unterstützen

Reihe Formalwissenschaften

Impressum / Imprint

Bibliografische Information der Deutschen Nationalbibliothek: Die Deutsche Nationalbibliothek verzeichnet diese Publikation in der Deutschen Nationalbibliografie; detaillierte bibliografische Daten sind im Internet über http://dnb.d-nb.de abrufbar.

Alle in diesem Buch genannten Marken und Produktnamen unterliegen warenzeichen-, marken- oder patentrechtlichem Schutz bzw. sind Warenzeichen oder eingetragene Warenzeichen der jeweiligen Inhaber. Die Wiedergabe von Marken, Produktnamen, Gebrauchsnamen, Handelsnamen, Warenbezeichnungen u.s.w. in diesem Werk berechtigt auch ohne besondere Kennzeichnung nicht zu der Annahme, dass solche Namen im Sinne der Warenzeichen- und Markenschutzgesetzgebung als frei zu betrachten wären und daher von jedermann benutzt werden dürften.

Bibliographic information published by the Deutsche Nationalbibliothek: The Deutsche Nationalbibliothek lists this publication in the Deutsche Nationalbibliografie; detailed bibliographic data are available in the Internet at http://dnb.d-nb.de.

Any brand names and product names mentioned in this book are subject to trademark, brand or patent protection and are trademarks or registered trademarks of their respective holders. The use of brand names, product names, common names, trade names, product descriptions etc. even without a particular marking in this works is in no way to be construed to mean that such names may be regarded as unrestricted in respect of trademark and brand protection legislation and could thus be used by anyone.

Coverbild / Cover image: www.ingimage.com

Verlag / Publisher:
AV Akademikerverlag
ist ein Imprint der / is a trademark of
OmniScriptum GmbH & Co. KG
Heinrich-Böcking-Str. 6-8, 66121 Saarbrücken, Deutschland / Germany
Email: info@akademikerverlag.de

Herstellung: siehe letzte Seite /
Printed at: see last page
ISBN: 978-3-639-72365-6

Zusammenfassung

Der Kern dieser Masterarbeit liegt in der Ausarbeitung von durchdachten Design-Konzepten für Kurse unter Verwendung der Lernplattform Moodle [35]. Dabei wurden die drei häufig vorkommenden Lehrveranstaltungstypen Vorlesung, Seminar und Praktikum betrachtet. Bei den Design-Konzepten geht es um den Aufbau von virtuellen Kursen in Moodle. Dabei ermöglicht diese Lernplattform eine zentrale Organisation von Lehrinhalten eines Kurses. Zusätzlich kann das Lerngeschehen auf einer zentral organisierten Kursseite unterstützt werden.

Dazu bietet Moodle unterschiedliche Grundelementtypen, um einen Kurs strukturiert mit Lehrinhalten zu füllen. Mit interaktiven Elementen können zudem Kursleiter und Kursteilnehmer über den Moodle-Kurs interagieren. Moodle bietet daher eine große Vielfalt an Möglichkeiten, einen Kurs aufzubauen und zu gestalten.

Es ist nicht das Ziel, die Präsenzveranstaltungen des Fachbereichs zu verdrängen. Die virtuellen Kurse sollen als zusätzliche Unterstützung für die realen Kurse dienen. Deshalb wurde bei der Erstellung der Design-Konzepte besonders auf das Ziel geachtet, die Präsenzveranstaltung durch die Moodle-Kurse bestmöglich zu unterstützten.

Beim Aufbau eines Moodle-Kurses ist es besonders wichtig, dass sowohl die Kursleiter als auch die Kursteilnehmer in ihrer Arbeit unterstützt werden. Da jeder Lehrveranstaltungstyp einen spezifischen Kursverlauf sowie eine eigene Organisationsstruktur hat, besitzt jede Veranstaltung unterschiedliche Bedürfnisse. Diese Bedürfnisse müssen beim Aufbau und in der Gestaltung eines Moodle-Kurses berücksichtigt werden, so dass eine erfolgreiche Unterstützung angeboten werden kann. Dabei wurden passende Konzepte zur Begleitung von Vorlesungen, Seminare und Praktika entwickelt. Diese werden in dieser Masterarbeit vorgestellt und diskutiert.

Im Rahmen dieser Masterarbeit wurde zudem ein Moodle-Kurs für eine Veranstaltung des Fachbereichs Informatik entwickelt und im Lernportal Informatik [15] zur Verfügung gestellt. Die Teilnehmer konnten diesen Moodle-Kurs im Wintersemester 2012/2013 nutzen. Dabei wurde eine administrative Unterstützung während des Semesters zusätzlich angeboten und auch angenommen. Damit enthält diese Masterarbeit ein reales und durchgeführtes Design-Konzept. Die Kursteilnehmer konnten diesen Kurs evaluieren, um so ein Feedback für die Masterarbeit erhalten zu können.

Abstract

The central point of this master thesis is the development of sophisticated design concepts for courses using the Moodle learning platform [35]. The three most common course types – namely, lectures, seminars and labs – were considered. The design concepts address the structure of virtual courses in Moodle. This learning platform enables a central organization of teaching content of a course. In addition, the learning events can be supported on a centrally organized course page.

For this purpose, Moodle offers different base elements to fill a course with teaching content. Teachers and students can interact within a Moodle course using the provided elements. Moodle thus offers a wide variety of ways to build and design a course.

This thesis does not aim to replace the presence of the events of the department. The virtual courses have to serve as additional support for the real courses. Therefore, in the preparation of design concepts, particular attention was paid to the goal of supporting the presence part of a course as much as possible by the Moodle courses. When building a Moodle course, it is of particular importance to support course instructors as well as course participants in their work. Since each course type has a specific course progress and its own organizational structure, each course type has different needs. This needs have to be addressed while building and designing a Moodle course so that a successful support can be offered. For this goal, suitable concepts for supporting lectures, seminars and labs were developed and are presented and discussed in this thesis.

In the context of this thesis, a Moodle course was developed for a course of the Department of Computer Science of the TU Darmstadt and provided in the department's Moodle installation [15]. The participants were able to use this Moodle course in the winter term 2012/2013. The course administration was supported in the course of this thesis. Thus, this master thesis contains a real and conducted design concept. The course participants could evaluate this course in order to receive a feedback for the master thesis.

Inhaltsverzeichnis

Danksagung

Diese Arbeit widme ich meinen Eltern Dimitrios und Maria Tsigaridas, ohne deren Unterstützung ich mein Studium nicht erfolgreich hätte beenden können. Dafür bin ihnen sehr dankbar. Leider konnte mein Vater diese Masterarbeit nicht mehr miterleben, doch er hätte sich sicher darüber gefreut, da er mir im Studium stets als Freund und Berater zur Seite stand.

Für die tatkräftige Unterstützung während der Ausarbeitung dieser Arbeit danke ich vor allem Herrn Dr. Guido Rößling. Auch wenn er viel zu tun hatte, nahm er sich immer die Zeit mir zu helfen. Ich danke ihm sehr für seine sehr guten Bemühungen und sein Interesse.

Tabellenverzeichnis

Abbildungsverzeichnis

Design-Konzepte mit Moodle

1 Einleitung

In dieser Masterarbeit werden zu den drei Typen von Lehrveranstaltungen – Vorlesung, Seminar und Praktikum – des Fachbereichs Informatik an der TU Darmstadt unterstützende E-Learning Konzepte erstellt. Dabei wird die Moodle-Lernplattform [14] eine zentrale Rolle in dieser Arbeit einnehmen. Diese Lernplattform wird als eine sinnvolle Ergänzung in der Lehre betrachtet. Es soll nicht das Ziel, die Präsenz der Lehrenden und Lernenden von den verschiedenen Veranstaltungen, wie etwa den Vorlesungen, Seminaren und Praktika, zu ersetzen.

Der wichtigste Kernpunkt dieser Arbeit ist, wie die Dozenten und die Studierenden in ihrer Arbeit mit Hilfe von Moodle bestmöglich unterstützt werden können. Diese Unterstützung ist nur dann hilfreich, wenn sie an den jeweiligen Typ der Lehrveranstaltung angepasst wird. Deshalb wird hier die Gestaltung der Moodle-Lernplattform für die verschiedenen Veranstaltungsformen berücksichtigt. In diesem Abschnitt wird zusätzlich die Motivation, die Aufgabenstellung und die Gliederung der Arbeit vorgestellt.

1.1 Motivation

Durch eine an die Lehrveranstaltung angepasste Moodle-Lernplattform können Lehrende und Lernende effektiv in ihrer Arbeit unterstützt werden. In dieser Arbeit werden verschiedene Konzepte zur bestmöglichen Gestaltung von Moodle vorgestellt. Wenn viele Veranstaltungen nicht zentral mit Hilfe einer Lernplattform organisiert werden, so sind Studierende immer auf die jeweiligen Webseiten ihrer gewählten Veranstaltungen angewiesen. Das bedeutet, dass der Student sich eigenständig einen Überblick über seine ganzen Vorlesungen, Seminare und Praktika verschaffen muss. Jedes Mal wenn Aktualisierungen stattfinden, sind alle Webseiten getrennt zu betrachten. Falls Lehrmaterialien, Neuigkeiten und Adressen der Dozenten gesucht werden, so muss der Student von Webseite zu Webseite wechseln, was bei vielen Kursen mühsam sein kann.

In der Moodle-Lernplattform hingegen können die verschiedenen Veranstaltungen zentral organisiert werden. Dadurch haben die Studierenden einen besseren Überblick und können auf einen Blick alle gewählten Kurse auf einer Übersichtsseite sehen. Somit entfällt der Besuch verschiedener Webseiten.

Darüber hinaus können Studierende eine direkte Mitteilung sowohl an den Dozenten als auch an andere Studenten im gleichen Kurs verschicken, ohne dafür nach der jeweiligen E-Mail Adresse suchen zu müssen. Ein Mausklick auf den Namen der Person reicht völlig aus. Somit erreicht man andere Personen, die den gleichen Kurs belegen. Dies kann sehr hilfreich sein, wenn Fragen entstehen oder andere Hilfestellungen von

Kommilitonen notwendig sind.

Mit einem Forum können Mitteilungen an alle eingeschriebenen Teilnehmer in einem Kurs versendet werden. Damit können bestimmte Anliegen, Fragen und Anregungen für die Allgemeinheit gestellt werden. Besonders wichtige Anliegen der Dozenten erreichen alle Teilnehmer schnell und unkompliziert. Dies erleichtert die Aufgabe der Dozenten und ihrer Mitarbeiter sehr.

Ein sehr wichtiger Aspekt der Moodle-Lernplattform ist die Organisation eines Kurses. Moodle bietet verschiedene Werkzeuge an, mit denen man einen Kurs übersichtlich, benutzerfreundlich und effektiv organisieren kann. Es werden hier nicht nur Lehrmaterialien, sondern auch Werkzeugelemente bereitgestellt, die das Lernen der Studierenden effektiv fördern und ihr Wissen testen. Die Studierenden können durch Moodle ihren Lernprozess und ihr Wissen strukturieren, organisieren und vertiefen und das auf einer zentral organisierten Plattform.

Lehrende können mit Moodle das zu vermittelnde Wissen einfach organisieren, indem sie es intuitiv strukturieren. Darüber hinaus können sie mit gut gewählten Werkzeugen in Moodle das E-Learning der Studenten sinnvoll unterstützen und so auch komplexes Wissen einfacher vermitteln. Mit diesen positiven Eigenschaften einer Lernplattform wird die Arbeit der Lehrenden vereinfacht, so dass sie sich wichtigeren Aufgaben widmen können. In dieser Arbeit wird auf diese Werkzeuge in Moodle in den jeweiligen Abschnitten darauf eingegangen.

Ein wichtiger Aspekt ist, dass Moodle eine Open-Source-Software ist. Dadurch ist das Betreiben einer Moodle-Lernplattform an einer Universität oder an einer Schule kostengünstig aber effektiv und sinnvoll für das E-Learning. Damit hat man viele positive Eigenschaften, die zu einer hohen Motivation zur Nutzung von Moodle führen. Viele Universitäten weltweit nutzen dieses Angebot. Entscheidend ist, wie man so eine Plattform bestmöglich gestaltet, so dass man Lehrende und Lernende effektiv in ihrer Arbeit unterstützen kann.

1.2 Aufgabenstellung

In dieser Arbeit werden Konzepte zur Gestaltung der Moodle-Lernplattform erstellt, die sowohl Lehrende als auch Lernende unterstützt. Bei dieser Gestaltung werden die folgenden gängigen Typen von Lehrveranstaltungen, die am Fachbereich Informatik an der TU Darmstadt bestehen, berücksichtigt:

- Vorlesung
- Seminar
- Praktikum

Bei der Konzepterstellung werden beide Dozenten und Studierende berücksichtigt. Dabei dient als Leitfaden die Frage: Warum ist das Konzept in der jeweiligen Veranstaltungsart nützlich und vorteilhaft sowohl für den Dozenten als auch für den Studenten? Dadurch kann das E-Learning für den Studenten und die Arbeit des Dozenten verbessert und unterstützt werden.

1.3 Zielsetzung

Die Zielsetzung dieser Masterarbeit ist, bestmögliche Konzepte zur Gestaltung von Moodle-Kursen zu erstellen, die das E-Learning für Studierende vereinfachen und fördern und die Dozenten in ihrer Arbeit unterstützen und entlasten.

Diese Konzepte haben nicht das Ziel, die Präsenz der Dozenten und der Studierenden in den verschiedenen Veranstaltungen, wie etwa den Vorlesungen, Seminaren und Praktika, zu verdrängen oder gar wegfallen zu lassen. Sie dienen vielmehr als Ergänzung zur Präsenz in der Lehre.

Die Studierenden haben mit der Moodle-Lernplattform ein starkes Instrument, mit dem sie ihr Lernen und ihr Wissen strukturieren, organisieren und vertiefen können, und das alles auf einer zentral organisierten Plattform. Das motiviert die Studierenden und fördert zusätzlich ihre Lernprozesse.

Der Dozent kann die zu vermittelten Lehrinhalte organisieren und auf eine intuitive und vereinfachte Art bereitstellen, was zu einer Entlastung bei der Arbeit führt.

Die hier erstellten Konzepte können von großem Nutzen sein und für die Lehre an der TU Darmstadt umgesetzt werden.

1.4 Gliederung der Arbeit

Am Anfang dieser Masterarbeit wird erklärt, was der Sinn und Zweck einer Lernplattform – auch Learning Management System genannt – ist. Dabei werden unterschiedliche Lernplattformen vorgestellt. Bei den Lernplattform handelt es sich um Blackboard Learn [3], Stud.IP [53] und Moodle [35].

Da Moodle eine wichtige Rolle in dieser Masterarbeit einnimmt, wird diese Lernplattform näher betrachtet. Dadurch wird eine guter Überblick über die Grundelemente – *Aktivitäten*, *Arbeitsmaterialien* und *Blöcke* – eines Moodle-Kurses angeboten. Zudem werden Kurseinstellungen und wichtige Konfigurationen vorgestellt, mit denen ein Kurs sowie die Grundelementtypen Arbeitsmaterialien und Aktivitäten eingestellt werden können. Durch das Einstellen von Konfigurationen kann ein Moodle-Kurs an die Bedürfnisse eines Kurses angepasst werden.

Nachdem die Lernplattform Moodle vorgestellt wurde, werden zu drei Veranstaltungstypen – Vorlesung, Seminar und Praktikum – durchdachte

Design-Konzepte vorgestellt. Dabei wird auf reale Veranstaltungen des Fachbereichs Informatik eingegangen. So wurde zur Vorlesung *Informationsvisualisierung und Visual Analytics* ein Moodle-Kurs aufgebaut und gestaltet, der auch während des Wintersemesters 2012/2013 genutzt wurde und im Lernportal Informatik [15] zur Verfügung steht. Damit wird in dieser Masterarbeit ein durchdachtes und durchgeführtes Design-Konzept für diese Vorlesung vorgestellt.

Zum Seminar *Aktuelle Trends im Medical Computing* sowie zum Praktikum *Entwurf eingebetteter Systeme* wurden ebenfalls durchdachte Design-Konzepte nach den Bedürfnissen dieser Kurse erstellt. Diese können den Veranstaltern angeboten werden, sofern Interesse besteht und diese Kurse auch weiterhin im Fachbereich Informatik angeboten werden.

Die hier erarbeiteten Design-Konzepte sind nicht auf diese Veranstaltungen beschränkt, sondern auch bei anderen Vorlesungen, Seminaren und Praktika anwendbar.

Da der Moodle-Kurs zur Vorlesung *Informationsvisualisierung und Visual Analytics* von Studierenden genutzt wurde, erfolgte eine Evaluation durch die Kursteilnehmer. Dadurch konnte ein Feedback zu den erarbeiteten Design-Konzept dieses Kurses eingeholt werden. Die Evaluation wird nach der Vorstellung der hier genannten Kurse vorgestellt.

Damit der Leser dieser Arbeit mehr Informationen zu den Aktivitäten und den Blöcken der Moodle-Lernplattform erhalten kann, werden Informationen dazu im Anhang zur Verfügung gestellt.

2 Learning Management System

Ein *Learning Management System* [13], auch Lernplattform im deutschen Sprachgebrauch genannt, ist eine webbasierte Software, die das E-Learning [9] unterstützt. Für den Betrieb einer Lernplattform wird ein Webserver benötigt. Erst über diesen Webserver kann das E-Learning stattfinden.

Ein Learning Management System ermöglicht eine virtuelle Kursorganisation, insbesondere für Schulen und Universitäten, aber auch für Unternehmen, die verschiedene Seminare für ihre Mitarbeiter anbieten. Dabei können verschiedene Kurse in einer Lernplattform für Teilnehmer angeboten werden. Nach Schulmeister [40] sind Kurse mit Lehrinhalten und deren Darstellung zu verwalten. In diesen Kursen werden wichtige Lehrinhalte strukturiert bereitgestellt. Dazu gehören etwa Folien, Skripte, Übungen, Hausübungen, Lösungen, Videos und andere wichtige Informationen des Kurses.

Außerdem bietet eine Lernplattform Elemente an, bei denen die Teilnehmer *interaktiv* und *kooperativ* [13] zusammenarbeiten können. Viele Lernplattform besitzen derartige Grundelementtypen, wie Foren, Chats, Wikis und Tests. Über den interaktiven Kontakt sowie ein Mitteilungssystem, das eine Lernplattform anbieten sollte, wird die *Kommunikation* zwischen den Kursteilnehmern und den Kursleitern zusätzlich unterstützt.

Damit Kursteilnehmer auf die Lehrmaterialien und die interaktiven und kooperativen Elemente zugreifen können, müssen sich die Teilnehmer erst anmelden. Nach Schulmeister [40] wird dazu eine *Benutzerverwaltung* benötigt. Eine Benutzerverwaltung ermöglicht Teilnehmern, sich an einer Lernplattform zu registrieren. Durch die Vergabe eines Anmeldenamens und eines Passwortes können sich Teilnehmer der Lernplattform authentifizieren.

Außerdem müssen allen Teilnehmern der Lernplattform *Rollen* mit unterschiedlichen *Rechten* zugewiesen werden können [40]. So wie in einem realen Kurs an einer Universität, gibt es verschiedene soziale Rollen und Rechte. Zu den Rollen zählen etwa Dozenten, Tutoren, Studenten und Gäste. Es ist offensichtlich, dass jede Personengruppe unterschiedliche Rechte besitzen kann. So dürfen Tutoren und Studenten keine Vorlesung halten; dieses Recht haben nur die Dozenten. Der Dozent ist auch im Besitz von vertraulichen Daten – wie Bewertungen, Noten und Matrikelnummern – aller Kursteilnehmer. Solche Rollen und Rechte müssen auch in einer Lernplattform vergeben werden können. Ein Dozent kann etwa die Bewertungen aller Kursteilnehmer einsehen; ein Student hingegen sieht nur seine eigene Bewertung.

Nach Kerres [18] verfügt eine Lernplattform über die Funktion, *Lernprozesse und -ergebnisse* zu dokumentieren. Dabei ermöglicht eine Lernplattform verschiedene Dokumente, Foreneinträge oder sogar auch Online-Prüfungen zu bewerten. Um den Lernprozess zu erfassen, beschreibt Kerres folgendes: *„Das Lernen hinterlässt eine Spur, die in einer geeigneten Form registriert, dokumentiert und angerechnet werden sollte."* [18] Damit beschreibt Kerres, dass es wichtig ist, mit geeigneten Elementen einer Lernplattform Bewertungen und Lernprozesse zu erfassen. Diese Erfassung über alle Kursteilnehmer sowie die persönliche Leistung für den einzelnen Kursteilnehmer sollte in der Lernplattform einsehbar sein.

Zusammenfassend kann gesagt werden, dass Lernplattformen nicht nur starre Informationen eines Kurses anbieten, sondern virtuelle Kurse bereitstellen, in denen die Teilnehmer das ganze Lerngeschehen aktiv mitgestalten können. Dazu kann eine geeignete Auswahl an Elementen einer Lernplattform sehr hilfreich eingesetzt werden. Wie auch im Buch *Mediendidaktik* von Kerres [18] beschrieben, hängt es von den Lehrenden ab, welche Elemente für ein *problembasiertes und kooperatives Lernen* eingesetzt werden. Die Kursleiter können durch ihren Einsatz und durch eine gute Gestaltung der einzusetzenden Lernplattform die Kursteilnehmer bei ihrem Lernprozess unterstützen. Darüber hinaus werden die Teilnehmer motiviert, das Lerngeschehen aktiv mitzugestalten.

Auch Lehrende erleichtert eine Lernplattform die Arbeit. Neben der Präsenzveranstaltung können Lehrmaterialien strukturiert auf einer Lernplattform hochgeladen werden. Abgaben von Lösungen sowie Bewertungen können über die Lernplattform ortsunabhängig abgewickelt werden. Das Hin- und Herlaufen zur Universität für solche Zwecke gehört damit der Vergangenheit an, was auch kostbare Zeit einspart.

In dieser Arbeit werden drei Lernplattformen betrachtet, die sehr bekannt sind und viele Nutzer haben: Blackboard Learn [3], Stud.IP [53] und Moodle [35]. Diese werden in den nächsten Abschnitten vorgestellt und anschließend in einem eigenen Abschnitt verglichen.

2.1 Blackboard Learn

Blackboard Learn [3] ist eine kommerzielle Lernplattform, die das Lerngeschehen für Kursteilnehmer verbessern kann. Neben Lehrmaterialien können Lehrende kommunikative und kollaborative Elemente der Lernplattform einsetzen, so dass Kursteilnehmer bei ihrem Lernen unterstützt werden.

Blackboard bietet verschiedene Lernplattformen, die an die jeweiligen Bedürfnisse der Nutzergruppen angepasst sind. So wird für didaktische Zwecke an Hochschulen *Blackboard Learn* [3] und *Blackboard Collaborate* [2] empfohlen. *Blackboard Collaborate* ermöglicht eine sehr dynamische Kommunikation und Zusammenarbeit.

Historisch betrachtet, wurde Blackboard 1997 von Matthew Pittinsky und

Michael Chasen gegründet [36]. Die Lernplattfom *Blackboard Learn* wurde 1999 ins Leben gerufen und über die Jahre aktualisiert.

Abbildung 1: MyBlackboard (Blackboard 9.1 Demo Kurs) [42]

Nach der Anmeldung in *Blackboard Learn* wird als erstes die Seite *My-Blackboard,* wie in Abbildung 1 zu sehen, angezeigt. Diese zentrale Seite kann Module wie etwa die eigene Kursliste (*My Courses*), die gesamte Kursliste des Fachbereichs (*Course List*), Ankündigungen (*My Announcements*), Kalender (*My Calendar*), ToDo-Liste und viele andere Module enthalten. Diese informativen Module, die wie einzelne Notizzettel oder Boxen aussehen, können auf der *MyBlackboard*-Seite vom Kursteilnehmer hinzugefügt oder auch entfernt werden. So kann der Kursteilnehmer selber entscheiden, was für Informationen er nach Anmeldung im Blackboard-System sehen möchte.

Neben den Modulen, die den Kursteilnehmer über aktuelle Aspekte des Kurses informieren, kann der Kursteilnehmer auch interagieren. Dazu kann er Kommentare in Foren schreiben, Mitteilungen an einzelne Teilnehmer oder auch an Gruppen des Kurses verschicken oder auch zeitgleich mit anderen Teilnehmern chatten. Damit sind die Kursteilnehmer sehr gut miteinander vernetzt, so dass ein guter Wissensaustausch stattfinden kann. Dadurch unterstützt Blackboard Kursteilnehmer bei Fragen zu Kursinhalten, organisatorischen Fragen, oder auch beim gemeinsamen Online-Lernen.

In Blackboard Learn können ein Wiki und beliebige Tests erstellt sowie Lösungen zu Übungen abgegeben werden. Das erlaubt mehreren Teilnehmern gemeinsam ein Wiki mit Inhalten zu füllen und zu bearbeiten. Die Teilnehmer überprüfen ihren Wissensstand anhand von Tests, die die Kursleiter erstellt haben. Darüber hinaus können Lösungen zu Übungen mit Hilfe eines eingebauten Texteditors erstellt werden und/oder eine Datei als Abgabe hochgeladen werden.

Innerhalb eines Kurses werden geeignete Module und die Struktur der

Inhalte vom Kursleiter festgelegt. So ist in Abbildung 2 ein Demo-Kurs zu sehen, der aus Abbildung 1 aus dem Modul *My Courses* gewählt wurde.

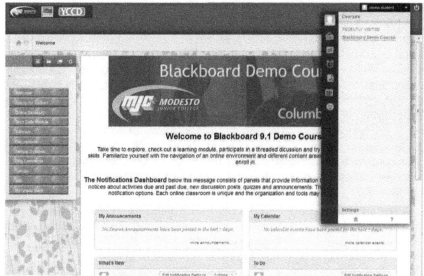
Abbildung 2: Blackboard Learn Demo-Kurs [42]

In diesem Kurs kann ein Kursteilnehmer über die linke Navigationsliste auf Lehrinhalte und Elemente – wie etwa ein Wiki, Glossar, Forum und Bewertungen – des Kurses gelangen. Wird in dieser Navigation eine Auswahl vorgenommen, so erscheint die entsprechende Seite, ohne dabei die Module anzuzeigen. Die Module sind nur auf der Hauptseite des Kurses (siehe Abbildung 2) zu sehen.

Eine neue Besonderheit in der aktuellen Version 9.1 ist das globale Navigationsmenü [5], das auf jeder Seite im Kurs rechts oben über den Namen mit einem Klick geöffnet werden kann. In diesem Navigationsmenü sind verschiedene Icons zu sehen. Auf der Webseite von Blackboard [5] werden die Möglichkeiten dieser Navigation vorgestellt. So kann der Kursteilnehmer mit einem Klick auf das jeweilige Icon sein Profil bearbeiten, auf seine Beiträge und Kommentare in Foren (in Blackboard *Discussion Boards* genannt) oder im Wiki gelangen, wichtige Ankündigungen und Termine des Kurses sowie die eigenen Bewertungen einsehen. Damit kann der Kursteilnehmer jederzeit einfach den Überblick behalten.

Die Lernplattform *Blackboard Learn* kann zusätzlich mit der Lernplattform *Blackboard Collaborate* integriert [2] werden, so dass zusätzliche kollaborative Optionen in *Blackboard Learn* genutzt werden können. Wie das Wort *Collaborate* schon aussagt, bietet *Blackboard Collaborate* [2] mehrere Optionen oder technische Feinheiten an, um aktiv und gleichzeitig mit anderen am Lerngeschehen teilnehmen zu können. In einem

Werbevideo [55] von *Blackboard Collaborate* werden diese Optionen kurz vorgestellt. Dazu zählen: *Web conferencing, Mobile Collaboration, Voice authoring* und *Enterprise Instant Messaging.*

Mit *Web conferencing* kann eine Präsenzveranstaltung, etwa eine Vorlesung oder eine Übung, in einem eingebetteten Programm innerhalb der Lernplattform live übertragen werden. Dabei können eingeladene Kursteilnehmer die Aktionen des Kursleiters auf einem eigenen Bildschirm mitverfolgen. Außerdem können Sprach- und Videoaufnahmen gleichzeitig aufgenommen werden. Die Kursteilnehmer können auch in diesem Programm ein Chat-Panel benutzen, so dass Fragen während des Vortrags an den Kursleiter gestellt werden können, ohne ihn durch das direkte Ansprechen per Mikrofon zu unterbrechen. Dank *Mobile Collaboration* können Kursteilnehmer auch mit mobilen Geräten, wie Smartphones, von überall an dieser Webkonferenz teilnehmen.

Webkonferenzen können im Kurs gespeichert werden, so dass Kursteilnehmer zu einem späteren Zeitpunkt die Konferenz wieder anhören können. Das ist auch sehr hilfreich, wenn Teilnehmer die Live-Übertragung oder die Präsenzveranstaltung verpasst haben.

Mit *Voice authoring* kann eine Sprachaufnahme erfolgen. Im Werbevideo wurde der Einsatz dieser Option für Feedbacks und für weitere Trainingszwecke empfohlen. Kursteilnehmer können diese Aufnahmen bei Bedarf immer wieder anhören, so dass eine Rückmeldung nicht einfach in Vergessenheit gerät.

Enterprise Instant Messaging ist ein Instrument, mit dem mehrere Kursteilnehmer oder Kursteilnehmer mit Kursleitern gemeinsam zur gleichen Zeit online kommunizieren können. Die synchrone Kommunikation kann über Texteingabe, Ton- und Videoübertragung erfolgen. Darüber hinaus können mehrere Personen zur gleichen Zeit gemeinsam an einem *Whiteboard* Texte und Objekte, wie etwa Grafiken, einfügen, bearbeiten und ansehen [56]. Damit stellt das Whiteboard eine virtuelle Tafel dar, auf der Kursteilnehmer Informationen visualisieren können. Außerdem kann ein Teilnehmer die Ansicht auf seinen Bildschirm auch für andere Teilnehmer freischalten. Dadurch kann ein Kursteilnehmer komplizierte Sachverhalte auf seinem Computer darstellen und besser erklären. In dem Werbevideo werden alle Möglichkeiten der Interaktion mithilfe des *Enterprise Instant Messaging* für Lernzwecke empfohlen. Damit ist es nicht immer notwendig, dass Student sich an einem bestimmten Ort treffen müssen, um zu lernen. Jeder einzelne kann von zu Hause aus oder an einem ruhigen und bequemen Ort mit anderen interaktiv zusammenarbeiten.

Damit kann die Kombination von *Blackboard Learn* und *Blackboard Collaborate* einen Online-Kurs zu einem dynamischen virtuellen Kurs machen, so dass Lehrende und Lernende eine bestmögliche Unterstützung erfahren können.

2.2 Stud.IP

Stud.IP [53] steht abkürzend für **Studienbegleitender Internetsupport von Präsenzlehre** und wurde erstmals 1999 in Kooperation von Studierenden und Lehrenden an der Universität Göttingen entwickelt [52]. Da *Stud.IP* eine Open-Source-Software ist, ist sie eine frei erhältliche Lernplattform, die an vielen Universitäten Deutschlands eingesetzt wird [1].

In einem Pressebericht der *Stud.IP* Tagung 2011 [52] wird erwähnt, dass das Unternehmen *data-quest GmbH* Support für die Lernplattform anbietet. Dieser Bericht nennt als Kunden einige Universitäten, wie etwa Osnabrück, Oldenburg und weitere große Universitäten. Da die Lernplattform Open-Source ist, können Programmierer an der Weiterentwicklung jederzeit mitarbeiten. Sowohl aus dem Bericht als auch aus der offiziellen Webseite von *Stud.IP* [53] ist zu entnehmen, dass Universitäten und „freie Programmierer" dazu beitragen.

Laut eigenen Angaben aus dem Pressebericht wird die Lernplattform sehr häufig im deutschsprachigen Raum genutzt. In dem Bericht [52] heißt es: *„im Juli 2011 wird die Software an über 65 Standorten in Deutschland, Österreich, der Schweiz offiziell eingesetzt und hat insgesamt über 450.000 Nutzer. Damit ist es eines der am meisten genutzten Open-Source-Lernsysteme Deutschlands."*

Die Lernplattform bietet Lehrenden und Lernenden virtuelle Kurse an, in denen Lehrmaterialien und wichtige Informationen des Kurses organisiert werden können. Außerdem stellt Stud.IP kommunikative Elemente zur Verfügung. Dazu zählen Foren, Chats und der Nachrichtenaustausch über ein Mitteilungssystem. In Kooperation und Kollaboration können Wikis mit Inhalten gefüllt werden. Durch Online-Tests können die Kursteilnehmer ihren Wissenstand zusätzlich überprüfen und durch Umfragen bekommt der Kursleiter wichtiges Feedback. Das Feedback kann sich sowohl auf die Gestaltung des virtuellen Kurses in Stud.IP als auch auf den realen Kurs beziehen.

Außerdem lassen sich einige Dateitypen hochladen, so dass Hausaufgaben etwa im PDF-Format zur Verfügung gestellt werden können. Auch die Kursteilnehmer können ihre Lösungen als Datei hochladen und dadurch ortsunabhängig arbeiten. Abgaben müssen somit nicht mehr persönlich beim Veranstalter des Kurses abgegeben werden. Damit entfallen unnötige Gänge zur Universität, so dass kostbare Zeit gespart wird.

Durch Zugriffsberechtigung können Ordner festgelegt werden, in denen Kursteilnehmer nur herunterladen, nur hochladen oder auch beides machen dürfen. Der Kursleiter kann in den Einstellungen der Dateien einen Ordner verbergen oder direkt sichtbar machen. Jedoch kann dies nicht unter Angabe eines Zeitpunkts erfolgen, so dass eine manuelle Einstellung der Sichtbarkeit oder der Verborgenheit zu einem gewünschten Zeitpunkt durchgeführt werden muss.

Damit eignet sich diese Lernplattform als Ergänzung zu einer Präsenzveranstaltung an einer Universität. Durch eine geeignete Auswahl von Elementen in Stud.IP werden wichtige Aspekte des Lerngeschehens ermöglicht, die nicht im zeitlichen Rahmen einer Präsenzveranstaltung abgedeckt werden können. Das könnten zusätzliche Fragen sein, die sich nach intensiven Befassen der Lehrinhalte ergeben. Es können aber auch aktuelle Änderungen im Kurs sein, die durch eine Ankündigung in einem Forum für alle Kursteilnehmer rechtzeitig bekannt gegeben wird.

Nachdem sich ein Teilnehmer in Stud.IP eingeloggt hat, ist die typische Startseite dieser Lernplattform in Abbildung 3 zu sehen. Diese Abbildung ist ein Screenshot von einer Demo Stud.IP-Lernplattform; die Anmeldung erfolgte mit einem Testzugang für Dozenten.

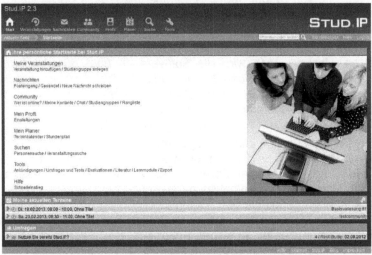

Abbildung 3: Startseite einer Demo Lernplattform von Stud.IP [43]

Ganz oben auf der Startseite ist eine Symbolleiste zu erkennen, die permanent auf jeder Seite der Lernplattform zu sehen ist. Dadurch kann der Kursteilnehmer sofort auf zentrale Elemente zugreifen, wie *Veranstaltungen, Nachrichten, Community, Planer* und *Suche*.

In den *Veranstaltungen* sind alle Kurse des Kursteilnehmers aufgelistet, in denen er eingeschrieben ist. Mit einem Klick gelangt dieser in den jeweiligen Kurs.

Über das *Nachrichten*-Symbol wird das Mitteilungssystem aufgerufen, mit dem Nachrichten mit anderen Stud.IP-Nutzern ausgetauscht werden können. Falls ein Nutzer online ist, wird ihm der Empfang einer Nachricht signalisiert.

Unter *Community* gelangt der Kursteilnehmer zu einer Seite, in der ein direkter Kontakt über einen *Chat* entstehen kann. Dabei handelt es sich um einen *globalen Chat*, bei dem *Stud.IP*-Nutzer aus verschiedenen Kursen direkt online kommunizieren können. Dazu kann eine „*Wer ist online?*"-Kategorie innerhalb der Community-Seite aufgerufen werden, um Online-Nutzer zu einem *Chat* einzuladen oder um eine Nachricht zu verschicken. In dieser Kategorie sind auch eine persönliche *Kontaktliste* sowie eingerichtete *Studiengruppen* aufzufinden. Möchte eine größere Lerngruppe zusammenarbeiten, so kann diese Gruppe online eine Studiengruppe einrichten. Die Studiengruppe erhält einen virtuellen Raum innerhalb der Lernplattform und ähnelt einem virtuellen Kurs einer Präsenzveranstaltung, die Foren, Chats, Wikis und andere Elemente besitzen kann. Eine Studiengruppe kann für alle öffentlich gemacht werden oder nur auf Anfrage gewünschte Mitglieder zulassen.

Über das *Profil*-Symbol kann der Kursteilnehmer sein Profil bearbeiten, indem er beispielsweise ein persönliches Bild hochlädt, Hobbys oder auch die ausgewählten Kurse angibt. Zusätzlich kann er die Sichtbarkeit seiner Profil-Daten – wie die private Email-Adresse – auf bestimmte Gruppen oder auch allgemein einschränken, so dass die eigene Privatsphäre geschützt werden kann.

Mit dem *Planer* können wichtige Termine in einem Kalender festgehalten werden. Aktuelle Änderungen wie eine Raumänderung oder zusätzliche Veranstaltungen können im Kalender erfasst werden. Darüber hinaus ist der persönliche Stundenplan des Kursteilnehmers einzusehen.

Mit der Kategorie *Suche* kann nach registrierten Veranstaltungen eines Fachbereichs und anderen Informationen gesucht werden.

In der Kategorie *Tools* befinden sich weitere Unterkategorien, in denen der Kursleiter Ankündigungen, Tests, Umfragen, Lernmodule und Literaturlisten bearbeiten kann.

Unterhalb der Symbolleiste wird der Pfad angezeigt, so dass sich die Teilnehmer orientieren können, auf welcher Seite sie aktuell sind.

In der Mitte der Startseite sind in einer Fläche verschiedene Links zu erkennen, die genauso wie die Symbolleiste zu den gewünschten Seiten verlinken.

Ganz unten in der Abbildung 3 sind noch zwei weitere Flächen zu erkennen. Die Fläche *Meine aktuellen Termine* enthält persönliche Termine sowie Termine aus gebuchten Veranstaltungen [49]. Die Fläche Umfragen enthält unabhängig von den Kursen allgemeine Umfragen an jeden Stud.IP-Nutzer [49].

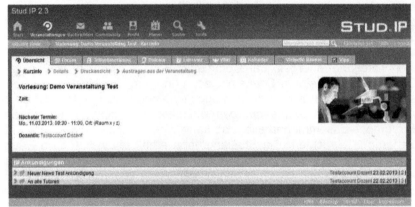
Abbildung 4: Demo-Kurs in Stud.IP [43]

In Abbildung 4 ist ein Demo-Kurs in Stud.IP zu sehen. Unterhalb der Symbol- und Pfadleiste sind zwei Flächen angeordnet. Außer der Fläche Ankündigungen - in der wichtige Informationen des Dozenten an alle Kursteilnehmer enthalten sind – ist die zentrale Fläche mit dem großen Karteireiter die Hauptfläche für das Lerngeschehen des Kurses. Der Karteireiter des Demo-Kurses stellt folgende Elemente zur Auswahl: *Übersicht, Forum, TeilnehmerInnen, Dateien, Literatur, Wiki, Kalender, Virtuelle Räume* und *Vips*. Der Karteireiter kann je nach Kurs auch weniger Reiter besitzen. Der Dozent oder Kursleiter kann diese Elemente der Lernplattform jederzeit hinzufügen oder auch entfernen. Darüber hinaus können in Stud.IP verschiedene Plugins integriert werden. Damit kann ein Kurs individuell an die Bedürfnisse des Kurses angepasst werden.

In Abbildung 4 ist der Inhalt des Reiters *Übersicht* zu sehen. Die Übersicht zeigt wichtige Kurzinformationen, wie die nächste Vorlesung mit der Angabe von Datum und Ort.

Die Reiter *Literatur, Virtuelle Räume* und *Vips* sind sehr interessante Elemente, da sie hilfreiche und dynamische Aspekte des Lerngeschehens beachten.

Über den Reiter *Literatur* gelangt der Kursteilnehmer auf die Literaturliste des Kurses. Der Kursleiter kann eine Liste mit der relevanten Literatur des Kurses anfertigen und so den Kursteilnehmern zur Verfügung stellen. Laut der Stud.IP-Dokumentation [48] kann diese Liste mit einer Bibliothek wie OPAC oder SUB angebunden werden, so dass ein Teilnehmer direkte Informationen – wie Verfügbarkeit und Katalog-Informationen zur Literatur – im Stud.IP-Kurs einsehen kann. Möchte der Kursteilnehmer ein Buch oder eine Zeitschrift bestellen, so wird er per Mausklick zur externen Bibliotheksseite verlinkt, wo er dann die Bestellung machen kann. Darüber hinaus kann der Kursteilnehmer in Stud.IP nach Büchern der angebundenen Bibliothek suchen und einfach eine Merkliste der interessanten Literatur anfertigen. Damit kann die zeitaufwändige Suche nach Literatur eingeschränkt werden und lästige Gänge können vermieden werden. Die Bestellung kann beispielsweise über die Lernplattform bequem von zu Hause aus bestellt und anschließend bei der Bibliothek abgeholt werden.

Bei dem Reiter *Virtuelle Räume* kann eine Ton- und Videoaufzeichnung erfolgen. Der Kursleiter wird zunächst einen Termin für diesen virtuellen Raum festlegen und somit Kursteilnehmer einladen. Der virtuelle Raum besitzt zusätzlich ein Zeichenboard und einen Chat. Außerdem kann der Kursleiter die Sicht auf seinen Desktop für die Kursteilnehmer freigeben. Wie in einer Präsenzveranstaltung Folien per Beamer auf eine Leinwand gezeigt werden, so können Folien auf dem Desktop des Kursleiters für die Kursteilnehmer sichtbar gemacht werden. Damit kann eine Vorlesung oder eine Übung live übertragen und aufgezeichnet werden. Durch den Chat können während der Live-Übertragung wichtige Fragen an den Kursleiter verschickt werden, so dass der Kursleiter darauf eingehen kann. Damit bietet Stud.IP eine dynamische Interaktion zwischen Kursleitern und Kursteilnehmern. Zudem kann eine Aufzeichnung für Lernzwecke oder auch für Personen, die nicht an der Präsenzveranstaltung und der Live-Übertragung teilnehmen konnten, zur Verfügung stehen.

Über den Reiter *Vips* kann der Kursleiter Übungen und auch Online-Klausuren erstellen. Der Begriff *ViPs* steht abkürzend für *Virtuelles Prüfungssystem* [51]. Eine Übung kann als Lückentext, Multiple-Choice, Ja-Nein-Fragen und anderen vergleichbaren Formaten eingesetzt werden. Bei der Übung wird jedoch eine Übung als Dateiabgabe nicht angeboten, so dass eines der Formate ausgewählt werden muss. Durch die Auswahl eines Zeitraums kann die Bearbeitung einer Übung zeitlich begrenzt werden. Bei einer Klausur wird zusätzlich eine Zeitangabe festgelegt sowie eine IP-Adresse vergeben, so dass nur eine Person in der vorgegebenen Zeit die Klausur an einem Rechner online schreiben kann [50].

Damit bietet Stud.IP eine sehr unterstützende Lernplattform an, die häufig an Universitäten und anderen Bildungseinrichtungen im deutschsprachigen Raum anzutreffen sind [52].

Im nächsten Abschnitt wird die weltweit genutzte Lernplattform Moodle [35] vorgestellt.

2.3 Moodle

Das System Moodle ist ein Learning Management System [12], also eine webbasierte Lernplattform, die das E-Learning effektiv unterstützen und organisieren kann. Gründer und Hauptentwickler von Moodle ist Martin Dougiamas [33]. Nach seiner Kurzbiographie [16] begann er im Jahr

1999 mit der Entwicklung seiner Lernplattform. Dabei fing er mit der Entwicklung aus einer Frustration gegenüber bestehenden kommerziellen Softwaresystemen an [16].

Moodle ist keine kommerzielle Software. Es ist eine frei erhältliche Open-Source-Software und kann von der Webseite www.moodle.org heruntergeladen werden.

Im Learning Management System Moodle werden die verschiedenen Fächer einer Schule oder einer Hochschule in Kurse gegliedert. In diesen Kursen werden Lehrinhalte zentral auf der Plattform strukturiert und Kursteilnehmern zur Verfügung gestellt. Durch Lernaktivitäten in Moodle werden Lernprozesse gesteigert, was zu einer höheren Motivation der Lernenden führt. Darüber hinaus wird im virtuellen Kursraum kooperatives und selbständiges Lernen gefördert.

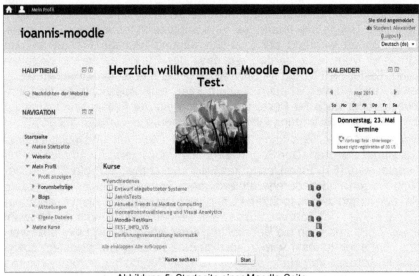

Abbildung 5: Startseite einer Moodle-Seite

Nachdem sich ein Kursteilnehmer in Moodle mit Benutzername und Passwort angemeldet hat, gelangt er auf die Startseite der Moodle-Lernplattform. In Abbildung 5 ist eine Startseite zu sehen, auf der zusätzlich eine Begrüßung und ein Bild hinzugefügt wurden. In Moodle können mehrere Designs ausgewählt werden, die sich vorrangig auf die Erscheinung der Icons, der Farbe und der Anordnung von Blöcken beziehen. Die Funktionalitäten bleiben jedoch bei allen Designarten erhalten. In dieser Masterarbeit erscheinen die Abbildungen zur Moodle-Plattform im *Decaf*-Design. Nähere Informationen zu den Designs sind in Abschnitt 2.4 enthalten. Neben der Begrüßung sind verschiedene Blöcke am linken und rechten Rand sowie in der Mitte zu erkennen. Diese Blöcke sind *Hauptmenü, Navigation, Kalender* und *Kurse.*

Über das *Hauptmenü* können Kursteilnehmer per Mausklick auf den Link *Nachrichten der Website* wichtige Nachrichten und Ankündigungen über diese Moodle-Lernplattform aus Abbildung 5 erhalten. Diese Nachrichten werden von den verantwortlichen Betreibern dieser Moodle-Webseite eingestellt.

Über den *Navigationsblock* kann der Kursteilnehmer auf wichtige Seiten gelangen, wie *Meine Startseite, Website, Mein Profil* und *Meine Kurse.* Der Navigationsblock, der auch auf Kursebene zu sehen ist, hilft bei der Orientierung im Moodle-System. Falls der Teilnehmer versehentlich auf einer falschen Seite in der Moodle-Lernplattform gelangt ist, so kann er durch den Link *Startseite* erneut zur Startseite zurückkehren.

Meine Startseite bietet dem Kursteilnehmer genau wie die Startseite nach der Anmeldung eine Kursübersicht mit zusätzlichen Informationen, wie Termine für die Abgabe von Lösungen, Chats, Tests und Feedbacks. Darüber hinaus kann der Kursteilnehmer die eigene Startseite mit weiteren informativen und hilfreichen Blöcken anpassen (weitere Informationen zu Blöcken in Moodle befinden sich in Abschnitt 3.6 und im Anhang B). Beispielsweise kann der Block *Neue Nachrichten* neue Nachrichten der Dozenten anzeigen. Ein anderer Block kann eigene Dateien anzeigen und über diesen Block Dateien verwalten. Der Administrator kann für Kursteilnehmer die Seite *Meine Startseite* direkt nach dem Login in Moodle als Startseite anzeigen lassen [32]. Das ist eine sinnvolle Option, die in Moodle einstellbar ist.

Über *Website* können Blogs anderer Kursteilnehmer eingesehen oder selber neue verfasst werden.

In *Mein Profil* sind persönliche Daten einzusehen, wie das Profil, die eigenen Forumsbeiträge aus den eingeschriebenen Kursen und hochgeladene Dateien. Darüber hinaus kann das interne Mitteilungssystem von der Moodle-Lernplattform über den Link *Mitteilungen* aufgerufen werden. Neue Nachrichten können an andere Kursteilnehmer und an Kursleiter verschickt werden. Dabei ist es nicht notwendig, die Email-Adresse der Personen zu kennen. Mit einem Klick auf den Namen der Person kann eine Mitteilung an die betreffende Person gesendet werden. Damit entfällt die ständige Suche nach einer Email-Adresse.

Klickt der Teilnehmer auf *Meine Kurse,* so erscheinen im Block Navigation die Kursnamen als Link. Das ist ein weitere Möglichkeit in den Kurs zu gelangen.

Damit stellt der Navigationsblock eine hilfreiche Funktion dar, um direkt zu den Kursen und den persönlichen Informationen gelangen zu können. Da dieser Block auch auf Kursebene zu sehen ist, kann von jedem Kurs aus direkt auf die Startseite, zu anderen Kursen sowie zum eigenen Profil navigiert werden.

Im Block *Kurse* sind die Kurse zu sehen, in denen der Kursteilnehmer eingeschrieben ist. Klickt der Teilnehmer auf den Namen eines Kurses, so gelangt er zu der entsprechenden Kursseite. Ist ein Kursname oder ein Wort blau, so ist dieses gleichzeitig ein Link, der zu einer anderen Seite verlinkt.

Unterhalb des Blocks ist ein Suchfeld eingerichtet, über das gezielt nach einem Kurs gesucht werden kann. Dabei kann sowohl nach eigenen als auch nach anderen Kursen gesucht werden. Dies ist insbesondere eine nützliche Funktion, wenn die Lernplattform viele Kurse anbietet oder der Kursteilnehmer viele Kurse belegt hat. Dadurch bewahrt der Moodle-Nutzer den Überblick über die gesamten Kurse. Über den Button *Alle Kurse* sind alle Kurse dieser Moodle-Lernplattform auf einer neuen Seite zu sehen.

Am rechten Rand der Startseite befindet sich der Block *Kalender*, der den aktuellen Monat anzeigt. In diesem Kalender sind einige Tage farblich markiert. Wird der Mauszeiger über einem farblich markierten Feld positioniert, erscheint als Information ein festgelegter Termin mit Name und Datum. Somit werden wichtige Termine – wie Abgaben – nach Anmeldung im Moodle angezeigt. In Abbildung 5 ist zu sehen, dass am 23. Mai ein Vortrag stattfinden wird. Werden weitere Informationen zu diesem Termin benötigt, dann kann der auftauchende Terminname – der zugleich auch ein Link ist – angeklickt werden. Auch persönliche Termine können im Kalender eingetragen werden.

Im Kopfbereich der Startseite aus Abbildung 5 befindet sich eine permanente Menüleiste, auf der zwei Symbole – Haus und Kopf – auftauchen sowie das Menü *Mein Profil*. Über das Haus-Symbol gelangt der Teilnehmer auf die Startseite, wie in Abbildung 5 zu sehen. Gelangt der Mauszeiger auf das Kopf-Symbol, so erscheint ein Menü mit den gleichen Links *Meine Startseite, Website, Mein Profil* und *Meine Kurse*, die auch im Block *Navigation* enthalten sind. Das ist besonders hilfreich auf Seiten in Moodle, bei dem ein Teilnehmer weit nach unten scrollen muss. Zusätzlich wird auf einer Kursseite oder auf bestimmte Seiten innerhalb des Kurses die Menüleiste mit weiteren Unterpunkten oder Optionen automatisch ergänzt, die zum Bearbeiten der ausgewählten Seite nützlich sind. Die Menüleiste wird permanent mitgeführt, so dass sie immer sichtbar und zugreifbar ist. Die Blöcke hingegen behalten ihre Position, so dass sie eventuell nicht mehr sichtbar sind. Damit besitzt das *Decaf*-Design eine hilfreiche Kopfleiste, die nicht in allen Designs erhältlich ist. Das ist ein wichtiger Grund, warum hier in diesem Design gearbeitet wurde.

Über das Menü *Mein Profil* werden Einstellungsmöglichkeiten für das Profil, das Kennwort, die Blogs und die Mitteilungen angeboten. Damit kann der Moodle-Nutzer jederzeit Änderungen vornehmen. So können im *Profil* ein persönliches Bild oder auch andere Informationen für andere Teilnehmer zugänglich oder auch beschränkt werden.

Demzufolge bietet die Moodle-Startseite einen guten Überblick über die Kurse und die festgelegten Terminen (persönliche oder vom Kurs eingestellte Termine). Darüber hinaus können persönliche Einstellungen vorgenommen werden, so dass einige Aktivitäten in Moodle nach den Bedürfnissen der Kursteilnehmer angepasst werden können. Wie weit Einstellungen vom Kursteilnehmer eingestellt werden können, hängt vom Administrator ab.

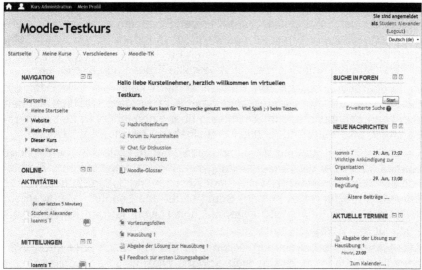

Abbildung 6: Moodle-Testkurs

In Abbildung 6 ist ein Moodle-Testkurs zu sehen. Im Kopfbereich der Kursseite unterhalb der schwarzen Menüleiste ist der Name des Kurses – *Moodle-Testkurs* – sowie der Navigationspfad angegeben, so dass der Kursteilnehmer genau weiß, auf welcher Seite er sich gerade befindet. Rechts oben kann die Sprache eingestellt und ein Logout getätigt werden.

Unterhalb des Kopfbereichs sind am linken und rechten Rand informative und interaktive Blöcke zu sehen. In der Mitte sind thematische Abschnitte mit Lehr- und Lerninhalten sowie kommunikativen und kooperativen Elementen angeordnet. Lehrinhalte werden in Moodle *Arbeitsmaterialien* genannt und interaktive Elemente werden *Aktivitäten* genannt.

Arbeitsmaterialien sind Dateien wie etwa PDF-Dateien und andere Dateiformate. In Moodle können jegliche Arten von Dateien problemlos hochgeladen werden. Vor allem im Fachbereich Informatik werden sehr häufig Programm-Dateien wie Java und C++ verwendet, die jederzeit und ortsunabhängig hochgeladen werden können. Das können nicht alle Lernplattform anbieten. Beispielsweise ist in Stud.IP das Hochladen von Word- und Excel-Dateien nicht möglich, was in Moodle kein Problem darstellt.

Bei den interaktiven Elementen – *den Aktivitäten* – interagieren Kursteilnehmer untereinander und mit Kursleitern. Dazu gehören Foren, Chats, Glossare, Wikis, Feedbacks, Umfragen und weitere Elemente.

Der Einsatz eines oder mehrerer Foren in einem Kurs kann Dozenten und Studenten helfen, wichtige Anliegen oder Fragen zu stellen. Ohne ein Forum ist es sehr wahrscheinlich, dass die gleiche Frage von vielen Studenten per Email gestellt wird. Für den Dozenten wäre es sehr mühsam, jede einzelne Email zu beantworten. In einem Forum sind häufig gestellte Fragen zu sehen und im besten Fall wurden diese schon beantwortet. Dadurch entfallen mehrfach gestellte Fragen und Antworten.

In Kooperation mit anderen Kursteilnehmern kann ein Wiki oder ein Glossar für den Kurs erstellt und bearbeitet werden. Dadurch können wichtige Lehrinhalte und Informationen über einen längeren Zeitraum gesammelt, bearbeitet und für alle Kursteilnehmer bereitgestellt werden.

Durch Umfragen können die Meinungen über spezifische Themen des Kurses oder über die Kursgestaltung selbst gesammelt werden. Zusätzlich kann der Kursleiter mit Hilfe einer Abstimmung bezüglich des Kurses eine Rückmeldung bekommen. Somit bietet das Learning Management System Moodle eine große Unterstützung sowohl für den Kursleiter als auch für den Kursteilnehmer.

Mit Wissenstests bekommen Teilnehmer ein Feedback über ihren Wissensstand. Dadurch lassen sich sowohl Wissenslücken schließen als auch falsch verstandene Lehrinhalte korrigieren.

Weitere Aktivitäten, die nicht im Standard-Moodle enthalten sind, können als Plugins in Moodle integriert werden. Dadurch können auch dynamische Aktivitäten, wie Ton- und Videoaufnahmen mit zusätzlichem Whiteboard und Screensharing integriert werden. Mit Plugins wie BigBlueButton [24] und WizIQ [23] können Vorlesungen und Übungen live übertragen und aufgezeichnet werden. Live-Übertragungen und Aufzeichnungen können als Ergänzung zur Präsenzveranstaltung sowie beim Lernen sinnvoll eingesetzt werden.

Neben den Arbeitsmaterialien und den Aktivitäten, die in Moodle in der Mitte sowohl in zeitlichen als auch in themenspezifischen Abschnitten auf der Kursseite angeordnet werden können, werden die informativen Blöcke immer am rechten und linken Rand angeordnet. Damit wird in Moodle eine klare Trennung der Anordnung der Elemente – *Arbeitsmaterialien, Aktivitäten* und *Blöcken* – vorgesehen. Moodle sorgt für eine übersichtliche Struktur im Kurs, die das Lerngeschehen zentral auf einer Kursseite organisiert. Die Themen- oder Zeitabschnitte in der Mitte können mit den Arbeitsmaterialien und den Aktivitäten auf neue Seiten innerhalb von Moodle verlinkt werden, so dass nicht so viele Elemente auf einmal auf der Kursseite zu sehen sind. Diese Option hilft auch dabei, dass ein Moodle-Nutzer nicht so weit herunter scrollen muss.

Im Kurs aus Abbildung 6 befindet sich im Kopfbereich neben den Menü Mein Profil zusätzlich das Menü Kurs-Administration. Gelangt ein Kursteilnehmer mit dem Mauszeiger auf diesen Menüpunkt, erscheinen die zwei Unterpunkte *Abmelden aus* und der Name des Kurses sowie *Bewertungen*. Mit der Abmeldung kann ein Kursteilnehmer sich aus dem Kurs ganz abmelden, so dass er sich bei einem erneuten Besuch wieder einschreiben muss. Dabei können bisherige Leistungen im Kurs wegfallen. Lösungsabgaben, die noch nicht bewertet wurden, können nicht bewertet werden, da der Name des abgemeldeten Kursteilnehmers auf der Bewertungsseite in Moodle-Kurs nicht mehr auftaucht. Erst wenn ein Kursteilnehmer sicher ist, dass er einen Moodle-Kurs nicht mehr nutzen möchte, wäre eine Abmeldung sinnvoll. Über *Bewertungen* kann der Kursteilnehmer seine Bewertungen von Aufgaben und Tests einsehen.

Darüber hinaus ist in Abbildung 6 der Block *Navigation* erkennbar, der auch auf der Startseite angeordnet ist. Außer diesem Block sind die Blöcke *Online-Aktivitäten, Mitteilungen, Suche in Foren, Neue Nachrichten, Aktuelle Termine und Neue Aktivitäten* (fehlt in Abbildung 6) im Kurs enthalten. Diese Blöcke informieren sowohl die Kursleiter als auch die Kursteilnehmer über den aktuellsten Stand des Kurses.

Der Block *Online-Aktivitäten* zeigt die Personen an, die in den letzten 5 Minuten im Kurs waren oder auch noch sind. Mit einem Klick auf den Namen der Person gelangt der Kursteilnehmer in das interne Mitteilungssystem, so dass er der betroffenen Person eine Mitteilung schreiben kann.

Bekommt ein Kursteilnehmer eine Nachricht, so wird das im Block *Mitteilungen* signalisiert. Mit einem Klick auf den Link Mitteilungen in diesem Block gelangt der Teilnehmer in das eingebaute Mitteilungssystem, wo er die Nachricht lesen kann. Über dieses System können direkt Nachrichten zwischen den Kursteilnehmern und dem Kursleiter verschickt werden. Aktuelle Nachrichten oder dringende Mitteilungen können vom Kursleiter sofort an alle Kursteilnehmer oder an eine bestimmte Gruppe verschickt werden.

Möchte der Kursleiter oder der Kursteilnehmer nach bestimmten Nachrichten in den Foren suchen, so kann er das über den Block *Suche in Foren* tun. Dazu kann er mit einem Begriff nach der entsprechenden Nachricht suchen. Auch eine erweiterte Suche kann optional in Anspruch genommen werden.

Im Block *Neue Nachrichten* werden nur die Ankündigungen der Kursleiter angezeigt, so dass alle Kursteilnehmer wichtige oder auch dringliche

Informationen sofort im Kurs sehen. Diese Nachrichten werden auch direkt an die private Email-Adresse weitergeleitet.

Der Block *Aktuelle Termine* zeigt bevorstehende Termine zu einem Chat, Feedback, Umfrage und der Abgabe einer Hausübung.

Der Block *Neue Aktivitäten* zeigt neue Aktivitäten nach dem letzten Login an, beispielsweise, ob eine neue Datei oder eine neue Aktivität im Kurs hinzugefügt worden ist (fehlt in Abbildung 6).

Demzufolge beschreibt der Begriff *Moodle* die hier genannten Möglichkeiten sehr zutreffend, da seine Abkürzung für *Modular Object Oriented Dynamic Learning Enviroment* steht [19]. Mit *Modular* werden die Werkzeuge – *Aktivitäten, Arbeitsmaterialien und Blöcke* – angesprochen, mit denen Moodle verschiedene Funktionalitäten anbietet. Die Lernumgebung kann mit zusätzlichen Werkzeugen – den so genannten Plugins - ergänzt werden, die nicht zum Standardpaket gehören. Aufgrund dieser Module können die oben genannten Möglichkeiten realisiert werden. Mit den Plugins können noch zusätzlich sinnvolle Funktionalitäten in einem Kurs angeboten werden. Damit ist Moodle eine erweiterbare Lernplattform.

Programmierer aus aller Welt können *objektorientiert* mit der Skriptsprache PHP [22] Module und Plugins entwickeln und der weltweiten Moodle-Gemeinschaft anbieten. Durch diese verschiedenen Module und Plugins wird Moodle zu einer *dynamischen Lernumgebung*. Moodle ist *dynamisch*, da die Kursteilnehmer, egal wo sich diese auf der Welt befinden, kooperativ interagieren können. Außerdem kann die Kursgestaltung jederzeit aktualisiert werden, so dass die Teilnehmer immer auf dem neuesten Stand sind.

Somit kann der Teilnehmer zeit- und ortsunabhängig auf alle Nachrichten, Informationen, Lehrinhalte und bereitgestellten Dateien zugreifen. Sogar Anmeldungen und Abstimmungen können aus Nah und Fern getätigt werden. Diese sind dann in der vorgegebenen Zeit des Kursleiters durchzuführen. Solange Teilnehmer in Moodle online sind, kann per Chat sofort Kontakt aufgenommen werden. Die einzige Voraussetzung für einen Teilnehmer ist ein Computer und Internet.

Im nächsten Abschnitt werden die hier vorgestellten Learning Management Systeme Blackboard Learn, Stud.IP und Moodle verglichen.

2.4 Vergleich der vorgestellten Learning Management Systeme

Lehreinrichtungen wie Universitäten und Schulen sowie andere Einrichtungen, die ein Learning Management System nutzen wollen, stehen vor der Wahl eines zahlreichen Angebots an Lernplattformen. In dieser Arbeit wurden *Blackboard Learn* [3] und *Moodle* [35] vorgestellt, die zu den weltweit führenden Lernplattformen gehören [6]. Neben den beiden Systemen wurde die Lernplattform *Stud.IP* [53] betrachtet, die eher im deutschsprachigen Raum vertreten ist.

Um eine Wahl treffen zu können, welche Lernplattform am besten für eine Lehreinrichtung geeignet ist, bedarf es einer Untersuchung verschiedener und ausschlaggebender Kriterien. In Tabelle 1 sind derartige Kriterien aufgelistet, anhand derer die drei Lernplattformen *Blackboard Learn* [3], *Stud.IP* [53] und *Moodle* [35] verglichen werden.

Kriterien	Blackboard Learn	Stud.IP	Moodle
Versionsnummer	9.1	2.3	2.4.3+
Kosten	Kostenpflichtig, Laut Butler University sind die Anschaffungskosten für ihre Universität 77.000 US$ [7].	Open-Source	Open-Source
Sprachen	Laut Princeton University ca. 12 Sprachen [39]	Deutsch und Englisch [47]	Mehr als 90 Sprachen [31]
Lösungen zu Aufgaben als Datei hochladen	Ja	Nein, nur über Kategorie Datei hochladbar, ohne automatische zeitliche Beschränkung	Ja
Unterstützte Dateiformate	Viele Formate	Stark eingeschränkt	Alle
Automatische Verfügbarkeit von Grundelementen der Lernplattform	Ja, durch Angabe eines Zeitraums	Nein, nur manuell	Ja, durch Angabe eines Zeitraums oder auch nach einer erreichten Punktzahl
Direkte Rollenansicht in einem Kurs ändern	Nein, nur über Login	Nein, nur über Login	Ja, Kursleiter können direkt auf der Kursseite die Rolle wechseln
Design ändern	Ja, Farben und Muster können geändert werden. Funktionale Aspekte bleiben erhalten.	Nein, nur das vorgegebene Design	Designarten *Themes* wählbar von allen Nutzern. Funktionale Aspekte bleiben erhalten.
Mobiler Einsatz	Ja [4]	Ja [46]	Ja [21]

Tabelle 1: Kriterien für Lernplattformen

Ein sehr wichtiges Kriterium bei der Wahl einer Lernplattform sind die Anschaffungskosten. Blackboard Learn ist eine kostenpflichtige Lernplattform. Für die Butler University in Indianapolis (USA) betragen nur die Anschaffungskosten für diese Lernplattform 77.000 US$ [7]. Neben den Anschaffungskosten kommen noch Kosten für Server, Administration, Speicherkapazität, Wartung und Schulung hinzu [6]. Wenn auch mobilen Endgeräten Zugriff auf die Lernplattform gewährt werden soll, kommen noch weitere Kosten hinzu. Alle Lernplattformen besitzen derartige Kosten.

Moodle und Stud.IP haben jedoch keine Anschaffungskosten. Wie die Anschaffungskosten für Blackboard Learn an einer Universität berechnet werden, ist leider von der offiziellen Webseite der Lernplattform nicht in Erfahrung zu bringen. Aus einer Learning Management Evaluierung der Butler University sind die Anschaffungskosten für diese Universität bekannt. Der Einsatz von Blackboard Learn verursacht jährlich hohe Kosten, die im Detail in deren Evaluierung einsehbar ist [7].

In einer Zeit der globalen Wirtschaftskrise wird in vielen Lehreinrichtungen auf die Ausgaben geachtet, so dass der Kostenfaktor für eine Lernplattform ausschlaggebend sein kann.

Bei den verfügbaren Sprachen bietet die Lernplattform Moodle über 90 Sprachen [31] an, so dass ein großer Teil der internationalen Community diese Lernplattform in ihrer Muttersprache nutzen kann. Blackboard Learn verfügt über mehrere Sprachen [39]. Die Lernplattform Stud.IP bietet nur die Sprachen Deutsch und Englisch [47] an. Deshalb wird sie auch eher im deutschsprachigen Raum genutzt. Im Vergleich unterstützt Moodle die meisten Sprachen.

Eine anderer wichtiger Aspekt ist, dass eine Lernplattform übersichtlich gestaltet sein sollte, so dass sich die Nutzer gut zurechtfinden können. Laut e-teaching.org *„erschwert"* Blackboard Learn durch *„die Vielzahl an vorhandenen Features und Einstellungsmöglichkeiten sowie die Navigation über Registerkarten zu Beginn eine schnelle Orientierung."* [8] Dafür kann der Kursteilnehmer auf der Startseite diese Features einschränken.

In Moodle ist eine klare Struktur durch die Anordnung der Elemente – Aktivitäten, Arbeitsmaterialien und Blöcken – gegeben. Dabei werden die informativen Blöcke von den Aktivitäten und Arbeitsmaterialien klar getrennt positioniert. Die Blöcke sind nur am rechten und linken Rand einer Kursseite positionierbar. Dabei kann ausgewählt werden, auf welcher Seite und in welcher Reihenfolge diese Blöcke vorkommen dürfen. Die Aktivitäten und Arbeitsmaterialien werden in der Mitte der Seite in thematische oder zeitliche Abschnitte unterteilt. Durch diese Unterteilung können Aktivitäten und Arbeitsmaterialien für eine wöchentliche Einheit einer Vorlesung in einem Abschnitt hinzugefügt werden. Damit besteht jeder Abschnitt aus wöchentlichen Einheiten. Falls keine wöchentlichen Einheiten stattfinden, kann die Unterteilung in Themenabschnitte festgelegt werden. Außerdem können alle Abschnitte auf der Kursseite oder durch eine Verlinkung innerhalb des Systems jeweils auf einer neuen Seite angezeigt werden. Diese Optionen sind hilfreich bei der Orientierung und sind zudem benutzerfreundlich für die Nutzer der Lernplattform Moodle. Stud.IP bietet auch eine gute Orientierung, indem es die Arbeitsmaterialien und die Aktivitäten – kommunikative und kooperierende Elemente – eines virtuellen Kurses in einem Karteireiter organisiert. Siehe hierzu die Abbildung 4 in Abschnitt 2.2. Der Nachteil des Karteireiters ist, dass jedes mal die ganze Seite neu laden muss, wenn auf einen Reiter geklickt wird.

Ein weiterer Nachteil an Stud.IP ist, dass es keine sichtbare Deklaration für das Hochladen einer Datei als Hausaufgabe gibt, wie in Moodle und Blackboard Learn. Moodle bietet dafür ein extra Feature, die Aktivität Aufgabe. Es können zwar in Stud.IP Dateien unter dem Reiter Datei hochgeladen werden, aber es gibt kein extra Feature, das eine Lösung zu einer Aufgabe zum Hochladen signalisiert. Auch wenn unter dem Reiter Datei eine Übung manuell deklariert wird, kann eine zeitliche Verfügbarkeit der Übung oder der Aufgabe nicht eingestellt werden, was in Moodle und Blackboard Learn möglich ist. Der Kursleiter in Stud.IP kann die Verfügbarkeit durch die Angabe eines Zeitraums (von/bis-Datum) nicht automatisch von der Lernplattform einstellen, so dass der Upload nur in einem bestimmten Zeitraum automatisch sichtbar gemacht wird oder auch die Abgabe der Lösung automatisch bis zu einem Enddatum eingeschränkt wird. Moodle bietet zusätzlich die Option, die Verfügbarkeit von Arbeitsmaterialien und Aktivitäten erst nach Erreichen einer bestimmten Punktzahl zur Verfügung zu stellen (siehe Abschnitt 3.5). Der Stud.IP Kursleiter kann lediglich einen Ordner erstellen, in dem die Kursteilnehmer ihre Lösungen als Dateien hochladen. Falls er das Hochladen verhindern möchte, so ist von ihm das Recht Dateien hochzuladen manuell zu entfernen.

Für eine Lehreinrichtung wie Universitäten und Schulen ist jedoch ein extra Feature für die Abgabe von Lösungen als Datei ein sehr wichtiges Feature, da Hausaufgaben in vielen Kursen vorkommen. Ein derartig positioniertes Feature auf Kursebene signalisiert dem Kursteilnehmer sofort, wo er seine Lösungs-Abgabe tätigen kann.

Über den Reiter *Vips* (siehe Abschnitt 2.2) kann in Stud.IP der Kursleiter nur spezielle Übungen und auch Online-Klausuren erstellen. Diese speziellen Übungen können nur als Lückentext, Multiple-Choice, Ja-Nein-Fragen und andere vergleichbare Formate eingesetzt werden. Dabei fehlt die Abgabe der Lösung als Datei.

Ein großer Nachteil von Stud.IP ist, dass nicht alle Dateiformate für den Upload unterstützt werden. Häufig genutzte Formate wie Word und Excel werden nicht zugelassen. Auch Programmdateien, wie sie im Fachbereich Informatik genutzt werden, sind nicht zugelassen. In Moodle können alle Dateiarten hochgeladen werden. In Blackboard Learn werden viele Dateiformate unterstützt, die im Benutzerhandbuch für Blackboard Learn Lehrende einzusehen sind [11].

Eine hilfreiches, aber nicht notwendiges Kriterium, ist der direkte Wechsel der Rollenansicht einer Kursseite. Diese besondere Option ist in Moodle fest verankert. Hierbei kann der Kursleiter eine Kursseite aus der Perspektive eines Tutors oder eines Studenten direkt per Mausklick ansehen. Das ist vor allem nützlich nach der Bearbeitung der Kursseite, um danach zu sehen, wie die Änderungen der Kursseite für andere Nutzer-Rollen aussehen. In Blackboard Learn und Stud.IP erfordert der Rollenwechsel für den Kursleiter ein Login in der anderen Nutzer-Rolle. Damit ist diese Option in Moodle nicht nur hilfreich sondern auch zeitsparend, da dadurch keine erneuten An- und Abmeldevorgänge erforderlich sind.

In Blackboard Learn und Moodle kann das Design – Farben und Muster – der Lernplattform geändert werden, ohne funktionale Aspekte der Lernplattform zu ändern.

In Moodle können darüber hinaus durch einige Designarten Blöcke, die am rechten und linken Seitenrand fest positioniert sind, an den linken Seitenrand zugeklappt verschoben werden. Dadurch wird innerhalb der Kursseite Platz gespart, was für die Übersicht und Orientierung gut ist. Der Inhalt der verschobenen und zugeklappten Blöcke am linken Seitenrand kann eingesehen werden, sobald der Mauszeiger über diese gelangt. Blöcke wie Navigation und Einstellungen, die nicht ständig beobachtet oder benutzt werden, können somit platzsparend angeordnet werden. Hinzu kommt, dass sich diese Elemente beim Herunterscrollen der Kursseite mitbewegen und dadurch ständig zur Verfügung stehen. Der Wechsel des Designs ist nicht nur dem Kursleiter vorbehalten. Wenn es der Administrator erlaubt, kann von jedem beliebigen Kursteilnehmer geändert werden. Jeder Nutzer in Moodle kann seine eigenes Design wählen, wobei die Inhalte und funktionalen Aspekte des Kurses unberührt bleiben.

In der heutigen Zeit der Smartphones ist der mobile Zugang zu einer Lernplattform ein wichtiges Kriterium, damit die Nutzer von überall und ständig auf die Lernplattform zugreifen können. Bei allen drei Lernplattformen wird der mobile Zugang ermöglicht.

Alle Lernplattformen bieten die Strukturierung von Lehrinhalten und ermöglichen kommunikative und kooperierende Elemente. Damit kann das Lerngeschehen in einem virtuellen Kurs als zusätzliche Unterstützung zu einer Präsenzveranstaltung effektiv eingesetzt werden.

Durch die hier genannten Kriterien tritt Moodle viel stärker heraus als die beiden anderen Lernplattformen. Ein ausschlaggebendes Kriterium sind die Kosten. So haben sich in den USA einige Universitäten entschieden von Blackboard Learn auf Moodle umzusteigen, da sie dadurch hohe Kosten einsparen können [6]. Darüber hinaus bietet Moodle vergleichbare Elemente wie Blackboard Learn, um das Lerngeschehen zu unterstützen. Außerdem ist Moodle in sehr vielen Sprachen verfügbar und ist zudem sehr übersichtlich und benutzerfreundlich gestaltet. Eine weltweite Community nutzt und entwickelt Moodle. Es werden zudem viele integrierbare Plugins bereitgestellt. Somit wird Moodle an die individuellen Bedürfnisse der Community weiterentwickelt.

Damit sprechen ausschlaggebende Kriterien für die Nutzung der Lernplattform Moodle, die in vielen Lehreinrichtung wie Universitäten und Schulen effektiv und aktiv eingesetzt werden können. Einige dieser Kriterien haben nicht nur den Fachbereich Informatik dazu bewogen, Moodle als Lernplattform zu wählen, sondern auch die gesamte TU Darmstadt.

3 Das Learning Management System Moodle

In diesem Abschnitt wird das Learning Management System Moodle [35] vorgestellt. Dabei wird auf den Aufbau einer Moodle-Kursseite und die dazu einzusetzenden Grundstrukturen des Standard-Moodles eingegangen.

Darüber hinaus werden verschiedene Konfigurationen eines Kurses und dessen Grundstrukturen näher erläutert. Dadurch sind unterschiedliche Optionen in Moodle auswählbar, mit denen ein virtueller Kurs individuell an die Bedürfnisse des Veranstalters und der Kursteilnehmer angepasst werden kann. Damit ist ein Kurs zu jeder Zeit dynamisch formbar.

Im nächsten Abschnitt wird das Grundgerüst einer Moodle-Kursseite vorgestellt.

3.1 Das Grundgerüst einer Moodle-Kursseite

In diesem Abschnitt wird der generelle Aufbau einer Moodle-Seite vorgestellt. Hierbei ist es wichtig, die drei Grundelementtypen und ihre Anordnung zu kennen. Das sind die *Aktivitäten*, die *Arbeitsmaterialien* und die *Blöcke*. Auf diesen Grundstrukturen basiert eine Moodle-Kursseite und erst dadurch wird ein virtueller Kursraum erschaffen.

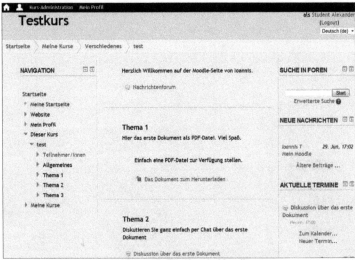

Abbildung 7: Ein Kurs in Moodle

In Abbildung 7 ist eine typische Moodle-Seite zu sehen. Hier wurde ein Testkurs erstellt, der Standardblöcke enthält, wie etwa *Navigation*, *Neue Aktivitäten*, *Neue Nachrichten* und *Suche in Foren*. Die Blöcke werden am linken oder am rechten Seitenrand angeordnet. In der Mitte der Seite werden Arbeitsmaterialien, wie eine PDF-Datei, und Aktivitäten, in Abbildung 7 ein Chat, angeordnet. Wie diese Grundelemente in Moodle hinzugefügt und angeordnet werden, wird später in diesem Abschnitt noch näher erläutert.

Die *Aktivitäten* umfassen Module, die Interaktion erlauben. Dazu gehören Abstimmungen, Aufgaben, Chats und weitere Aktivitäten, die in Abschnitt 3.4 vorgestellt werden. So ist ein Chat im Moodle-Standard durch das Sprechblasensymbol erkennbar. In der Mitte der Abbildung 7 ist eine *Chat-Aktivität* zu sehen. Der Text neben der Sprechblase ist sowohl der Name des Chats als auch der Link für den Chatroom. Kursteilnehmer und Kursleiter können gemeinsam über wichtige Themen des Kurses diskutieren. Längere Diskussionen, die nicht im Zeitrahmen einer Präsenzveranstaltung erfolgen können, sind nun innerhalb des virtuellen Kurses zu einer anderen Zeit durchführbar.

Die Aktivitäten in Moodle verbinden die Kursteilnehmer, so dass sie sich mit den Themen des Kurses auch gemeinsam befassen. Durch eine derartige Interaktion werden die Lernprozesse des einzelnen Kursteilnehmers gefördert. Das wiederum verhilft zu einer höheren Motivation.

Mit dem Grundelementtyp *Arbeitsmaterialien* können Lehrmaterialien im Kurs eingefügt werden. Dies ist sehr sinnvoll, da die Materialien einer Präsenzveranstaltung im virtuellen Kursraum zur Verfügung gestellt werden. Dateien jeglicher Art können zum Herunterladen angeboten werden. So ist in Abbildung 7 eine PDF-Datei zu sehen. Dateien können über einen großen Zeitraum persistent angeboten werden. Die Teilnehmer können die angebotenen Dateien in diesem Zeitraum mehrfach herunterladen. Zudem kann der Kursteilnehmer von einem beliebigen Ort auf die Dateien zugreifen.

Die *Blöcke* am linken und rechten Seitenrand umfassen Module, die für den Kursteilnehmer wichtige Informationen bezüglich des Kurses anbieten. Die Bezeichnung Blöcke ist sehr zutreffend, da die Informationen in rechteckige Kästen angeordnet sind. Darüber hinaus sind die einzelnen Blöcke per Drag and Drop beliebig am linken oder rechten Seitenrand platzierbar. Beim Anlegen eines neuen Kurses werden nur ein paar Blöcke angezeigt, wie *Aktuelle Termine*, *Neue Nachrichten*, *Suche in Foren* und andere (siehe Abbildung 7). Zusätzliche Standardblöcke und auch Plugins können in einem Kurs hinzugefügt werden.

Der Block *Neue Nachrichten* enthält die aktuellen Nachrichtentitel des Nachrichtenforums. Jeder angezeigte Titel ist zugleich auch ein Link. Über diesen kann man auf die jeweilige Nachricht des Nachrichtenforums gelangen. Die Nachrichten in diesem Forum werden nur vom Kursleiter oder von den Dozenten des Kurses erstellt. Mit diesem Block erreichen wichtige Informationen und kurzfristige Änderungen alle Kursteilnehmer. Falls beispielsweise eine Vorlesung ausfällt, kann der Dozent über das Nachrichtenforum die Studierenden darüber informieren. Beim nächsten Login der Kursteilnehmer ist diese Nachricht im Block *Neue Nachrichten* zu sehen. Wenn die Teilnehmer offline sind, dann können diese per Email über die neue Nachricht informiert werden. Dies ist in Moodle ganz einfach einzustellen.

Im Block gibt es auch einen Link *Ältere Beiträge.* Damit sind alle bisherigen Nachrichten im Nachrichtenforum zu sehen. Dem Administrator oder Kursleiter steht zusätzlich der Link *Neues Thema hinzufügen...* zur Verfügung. Über diesen Link kann dann eine neue Nachricht erstellt werden.

Wie diese Grundstrukturen in Moodle hinzugefügt und angeordnet werden, wird im nächsten Abschnitt erklärt.

3.2 Kurseinstellungen in Moodle

Bevor die drei Grundstrukturen *Aktivitäten, Arbeitsmaterialien* und *Blöcke* hinzugefügt, bearbeitet und angeordnet werden können, ist es notwendig, einen Kurs angelegt zu haben. Die Seite *Kurseinstellungen in Moodle,* die in Abbildung 8 auf der nächsten Seite zu sehen ist, wird automatisch beim Anlegen eines neuen Kurses aufgerufen. Diese ist aber auch bei einem bestehenden Kurs jederzeit abrufbar. Der Administrator und der Kursleiter mit Bearbeitungsrecht haben die Berechtigung, Kurseinstellungen zu bearbeiten. In Abbildung 8 sind nur die Grundeinträge der Kurseinstellungsseite zu sehen. Abbildung 10 zeigt noch die restlichen Einstellungsmöglichkeiten.

Um auf die Kurseinstellungen eines bereits angelegten Kurses zu gelangen, wird per Mausklick auf den Link *Einstellungen bearbeiten,* der in der Menüleiste unter *Kurs -Administration* (siehe Abbildung 7) zu finden ist, die Seite *Kurseinstellungen bearbeiten* aufgerufen. In diesem Abschnitt werden die wichtigsten Einstellungen, die auch in Abbildung 8 zu sehen sind, näher erläutert.

Wie in Abbildung 8 zu sehen ist, sind sowohl optionale als auch erforderliche Einstellungen in den Grundeinträgen zu tätigen. Zu Beginn kann der Kurs zu einem *Kursbereich* zugeordnet werden. Dann ist dieser Kurs in diesem Bereich zu finden.

Die Eingabe des Kursnamens ist notwendig; dies wird durch die rote Schriftfarbe und das Sternchen zusätzlich signalisiert. Der Eintrag in *Kursname* wird auf jeder Seite des Kurses ganz oben stehen. Mit *Kursname (kurz)* soll eine Kurzbezeichnung des Kurses eingegeben werden. Die kurze Variante des Namens wird nur dann verwendet, wenn der vollständige Name nicht benötigt wird. So wird innerhalb der Kursseite der vollständige Name ganz oben auf der Seite stehen und die Kurzbezeichnung in der *Navigationsleiste* sowie im Block *Navigation* verwendet.

Über die Einstellung *Kurs-ID* kann optional eine ID vergeben. Laut Hilfestellung – die per Mausklick auf das danebenstehende Fragezeichen in einem kleinen Fenster auftaucht – kann die ID-Nummer „zum Abgleich von Kursdaten durch externe Datenbanken benötigt" werden. Dies könnte beispielsweise die Lehrveranstaltungsnummer in einer Vorlesungsverzeichnis-Software sein.

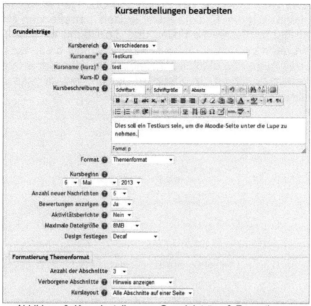

Abbildung 8: Kurseinstellungen, Grundeinträge & Formatierung

In der *Kursbeschreibung* kann eine Beschreibung des Kurses vorgenommen werden. Dabei hilft der Editor den Text zu gestalten. Auch Bilder und Sonderzeichen können eingesetzt werden. Die Kursbeschreibung ist in einer Kursübersicht zu sehen. In dieser Kursübersicht sind mehrere Kurse aufgelistet. Die Beschreibung kann bei der Auswahl eines Kurses helfen.

Bei dem nächsten Grundeintrag *Format* gibt es im Standard-Moodle mehrere Möglichkeiten zur Auswahl. Diese sind: *SCORM-Format, Soziales Format, Themenformat* und *Wochenformat*.

Jedes Format wird in der Mitte der Moodle-Seite platziert. In Abbildung 7 ist das *Themenformat* zu sehen. Hierbei ist der Kurs in fünf Themen unterteilt, von Thema Eins bis Thema Fünf. Bei diesem Format werden die verschiedenen Arbeitsmaterialien und Aktivitäten themenspezifisch zugeordnet. Dieses Format ist eher für Kurse zu wählen, die nicht jede Woche neue Lehrinhalte und Aufgaben anbieten.

Beim *Wochenformat* (siehe Abbildung 9) spielen die wöchentlichen Zeitabschnitte eine große Rolle. Am Anfang des jeweiligen Abschnitts ist der wöchentliche Zeitraum angegeben. Ein Kurs mit diesem Format ist sehr nützlich, wenn im Wochentakt neue Lehrmaterialien oder Aufgaben an die Kursteilnehmer zur Verfügung gestellt werden. Sowohl der Kursleiter als auch die Kursteilnehmer erhalten dadurch eine zeitliche Orientierung. Der Kursleiter weiß etwa, welche Folien und Übungen er nächste Woche zu präsentieren hat. In Moodle sieht er den betreffenden Wochenabschnitt und fügt in diesen die Folien und die Übung ein. Die Studenten sehen dann ganz einfach im aktuellen Zeitabschnitt diese Lehrmaterialien. Damit das Auge den aktuellen Zeitabschnitt schneller erfassen kann, wird bei diesem Abschnitt (im *Standard*-Design) jeweils links und rechts ein Farbbalken zur Orientierung benutzt.

Abbildung 9: Wochenformat in Moodle

Die Anzahl der Zeitabschnitte im Wochenformat sowie der Themenabschnitte im Themenformat auf einer Moodle-Seite kann bei der *Formatierung* unterhalb der Grundeinträge (siehe Abbildung 8) als *Anzahl der Abschnitte* eingegeben werden. Wurde bei der Einstellung das Themenformat ausgewählt, so wird der Einstellungsabschnitt als *Formatierung Themenformat* genannt und angezeigt. Dementsprechend wird bei der Auswahl Wochenformat der Abschnitt *Formatierung Wochenformat* genannt. Ab wann der wöchentliche Bereich anfängt, ist unter *Kursbeginn* bei den Grundeinträgen einzustellen. Der Kursbeginn kann auch für die anderen Formate gewählt werden, ist aber auf der Kursseite nicht zu sehen.

In Moodle können auch Abschnitte, die beim Wochen- oder Themenformat vorkommen, verborgen werden. Dies kann für den Kursleiter beim Wochenformat sehr nützlich sein. Er kann etwa im Voraus alle Zeitabschnitte in seinem Kurs mit Arbeitsmaterialien und Aktivitäten füllen, die aber für den Kursteilnehmer zunächst verborgen bleiben. Erst zu Beginn der aktuellen Woche wird der Bereich für die Teilnehmer sichtbar. Zum

Verbergen von Abschnitten stehen zwei Optionen zur Verfügung, die im Einstellungsabschnitt *Formatierung* unter *Verborgene Abschnitte* zu wählen sind. Wie in Abbildung 8 zu sehen, steht in den Voreinstellungen die Erste Option *Hinweis anzeigen*. Mit dieser Einstellung wird ein verborgener Bereich durch den Text *Nicht verfügbar* ersetzt. Damit ist für den Kursteilnehmer sichtbar, dass hier ein Abschnitt vorhanden ist, der erst später veröffentlicht wird. Bei der zweiten Option *Vollständig unsichtbar* ist der komplette Abschnitt unsichtbar.

Außerdem kann beim Eintrag *Kurslayout* ausgewählt werden, ob alle Bereiche, also alle Zeitabschnitte oder alle Themenabschnitte, auf einer Seite oder nur ein Bereich pro Seite angezeigt werden soll. Bei sehr vielen Bereichen ist die Anzeige pro Bereich zu bevorzugen, so dass die Kursteilnehmer einen besseren Überblick bewahren können.

Das *soziale Format* ist weder nach Themen- noch nach Zeitabschnitten unterteilt. Es besteht lediglich aus einem Forum ohne Themeneinschränkungen. Hier steht die Diskussion im Mittelpunkt. Aktivitäten und Arbeitsmaterialien können nicht eingefügt werden. Es ist aber möglich Dateien im Forum hochzuladen. Dieses Themenformat ist sinnvoll für Kurse, in denen es nur auf die Diskussion ankommt.

Falls ein schon fertig erstellter und standardisierter Kurs mit Lerninhalten in Moodle eingebettet werden soll, dann kann das *SCORM-Format* gewählt werden. SCORM steht für **S**harable **C**ontent **O**bject **R**eference **Mo**del [30]. Dieses Modell bietet wiederverwendbare, plattformunabhängige und ständig erreichbare Lerninhalte [41]. Um so einen Kurs zu erstellen, benötigt Moodle ein SCORM-Paket als ZIP- oder PIF-Datei. Diese Datei wird einfach in den Kurseinstellungen hochgeladen. Nachdem die Einstellungen gespeichert wurden, kann das SCORM-Lernpaket direkt zum Einsatz kommen. Die Bewertung von Aufgaben aus dem SCORM-Lernpaket kann in Moodle durchgeführt werden.

Die nächste Einstellung (siehe Abbildung 8) ist die *Anzahl neuer Nachrichten*. Hier kann ein numerischer Wert von 0 bis 10 ausgewählt werden. Damit kann die Anzahl der angezeigten Nachrichten im Block *Neueste Nachrichten* begrenzt werden. Wie schon in Abschnitt 3.1 erwähnt, informiert dieser Block den Teilnehmer darüber, dass der Kursleiter eine neue Nachricht erfasst hat. Im Block sind nur die Nachrichtentitel zu sehen.

In Moodle können Aktivitäten, wie etwa ein Test, bewertet werden. Die Bewertung kann für die Teilnehmer sichtbar gemacht werden, wenn dies vom Kursleiter erwünscht ist. Falls die Bewertung nur für den Kursleiter sichtbar sein soll oder gar keine Bewertung durchgeführt wird, dann ist bei der Einstellung *Bewertung anzeigen* der Wert *Nein* auszuwählen.

Verschiedene Aktivitäten der Kursteilnehmer, etwa Abgaben oder Forenbeiträge, können in einem Aktivitätsbericht angezeigt werden. Ob die

Kursteilnehmer ihren eigenen Bericht einsehen können, kann in der Option *Aktivitätsberichte* mit *Ja* oder *Nein* selektiert werden.

Im Eintrag der Grundeinträge kann auch die *maximale Dateigröße* die ein Teilnehmer im Kurs hochladen kann angegeben werden. Die Bestimmung dieser Größe ist wichtig, falls Übungen oder andere Materialien von den Teilnehmern im Kurs eingereicht werden müssen.

Über die Einstellung *Design* kann das Design des Kurses für alle Teilnehmer festgelegt werden. Damit kann ein Kursteilnehmer das Design in einem Kurs nicht selbst auswählen. Wird beim *Design* der Eintrag *Nicht festgelegt* ausgewählt, so kann jeder Teilnehmer in seinem Profil das Design selber auswählen. Wie in Abschnitt 2.3 und 2.4 erwähnt, bezieht sich das Design auf die äußere Erscheinung des Kurses. Icons, Farben sowie die Anordnung von Blöcken können bei unterschiedlichen Design anders aussehen. Die Funktionalität der Grundelemente bleibt bei jedem Design erhalten.

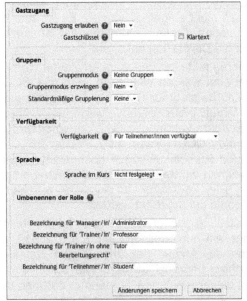
Abbildung 10: Screenshot von weiteren Kurseinstellungen

In Abbildung 10 sind die restlichen Kurseinstellungen zu sehen. Beim *Gastzugang* kann ein Zugang für Gäste eines Kurses erlaubt werden. Dazu kann optional ein Kennwort für Gäste angelegt werden. Wird diese Option in Betracht gezogen, so wählt der Administrator oder Dozent ein passendes Kennwort aus und fügt es im dafür vorgesehenen Textfeld ein.

Wie in einem realen Kurs die Bildung von Gruppen möglich ist, so ist dies auch in einem virtuellen Kurs in Moodle realisierbar. Die Einstellung erfolgt, wie in Abbildung 10 zu sehen, in der Kategorie *Gruppen*. Im *Gruppenmodus* gibt es drei Optionen zur Auswahl: *Keine Gruppen, sichtbare Gruppen* und *getrennte Gruppen*.

Um den Gruppenmodus besser zu verstehen, wird hier die Aktivität Forum betrachtet. Wenn die Option *Keine Gruppen* gewählt wurde, dann kann jeder Kursteilnehmer die Beiträge aller anderen Teilnehmer in Forum einsehen. Bei den *sichtbaren Gruppen* ist die Sichtbarkeit der Gruppen untereinander gegeben. So kann jede Gruppe die Beiträge der anderen Gruppen in Forum sehen. Ist dies nicht erwünscht, dann sollte die Option *getrennte Gruppen* ausgewählt werden. Damit sind im virtuellen Kurs die Gruppen untereinander nicht mehr sichtbar. Somit sind die Forumsbeiträge einer Gruppe für andere Gruppen nicht sichtbar. Nur die Beiträge der eigenen Gruppenmitglieder sind zu sehen.

In einem Kurs mit sehr vielen Personen kann eine Gruppenbildung sinnvoll sein. Dozenten und Tutoren erhalten dadurch einen besseren Überblick. Außerdem können sie ihren Arbeitsaufwand aufteilen. So kann jeder Tutor eine geringe Anzahl von Gruppen betreuen. Dabei können Lösungsabgaben in Aufgaben-Aktivitäten von unterschiedlichen Tutoren bewertet werden. Damit fällt der große Aufwand nicht nur an eine Person. Außerdem ist die Gruppenbildung in einigen Veranstaltungen für kleine Projekte zwingend erforderlich. Mit der Option *Gruppenmodus erzwingen* (siehe Abbildung 10) kann das mit der Auswahlmöglichkeit *Ja* erzwungen werden. Bei der Anmeldung von Kursteilnehmern sind dann Gruppen zu bilden.

Die nächste Kurseinstellung ist die standardmäßige Gruppierung. Durch eine Gruppierung gibt es die Möglichkeit, mehrere Gruppen in einer übergeordneten Gruppe zu clustern. Das kann hilfreich sein, wenn der Dozent die gleiche Nachricht oder Aufgabe nur an bestimmte Gruppen vergeben möchte. Das können Gruppen sein, die sehr ähnliche Aufgaben haben. Somit kann eine Gruppierung in einigen Kursen sinnvoll eingesetzt werden.

Unter *Verfügbarkeit* kann ein Kurs für die Teilnehmer unsichtbar gemacht werden. Nur Administratoren und Dozenten können dann den Kurs sehen. Das kann vor allem bei der Vorbereitung eines virtuellen Kurses sehr sinnvoll sein. Erst wenn der Kurs mit den relevanten Arbeitsmaterialien, Aktivitäten, Blöcken und Einstellungen gestaltet wurde, wird dieser für alle Teilnehmer verfügbar gemacht.

Die Sprache auf einer Moodle-Seite kann unter *Sprache* festgelegt werden. Die gesamten Layout-Beschriftungen der Navigation, Arbeitsmaterialien, Aktivitäten und Blöcke werden dann in der festgelegten Sprache dargestellt. Es ist aber auch möglich, die Sprache nicht festzulegen. Damit kann jeder Kursteilnehmer die Sprache für sich selbst auswählen.

Die letzte Kurseinstellung, wie in Abbildung 10 zu sehen, ist das Umbenennen der Rolle. Manager und Trainer haben ein Bearbeitungsrecht. Das berechtigt diese Personen dazu, Kurseinstellung durchzuführen. Sie können etwa *Arbeitsmaterialien* hochladen, *Aktivitäten* bereitstellen und für den Kurs wichtige *Blöcke* auswählen. Trainer ohne Bearbeitungsrecht und Teilnehmer haben kein Bearbeitungsrecht. Diese Unterteilung ist sehr wichtig, denn auch in einem realen Kurs mit Dozenten, Tutoren und Studenten gibt es verschiedene Berechtigungen. Moodle erlaubt die Umbenennung der Rollen, damit diese an die Lehrveranstaltung angepasst werden können.

So kann passend zu einer Universität die Rolle des *Trainers mit Bearbeitungsrecht* in *Dozent* umbenannt werden. In einer Schule könnte diese Rolle in *Klassenlehrer* umbenannt werden. Diese Umbenennung verändert das Bearbeitungsrecht der verschiedenen Rollen nicht. Manager, Trainer und Teilnehmer sind durch das Umbenennen der Rollen mit der neuen Bezeichnung eindeutig zugeordnet. Es ist jedoch nicht zwingend erforderlich, die Rollen anders zu benennen. In diesem Fall sollten die Textfelder für die Umbenennung (siehe Abbildung 10) einfach leer bleiben.

Nachdem die Kurseinstellungen erläutert wurden, werden im nächsten Abschnitt die Standardmodule der Moodle-Lernplattform vorgestellt. In Abschnitt 3.3 werden die Arbeitsmaterialien in Moodle vorgestellt.

3.3 Arbeitsmaterialien in Moodle

Durch Arbeitsmaterialien können Lehrinhalte für die Kursteilnehmer zur Verfügung gestellt werden. Neben der Präsenzveranstaltung, in der die Arbeitsmaterialien vorgestellt werden, ist das persönliche Studieren der Materialien eine sehr wichtiger Aspekt. Damit können die Teilnehmer ihr Wissen vertiefen und auch Fragen stellen. Wie bereits zu Beginn dieser Arbeit erwähnt, werden Arbeitsmaterialien, genauso wie die Aktivitäten, innerhalb eines Themen- oder Wochenabschnitts angeordnet.

Es ist sehr einfach, ein Arbeitsmaterial auf einer Kursseite einzufügen. In Abbildung 7 ist rechts oben der Button *Bearbeiten einschalten* zu sehen. Das Ergebnis beim Betätigen des Buttons ist in Abbildung 11 zu sehen. Der Moodle-Kurs befindet sich nun im Bearbeitungsmodus. In diesem Modus taucht in der Mitte bei jedem Abschnitt der Link *Material oder Aktivität anlegen* auf. Zu jeder Aktivität und zu jedem Arbeitsmaterial erscheint zudem ein *Bearbeiten*-Link. Klickt der Kursleiter auf diesen Link, so erscheint ein Fenster mit Symbolen und danebenstehen Links, die erst gegen Ende dieses Abschnitts in Tabelle 2 und 3 erläutert werden.

Wenn man auf den Link *Material oder Aktivität anlegen* klickt, öffnet sich das Fenster zum Anlegen von Materialien und Aktivitäten, das in Abbildung 12 zu sehen ist.

Dieses Fenster bietet sowohl Aktivitäten als auch Arbeitsmaterialien zum Hinzufügen im jeweiligen Abschnitt. Jede Auswahl ist zusätzlich mit einem vorangehenden Symbol versehen. Mit diesen visuellen Hilfsmitteln wird dem Moodle-Nutzer verdeutlicht, um was für eine Art Aktivität oder Arbeitsmaterialien es sich handelt.

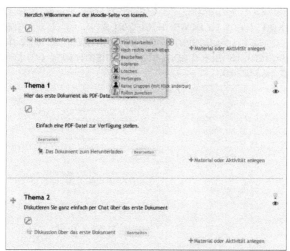

Abbildung 11: Materialien oder Aktivitäten anlegen

Somit stellt Moodle nicht nur textuelle Elemente zur Verfügung, sondern auch visuelle Elemente.

Die oben beschriebenen Schritte zum Hinzufügen von Aktivitäten oder Arbeitsmaterialien sind immer identisch.

Wie in Abbildung 12 zu sehen, können Lehr- und Lerninhalte durch Standard-Arbeitsmaterialien bereitgestellt werden:

– **Buch:** Bei diesem Typ können in Moodle mehrere Seiten mit Inhalt gefüllt werden. Mit Hilfe eines Editors kann ein Text geschrieben und bearbeitet werden. Auch Bilder lassen sich einfach einfügen. Außerdem werden LaTeX-Befehle unterstützt, wenn diese in der Website-Administration aktiviert wurden. Um eine Seite mit Inhalten zu füllen, muss vorher ein Kapitel oder Unterkapitel hinzugefügt werden, in dem dieser Inhalt zur Verfügung gestellt werden kann. Somit kann eventuell ein großes Buch mit Wissen erstellt werden.

Der Arbeitsaufwand ist dabei sehr hoch, wenn sehr viele Seiten eingetippt werden müssen. Darüber hinaus ist das Arbeitsmaterial Buch nicht außerhalb von Moodle portabel. Es kann nur in Moodle benutzt werden. Daher ist das Buch nur bedingt für Kurse an der Universität einsetzbar.

– **Datei:** Die Datei ist ein nützliches und sehr häufig eingesetztes Arbeitsmaterial in Moodle. Der Kursleiter kann Dokumente jeglicher Art in einem Abschnitt hochladen. So können Vorlesungsfolien und Skripte im PDF-Format ganz einfach und beliebig hochgeladen werden. In externen Dateien sind wissenschaftliche Formeln und andere Bearbeitungsmodalitäten einfacher zu erstellen, die in Moodle nur teilweise oder auch gar nicht zu bewerkstelligen sind. Auch Programmdateien, wie Java- oder C++-Dateien, sind ohne Probleme einzufügen. Damit ist das Arbeitsmaterial ein sehr starkes Instrument, um Lehrinhalte zur Verfügung zu stellen.

Abbildung 12: Moodle-Fenster: Material oder Aktivität anlegen

– **IMS-Content:** IMS steht für **I**nstructional **M**anagement **S**ystem [14] und ist ein standardisiertes Format zur Bereitstellung von Inhalten. Die schon fertig erstellten Informationen werden als ZIP-Datei hochgeladen und stehen den Kursteilnehmern auch sofort zur Verfügung. Der Vorteil eines solchen Arbeitsmaterials ist, dass fertig erstellte Lerninhalte plattformunabhängig für E-Learning Zwecke bereitgestellt werden. Im Abschnitt 3.2 *Kurseinstellungen in Moodle* wurde ein ähnliches Format – das SCORM-Format [30] – vorgestellt. Im Vergleich zu SCORM werden bei IMS keine Ergebnisse der Kursteilnehmer gespeichert.

- **Link/URL:** Es können Links zu Moodle-internen Inhalten oder externen Webseiten erstellt werden. Dies kann sehr sinnvoll sein, um Kursteilnehmer auf wichtige Seiten zu navigieren, die nähere Informationen zu einem Thema anbieten. So kann etwa auf Literaturangebote auf externe Webseiten verlinkt werden. Dabei können diese Verlinkungen in Moodle eingebettet oder in einem neuen Fenster geöffnet werden.
- **Textfeld:** Wenn ein Textfeld in einem Abschnitt hinzugefügt wird, dann taucht das Einstellungsfenster auf, in dem ein Text erstellt werden kann. Dieser Text wird dann im gewünschten Abschnitt angezeigt. Dieses Arbeitsmaterial kann hilfreich sein, wenn in einem Themen- oder Wochenabschnitt kurze Erläuterungen hinzufügt werden sollen.
- **Textseite:** Das Arbeitsmaterial Textseite wird als Link in einem Abschnitt angeboten, der dann zu einer separaten Seite führt. Beim Hinzufügen dieses Materials erscheint eine Einstellungsseite, in der der zu erstellende Text mit einem Editor bearbeitet werden kann. Nach dem Abspeichern steht die Verlinkung im gewünschten Abschnitt zur Verfügung. Mit einem Klick auf den Link erscheint die vorher erstellte Textseite.

Auf einer Textseite können Aufgabenstellungen oder auch andere Informationen des Kurses angezeigt werden. Bei einer Aufgabenstellung wird jedoch meistens die Aktivität *Aufgabe*, die im Abschnitt 3.4 vorgestellt wird, bevorzugt, da sie mehrere Möglichkeiten anbietet.

- **Verzeichnis:** Mit diesem Arbeitsmaterial wird auf eine sehr einfache Weise das Hinzufügen eines Verzeichnisses samt Inhalt angeboten. Beim Einfügen dieses Arbeitsmaterials erscheint automatisch die Einstellungsseite, auf der ein Name und eine Beschreibung des Verzeichnisses erwartet werden. Dabei kann auch eine ZIP-Datei hochgeladen und entpackt werden. Nach dem Abspeichern ist das Verzeichnis im ausgewählten Abschnitt zu sehen.

Abbildung 13: Arbeitsmaterial Verzeichnis

Per Mausklick gelangt der Moodle-Nutzer zu der Ansicht des erstellten Verzeichnisses, wie in Abbildung 13 zu sehen. Der Name des Verzeichnisses heißt hier *Wichtige Daten* und die Beschreibung – *Daten des Kurses* – wird unterhalb des Namens platziert. In Abbildung 13 enthält der Ordner *Template* verschiedene Dateitypen. Über den Button *Bearbeiten* kann der Kursleiter weitere Dateien und Ordner hochladen, Elemente löschen oder die Struktur des Verzeichnisses bearbeiten.

Mit einem Verzeichnis können zusammenhängende Daten an einem Ort gespeichert und für die Kursteilnehmer zugänglich gemacht werden. In einer Verzeichnisstruktur könnten etwa Daten zu Programmierprojekten vorhanden sein, die von den Kursteilnehmern zu einem späteren Zeitpunkt heruntergeladen werden können.

Nachdem ein Arbeitsmaterial hinzugefügt wurde, kann der Kursleiter dieses jederzeit im Bearbeitungsmodus, wie in Abbildung 11 zu sehen, bearbeiten. Das gilt auch für die Aktivitäten und Blöcke. Dazu sind in Abbildung 11 bei jeder Aktivität und bei jedem Arbeitsmaterial Symbole zu erkennen. Mit diesen Symbolen können verschiedene Aktionen ausgeführt werden. Wenn der Mauszeiger über ein Symbol gehalten wird, dann taucht ein kleiner Text mit der konkreten Aktion auf. Somit wird dem Kursleiter angezeigt, was für eine Aktion dieses Symbol ausführen kann.

In Tabelle 2 und 3 werden die Symbole erläutert, die in Abbildung 11 zu sehen sind. Diese Symbole tauchen nur im Bearbeitungsmodus der Moodle-Kursseite auf. Durch einen Mausklick auf die Symbole können unterschiedliche Aktionen ausgeführt werden. Nach einer Aktion kann es bei einigen Symbolen vorkommen, dass sie durch andere Symbole ersetzt werden. Diese zusätzlichen Symbole werden ebenfalls in Tabelle 2 und 3 erläutert.

Nr.	Symbol	Aktion des Symbols für Abschnitte
1	♀	In jedem Abschnitt ist das Lämpchen-Symbol enthalten. Durch einen Klick auf das Lämpchen erhält der Abschnitt rechts und links einen Farbbalken (im *Standard*-Design, nicht im *Decaf*-Design). Damit kann das Auge den aktuellen Abschnitt schneller erfassen, was zu einer besseren Orientierung im Kurs führt. In Abbildung 9 ist ein Farbbalken zu erkennen.
2	◉ / ◯	Das geöffnete Augen-Symbol zeigt an, dass der Abschnitt für Kursteilnehmer sichtbar ist. Wird auf dieses Symbol geklickt, wird der Abschnitt vollständig verborgen und das geschlossene Augen-Symbol ist zu sehen. Das geschlossene Auge zeigt an, dass der Abschnitt für Kursteilnehmer vollständig verborgen ist. Wird auf dieses Symbol geklickt, wird der Abschnitt sichtbar und das geöffnete Augen-Symbol ist zu sehen.

Tabelle 2: Symbole für Abschnitte in einem Moodle-Kurs

In Tabelle 2 werden Symbole erläutert, die sich auf die Abschnitte eines Moodle-Kurses beziehen. Die Symbole in Nr. 2 aus der zweiten Zeile sehen sehr ähnlich aus mit den Symbolen in Nr. 8 aus Tabelle 3. In beiden Fällen wird etwas verborgen oder sichtbar gemacht. Der Unterschied ist, dass die Aktion der Symbole aus Tabelle 3 sich auf die Elemente – Aktivitäten und Arbeitsmaterialien – auswirken. Wird das Augen-Symbol aus Tabelle 2 geklickt, so wird der Abschnitt mit alle enthaltenen Elementen vollständig verborgen. Durch das geschlossene Auge kann der Abschnitt wieder sichtbar gemacht werden. Wird aber das Augen-Symbol aus Tabelle 3 geklickt, so wird nur das Element verborgen. Andere Elemente oder der Abschnitt, in dem das Element vorkommt, bleiben unberührt.

Nr.	Symbol	Aktion des Symbols für Elemente
1		Mit dem Stift-Symbol kann der Name einer Aktivität oder eines Arbeitsmaterials geändert werden. Mit der *Enter*-Taste wird der neue Name gespeichert; mit der *Esc*-Taste kann die Änderung abgebrochen werden.
2		Mit einem Klick auf das Pfeil-Symbol wird eine Aktivität oder ein Arbeitsmaterial im jeweiligen Abschnitt nach rechts eingerückt. Innerhalb des Abschnittsbereichs kann mehrfach in diese Richtung eingerückt werden.
3		Eine Einrückung nach links wird erst angeboten, wenn ein Element vorher schon nach rechts eingerückt wurde. Innerhalb des Abschnittsbereichs kann mehrfach in diese Richtung eingerückt werden.
4		Wenn der Mauszeiger über dieses Symbol positioniert wird, dann ändert sich der Mauszeiger zu diesem Symbol. Wird dazu die linke Maustaste gedrückt und festgehalten, kann eine Aktivität oder ein Arbeitsmaterial innerhalb des Abschnitts verschoben werden, so dass die Reihenfolge der Elemente geändert werden kann. Ein Element kann auch in einen anderen Abschnitt verschoben werden.
5		Wird auf dieses Symbol geklickt, erscheint die Einstellungsseite der Aktivität oder des Arbeitsmaterials. Damit können Einstellungen zu einem Element jederzeit aktualisiert werden.
6		Dieses Symbol dupliziert eine Aktivität oder ein Arbeitsmaterial.
7		Mit diesem Symbol wird eine Aktivität oder ein Arbeitsmaterial gelöscht.
8		Das offene Auge symbolisiert, dass eine Aktivität oder ein Arbeitsmaterial für Kursteilnehmer sichtbar ist. Das geschlossene Auge symbolisiert, dass eine Aktivität oder ein Arbeitsmaterial für Kursteilnehmer verborgen ist.

Nr.	Symbol	Aktion des Symbols für Elemente
9		Mit einem Klick auf das Symbol kann für eine Aktivität oder ein Arbeitsmaterial der Gruppenmodus gewechselt werden. Symbol Nr. 9 zeigt, dass *keine Gruppen* gewählt worden sind, so dass jeder Kursteilnehmer auf das Element – Aktivität oder Arbeitsmaterial – zugreifen kann. Wird dieses Symbol angeklickt, erscheint das Symbol mit der Nr. 11. Eine Erläuterung zum Gruppenmodus ist in Abschnitt 3.2 gegeben.
10		Dieses Symbol signalisiert, dass nur *getrennte Gruppen* (für Erläuterungen zum Gruppenmodus siehe Abschnitt 3.2) auf eine Aktivität oder ein Arbeitsmaterial zugreifen dürfen. Wird dieses Symbol angeklickt, erscheint das Symbol mit der Nr. 9.
11		Dieses Symbol signalisiert, dass nur *sichtbare Gruppen* (für Erläuterungen zum Gruppenmodus siehe Abschnitt 3.2) auf eine Aktivität oder ein Arbeitsmaterial zugreifen dürfen. Wird dieses Symbol angeklickt, erscheint das Symbol mit der Nr. 10.
12		Mit diesem Symbol kann der Kursleiter Rollen zuweisen. So ist es möglich, einem Kursteilnehmer für eine Aktivität oder ein Arbeitsmaterial zusätzliche Rechte zu vergeben, indem er die Rolle eines Kursleiters für das ausgewählte Element erhält. Damit kann der Kursleiter einige Aufgaben an Kursteilnehmer delegieren. Eine Erläuterung zu den Rollen in Moodle wurde in Abschnitt 3.2 gegeben.

Tabelle 3: Symbole für Elemente in einem Moodle-Kurs

Im nächsten Abschnitt werden die Standardaktivitäten des Moodle-Systems vorgestellt.

3.4 Standardaktivitäten in Moodle

In diesem Abschnitt werden die Aktivitäten vorgestellt, die zum Moodle-Standardpaket gehören. Zu den Standardaktivitäten (siehe Abbildung 12) gehören *Abstimmung, Aufgabe, Chat, Datenbank, Externes Tool, Forum, Glossar, Lektion, Lernpaket, Test, Umfrage, Wiki und Workshop.*

Hierbei werden einige Aktivitäten ausführlicher beschrieben, die das E-Learning für Studierende vereinfachen und Dozenten in ihrer Arbeit unterstützen. Wie bereits in Abschnitt 1.3 erwähnt, ist es die Zielsetzung dieser Arbeit, bestmögliche Konzepte zur Gestaltung von Moodle-Kursseiten zu erstellen. Dazu gehört auch die sinnvolle Auswahl von Aktivitäten für eine Veranstaltung an einer Universität. Das gilt sowohl für die Arbeitsmaterialien als auch für die Blöcke. Jeder Veranstaltungstyp sollte sein eigenes Gestaltungskonzept besitzen, so dass alle Teilnehmer in einem virtuellen Kurs die größtmögliche Unterstützung bekommen.

Durch den Einsatz von Aktivitäten in Moodle werden sowohl Kursteilnehmer als auch Kursleiter zu einer interaktiven Kooperation geführt. Somit findet das Lernen nicht nur alleine statt, sondern auch in Verbindung mit anderen Personen. Mit Hilfe der Aktivitäten lassen sich wichtige Fragen einfach und schnell klären. Außerdem können wichtige Lehrinhalte vertieft werden. Angeeignetes Wissen und Ideen der Teilnehmer können durch bestimmte Aktivitäten, etwa das Wiki oder das Glossar, gesammelt und für alle im Kurs zur Verfügung gestellt werden.

Das Hinzufügen von Aktivitäten wurde bereits in Abschnitt 3.3 erläutert. Dabei wurde Abbildung 12 gezeigt. In dieser Abbildung ist ein Fenster mit allen Standardaktivitäten des Moodle-Systems erkennbar. Aus diesem Fenster kann eine Aktivität in einem Themen- oder Wochenabschnitt eingefügt werden.

Im nächsten Schritt muss eine ausgewählte Aktivität konfiguriert werden. Dies kann aber bei den einzelnen Aktivitäten unterschiedlich sein, wobei einige Grundeinträge bei allen übereinstimmen. Diese übereinstimmenden und häufig vorkommenden Konfigurationen werden in Abschnitt 3.5 vorgestellt.

Zunächst werden die Standard-Aktivitäten aus Abbildung 12 vorgestellt:

– **Abstimmung:** Bei der Aktivität *Abstimmung* kann der Kursleiter eine Frage stellen. Dazu bietet er alternative Antworten an, von denen jeder Kursteilnehmer nur eine Antwort auswählen kann. Nach einer Abstimmung kann der Kursleiter die Anzahl der Stimmen pro Alternative in einem Balkendiagramm anschauen. Dadurch ist es ihm möglich, die Meinung der Kursteilnehmer zu einem bestimmten Thema des Kurses zu erfassen. Zusätzlich können über organisatorische Anliegen und Wünsche der Teilnehmer abgestimmt werden. Damit kann der Kursleiter wichtige Änderungsvorschläge auch während des Kurses in Betracht ziehen und umsetzen.

– Die **Aufgabe** ist eine sehr wichtige und sehr nützliche Aktivität, mit der das Stellen und die Abgabe einer Aufgabe organisiert wird. Studenten bekommen Aufgaben, die sie alleine oder als Gruppe bearbeiten können. Unabhängig vom Studienort können sie Aufgabenstellungen, etwa Hausübungen als PDF oder in einem anderen Format, aus dem Moodle-Kurs herunterladen und bearbeiten. Anschließend können Studierende ihre Lösung im Moodle-Kurs einreichen und bewerten lassen. Die Abgabe kann als Datei oder mit Hilfe eines Texteditors in Moodle verfasst werden. Außerdem kann der Kursleiter einige Parameter wie Verfügbarkeit, Abgabedatum, Sichtbarkeit, Einzel- oder Gruppenabgabe und Bewertungen einer Aufgabe konfigurieren. Zusätzliche Informationen über die Parameter befinden sich im Anhang.

Durch diese Aktivität entfallen auch einige Nachteile einer reinen Präsenzveranstaltung, die keinen virtuellen Moodle-Kurs besitzt. So können Aufgabenstellungen in Papierform verloren gehen. Falls während des Unterrichts Informationen wie das Abgabedatum nicht notiert wurden, dann ist ein Kursteilnehmer von der Hilfe der Dozenten und Kommilitonen abhängig. In einem Moodle-Kurs sind Aufgabenstellungen als PDF oder in einem anderen Format jederzeit mehrfach herunterladbar und das Abgabedatum für eine Einreichung einer Lösung wird immer angezeigt. Somit entstehen keine Probleme, wenn eine ausgedruckte Aufgabenstellung verloren geht oder Abgabedaten nicht notiert wurden.

- **Chat:** Die Aktivität *Chat* fördert genauso wie das Forum die Kommunikation zwischen den Teilnehmern. Der Unterschied ist, dass die Teilnehmer in einem *Chat* simultan Nachrichten austauschen. Falls in einer Präsenzveranstaltung eine Diskussion aus Zeit- und Platzgründen nicht mehr geführt werden kann, so kann diese ganz unproblematisch im Moodle-Kurs weiter geführt werden. Damit sich die Kursteilnehmer zur gleichen Zeit zum *Chat* treffen können, muss ein Termin vereinbart werden. Allerdings kann auch ein *Chat* ganz spontan mit wenigen Personen, die sich gerade im Moodle-Kurs befinden, stattfinden. Dazu ist eine Vereinbarung zu einem Termin nicht unbedingt notwendig.

- **Datenbank:** Ein Kursleiter kann eine Datenbank mit verschiedenen Feldern und Feldtypen im Moodle-Kurs hinzufügen, so dass die Kursteilnehmer diese Datenbank kooperativ mit Informationen füllen können. So können etwa wichtige Dateien mit Zusatzinformationen, wie ein Datum, Text und URL, versehen und als ein Datensatz gespeichert werden. In einer Listenansicht können mehrere Datensätze betrachtet, bearbeitet oder auch gelöscht werden. Auch die Suche nach einem bestimmten Datensatz wird in Moodle zur Verfügung gestellt.

- **Externes Tool:** Externe Tools bieten Kursteilnehmern den Zugriff auf externe Tests oder Lernprogramme (außerhalb von Moodle), für die andere Anbieter verantwortlich sind. In den Einstellungen wird die URL des externen Tools benötigt. Das Programm kann in einem neuen Fenster oder auch im Moodle-Kurs eingebettet werden. In Verbindung mit dem Anbieter kann auf ein zusätzliches Login verzichtet werden.

- **Feedback:** Mit einem Feedback kann ein Kursleiter einen eigenen Fragebogen erstellen, was bei der Aktivität Umfrage nicht möglich ist. Dabei können verschiedene Fragetypen wie Multiple-Choice, textuelle und numerische Kurzfragen und auch ein Eingabebereich für längere Antworten eingesetzt werden. Mit einem Feedback-Fragebogen kann der Kursleiter in Moodle eine statistische Auswertung in Form von Diagrammen angezeigt bekommen.

Das Moodle-System berechnet die Anzahl an Stimmen, den prozentualen Anteil und den Mittelwert automatisch. Aus einer Grafik können neue Erkenntnisse viel einfacher gewonnen werden. Da das automatisch erfolgt, spart der Feedback-Ersteller viel Zeit. Nur bei den Fragen mit einer textuellen Antwort müssen alle Antworten manuell betrachtet und bewertet werden.

Mit einem Feedback kann der Kursleiter eine Rückmeldung bezüglich der Präsenzveranstaltung, dem Kurs in Moodle, sowie themenspezifische und organisatorische Anliegen des Kurses erhalten. Damit ist das Feedback eine sehr hilfreiche Aktivität, mit der der Kursleiter seinen Kurs verbessern kann.

- **Forum:** Ein Forum ist ein virtueller Ort, in dem Nachrichten zwischen den Kursteilnehmern untereinander, aber auch zwischen Kursteilnehmern und Kursleitern, ausgetauscht werden können. Durch ein Nachrichtenforum – ein Forum, in dem nur Kursleiter Nachrichten verfassen – können wichtige Ankündigungen der Kursleiter an alle Teilnehmer versandt werden. In einem regulären Forum können die Kursteilnehmer Ideen und Fragen zu einem oder auch mehreren Themen einstellen. Damit können in einem Forum über verschiedene Sachverhalte des Kurses Diskussionen entstehen, die die Kommunikation der Teilnehmer fördern. Außerdem kann ein Kursleiter das Forum so einstellen, dass die Kursteilnehmer die Nachrichten des Forums auch an ihre private E-Mail-Adresse erhalten können, was meistens im Nachrichtenforum der Fall ist.

- **Glossar:** In einem Glossar können von Kursteilnehmern kooperativ Fachbegriffe, Fremdwörter, Synonyme und deren Erläuterungen gespeichert werden. Mit dieser Aktivität lassen sich auch häufig gestellte Fragen und deren Antworten hinzufügen. Mit einer Volltextsuche kann nach der gewünschten Information gesucht werden.

- **Lektion:** Bei einer Lektion werden dem Kursteilnehmer Lehrinhalte auf mehreren Seiten vorgestellt. Dazu können dem Teilnehmer am Ende eines Lehrinhalts Fragen gestellt werden. Die Aktivität bietet zwei Arten von Seiten: Inhaltsseiten und Frageseiten. Inhaltsseiten haben nur Inhalte; Frageseiten besitzen Fragen, können aber auch zusätzlich Inhalte enthalten. Durch das Einfügen von Seitenverzweigungen werden optionale Seiten zur Verfügung gestellt, die je nach Antwort des Kursteilnehmers angesprungen werden. Das bedeutet, dass eine Person anhand ihrer Antworten auf verschiedene Seiten geführt werden kann. Bei einer Inhaltsseite kann durch einen Button auf eine andere Lehrinhaltsseite gesprungen werden. Hiermit hat der Ersteller einer Lektion mehrere Möglichkeiten, Inhalts- und Frageseiten sowie Verzweigungen zu gestalten. Es benötigt jedoch kreative Ideen und Zeit, um so eine Aktivität zu erstellen.

- **Lernpaket:** Diese Aktivität unterstützt extern fertig erstellte Lehrinhalte und Fragen, die in Moodle als SCORM-Paket (ZIP- oder PIF-Datei) eingebettet werden. Das Lernpaket kann Tests durchführen, so dass die Kursteilnehmer ihren Wissensstand prüfen können. Weitere Informationen zu SCORM wurden schon im Abschnitt 3.2 *Kurseinstellungen in Moodle* gegeben.

Test: Mit dieser Aktivität kann der Kursleiter den Wissensstand der Kursteilnehmer testen und trainieren. Darüber hinaus kann ein *Test* auch als Hausaufgabe gestellt werden, bei dem die Ergebnisse des Kursteilnehmers in die Gesamtbenotung eingehen. Es gibt verschiedene Fragetypen im Standard-Moodle, wie Multiple-Choice, Lückentext, Berechnungs- und Zuordnungsaufgaben und Wahr-/ Falsch-Fragen, um einen Test zu erstellen. Bei einer bestimmten Berechnungsaufgabe ist es möglich, unterschiedliche Zahlen zu vergeben, mit der die Aufgabe berechnet werden soll. Dadurch taucht eine Berechnungsfrage nicht immer mit den gleichen Zahlen auf. Somit ist es nicht notwendig, neue Berechnungsfragen zu entwerfen, die zum gleichen Typ, wie dem Satz des Pythagoras, gehören.

Da der Testersteller bei der Konfiguration der Fragen auch die richtige Lösung angibt, kann das Moodle-System eine automatische Bewertung des Tests durchführen. Nur bei wenigen Testtypen, die eine freie textuelle Antwort als Eingabe erwarten, ist eine manuelle Bewertung vorzunehmen. Darüber hinaus gibt es sehr viele Optionen, wann eine Lösung sichtbar gemacht wird. So kann die Lösung des Tests während, gleich nach Abgabe oder nach dem Abgabedatum angezeigt werden. Falls nur geübt werden soll, kann die Lösung gleich nach Abgabe erfolgen, so dass die Testteilnehmer eine schnelle Rückmeldung erhalten. Wenn ein Test benotet werden soll, dann ist eine Lösung erst nach dem Abgabedatum eine sinnvolle Option. Weitere Konfigurationen sind dem Anhang zu entnehmen.

Ein Kursteilnehmer kann bei schlechtem Abschneiden des Tests frühzeitig mehr Anstrengungen unternehmen, damit er sich verbessern kann. Das ist besonders wichtig für die abschließende Prüfung im Kurs.

– **Umfrage:** Die *Umfrage* ist eine Aktivität, die für eine Auswertung und Evaluierung eines Moodle-Kurses geeignet ist. Dazu werden vorgefertigte Fragebögen bereitgestellt, die nach einem wissenschaftlichen und überprüften Konzept Informationen über das Lernverhalten der Kursteilnehmer sammeln [14]. Damit kann der Kursleiter die persönliche Einstellung der Teilnehmer zum Kurs, zur Lernumgebung und zur Interaktion mit anderen in Erfahrung bringen.

Eine Änderung der einzelnen Fragen sowie das Hinzufügen oder Entfernen von Fragen ist nicht möglich, da ansonsten die durchdachten Konzepte gefährdet wären. Bei einer Veränderung der Fragebögen könnten die Ergebnisse nicht mehr eindeutig sein.

– **Wiki:** Auch in Moodle lässt sich ein Wiki als Aktivität hinzufügen. In Kooperation können die Kursteilnehmer das Wiki mit wichtigen Kursinformationen und Lernerfahrungen füllen. Das Wiki wird mit Versionsnummern versehen, so dass der Zeitpunkt und der jeweilige Autor erfasst werden. Somit sind Änderungen und ältere Versionen des Wikis einsehbar und veränderbar. Um ein Wiki aufzubauen, benötigen die Teilnehmer gute Teamarbeit und viel Zeit.

– **Workshop:** In dieser Aktivität können Kursteilnehmer eigene Lösungen zu einer Aufgabe einreichen und von anderen Kursteilnehmern bewerten lassen. Dafür kann der Kursleiter bestimmte Kriterien verfassen, die den Teilnehmern helfen sollen, sich gegenseitig zu bewerten. Bei der Einreichung stehen ein Textfeld mit Texteditor und ein Feld zur Dateiabgabe zur Verfügung. Bevor die Kursteilnehmer sich gegenseitig bewerten, kann der Kursleiter ein paar Abgaben – etwa sehr gute Bewertungen – als Beispiele für alle Kursteilnehmer sichtbar machen.

Die wesentlichen Aktivitäten, die wichtig für die Zielsetzung dieser Arbeit sind, werden im Anhang ausführlich erläutert.

3.5 Wichtige Konfigurationen

Nachdem eine Aktivität oder ein Arbeitsmaterial zum Hinzufügen im Moodle-Kurs ausgewählt wurde (siehe Abschnitt 3.3), erscheinen die Einstellungen für das ausgewählte Element. Werden die Pflichtfelder einer Konfiguration nicht ausgefüllt, so kann dieses Element im Kurs nicht eingefügt werden. Es gibt eine wichtige Gruppe von Einstellungen, die in fast allen Aktivitäten und Arbeitsmaterialien vorkommen. Durch diese Einstellungen werden nützliche Optionen angeboten, die in diesem Abschnitt erläutert werden. Neben den gemeinsamen Einstellungen besitzen die verschiedenen Aktivitäten spezifische Konfigurationen, so dass sie sich in ihren Funktionen voneinander unterscheiden lassen. Für einige Aktivitäten aus Abschnitt 3.4 werden spezifische Konfigurationen im Anhang näher erläutert.

In diesem Abschnitt werden die Einstellungen vorgestellt, die bei fast allen Aktivitäten und Arbeitsmaterialien vorkommen.

Jede Aktivität und jedes Arbeitsmaterial benötigt einen Namen, damit es im Kurs hinzugefügt werden kann.

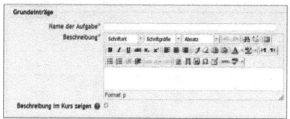

Abbildung 14: Grundeinträge Name und Beschreibung

Abbildung 14 zeigt beispielhaft die Grundeinträge der Aktivität *Aufgabe*.

Der *Name* sowie die *Beschreibung* sind als Pflichtfelder mit roter Farbe und einem nebenstehenden Stern-Symbol markiert. Der *Name* taucht auf der Kursseite im zuvor ausgewählten Themen- oder Wochenabschnitt auf. Zusätzlich ist der *Name* auch ein Link, der zur jeweiligen Aktivität oder Arbeitsmaterial auf einer neuen Seite führt. Deshalb ist es sehr wichtig, einen eindeutigen Namen zu wählen, damit mehrfach vorkommende Aktivitäten des gleichen Typs zu unterscheiden sind. Durch einen geeigneten Namen können die Kursteilnehmer schnell erkennen, was für eine Aktivität oder Arbeitsmaterial angelegt wurde.

Neben den Namen ist auch eine *Beschreibung* in dem dafür vorgesehenen Feld erforderlich. Wie in Abbildung 14 zu sehen, kann diese Beschreibung mit Hilfe eines Texteditors bearbeitet werden. Dabei können unter anderem Bilder, mathematische Symbole und sogar eine Rechtschreibkorrektur vorgenommen werden. In einer Beschreibung können wichtige Zusatzinformationen, Vorgehensweisen, Termine, Angaben zu Dateien oder auch nur eine kurze Vorstellung des ausgewählten Elements enthalten sein. Der Zweck einer eingesetzten Aktivität oder eines Arbeitsmaterials kann in knapper Form sehr sinnvoll als Beschreibung eingesetzt werden.

Um die Beschreibung auf der Kursseite im ausgewählten Themen- oder Wochenabschnitt anzuzeigen, ist die Checkbox *Beschreibung im Kurs zeigen* zu aktivieren. Ansonsten wird die Beschreibung nur beim Anklicken des Elements auf einer neuen Seite angezeigt.

Abbildung 15: Zeitraum, Beginn und Ende

Eine sehr häufig vorkommende Einstellung für Aktivitäten ist die Angabe eines Zeitraums. Abbildung 15 zeigt den *Abgabebeginn* und den *Abgabetermin* einer Aufgaben-Aktivität. Durch das Aktivieren der Checkboxen *Aktiviert* ist ein gewünschtes Datum auswählbar. Mit *Abgabebeginn* wird angegeben, ab wann ein Kursteilnehmer eine Lösung für eine Aufgabe abgeben kann. Der *Abgabetermin* bestimmt das Enddatum einer Abgabe. Wenn beide Einstellungen aktiviert wurden, so wurde ein Zeitraum festgelegt, in dem eine Abgabe erfolgen kann. Zusätzlich kann ein *letzter Abgabetermin* eingestellt werden. Damit kann eine spätere Zeitpunkt als beim Abgabetermin eingegeben werden, so dass eine Pufferzeit zur Verfügung steht, in der die Kursteilnehmer noch abgeben können. Die getätigte Abgabe in dieser Pufferzeit wird als verspätet vermerkt. Nach dem letzten Abgabetermin ist keine weitere Abgabe mehr möglich. Ist nur ein endgültiger Abgabetermin ohne Pufferzeit erwünscht, so kann der *letzte Abgabetermin* identisch mit dem *Abgabetermin* gewählt werden oder nur *Abgabebeginn* und *letzter Abgabetermin* werden aktiviert. Wird die Einstellung *Abgabebeginn* nicht aktiviert, dann ist nach dem Abspeichern der Einstellungen sofort eine Abgabe möglich. Wird sowohl der *Abgabetermin* als auch der *letzte Abgabetermin* deaktiviert, so kann die Abgabe beliebig spät ab Abgabebeginn erfolgen.

Das Einstellen eines Zeitraums ist eine sehr wichtige Option, da eine gewünschte Aktivität wie etwa eine Abstimmung, eine Umfrage oder ein Test zeitlich beschränkt werden kann. Außerdem kann der Kursleiter im Voraus eine Aktivität anlegen und den Zugriff auf die Aktivität zu einem späteren Zeitpunkt beginnen lassen. Das signalisiert den Kursteilnehmern, dass bald eine Aktivität stattfinden wird.

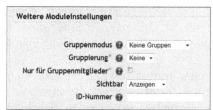
Abbildung 16: Weitere Moduleinstellungen

Abbildung 16 zeigt fünf weitere Einstellungen: *Gruppenmodus, Gruppierung, Nur für Gruppenmitglieder, Sichtbar* und *ID-Nummer*. Alle fünf Einstellungen sind in den Aktivitäten vorhanden, wobei die Einstellungen *Gruppierung und Nur für Gruppenmitglieder* optionale Felder sind. Bei den Arbeitsmaterialien stehen hingegen die Einstellungen *Sichtbar* und *ID-Nummer* zur Verfügung.

Da der *Gruppenmodus* schon in Abschnitt 3.2 vorgestellt wurde, werden hier dessen Einstellungen nur kurz erwähnt. In der Dropdown-Liste Gruppenmodus sind drei Optionen auswählbar: *Keine Gruppen, Getrennte Gruppen* und *Sichtbare Gruppen*.

Wird die Option *keine Gruppen* gewählt, so ist die betreffende Aktivität für alle Kursteilnehmer zugänglich. Bei den beiden anderen Optionen werden die jeweiligen Aktivitäten innerhalb der Gruppe bearbeitet. Dabei kann der Kursleiter gruppenspezifischen Anforderungen stellen, was in einigen Kursen sinnvoll eingesetzt werden kann. Der Einsatz von Gruppen kann in Kursen mit einer sehr hohen Teilnehmeranzahl zur Übersicht und Aufteilung von Aufgaben an Tutoren sehr hilfreich sein.

Bei *getrennte Gruppe* kann ein Kursteilnehmer nur die Beiträge der Mitglieder seiner eigenen Gruppe sehen. So sind etwa bei den Abstimmungsergebnissen in der Aktivität Abstimmung nur die Ergebnisse der eigenen Gruppe einsehbar. In einem Forum können sich nur die Teilnehmer der eigenen Gruppen austauschen. Somit findet bei einer Aktivität mit getrennten Gruppen im virtuellen Kurs keine Kooperation zwischen den Gruppen statt. Dies könnte sinnvoll erscheinen, falls die Gruppen bei gleicher Aufgabenstellung ihre eigenen Lösungen präsentieren sollen.

Die Teilnehmer einer *sichtbaren Gruppe* können hingegen auch die anderen Gruppen sehen. Sofern die Gruppen unterschiedliche Aufgaben bearbeiten, kann diese Auswahl angebracht sein.

Mit der nächsten Einstellung *Gruppierung* kann eine Aktivität nur für bestimmte Gruppen zur Verfügung gestellt. Das können Gruppen sein, die sehr ähnliche Aufgaben in einer Aktivität zu bearbeiten haben. Dementsprechend kann beispielsweise bei einer Aufgabe-Aktivität die Aufgabenstellung und Bewertung für eine Gruppierung anders gewählt werden als bei einer anderen Gruppierung. Wird keine Gruppierung ausgewählt, so hat jede Gruppe Zugriff auf dieselbe Aktivität. Wünscht ein Kursleiter, dass eine Aktivität nur für Gruppenmitglieder einer konkreten Gruppierung zur Verfügung steht, so ist die Einstellung *Nur für Gruppenmitglieder* zu aktivieren.

Die Einstellung *Sichtbar* in Abbildung 16 hat zwei Optionen. Mit der Option *Anzeigen* ist eine Aktivität oder ein Arbeitsmaterial im Kurs sichtbar und mit *Verbergen* unsichtbar. Im Fall der Aktivitäten ist diese Einstellung unabhängig von dem vorher gewählten Gruppenmodus. Die Sichtbarkeit ist eine nützliche Option. Der Kursleiter kann eine Aktivität oder ein Arbeitsmaterial im Moodle-Kurs einfügen, ohne dass die Kursteilnehmer das sehen können. Ein Element zu verbergen erscheint beispielsweise sinnvoll, wenn der Kursleiter vor Veröffentlichung eventuell noch Änderungen vornehmen möchte. Zu einem späteren Zeitpunkt kann der Kursleiter die jeweilige Aktivität oder Arbeitsmaterial sichtbar machen.

Die ID-Nummer aus Abbildung 16 kann als Referenz zu einer gegebenen Aktivität bei der Bewertung des gesamten Kurses herangezogen werden. Das ist sehr hilfreich bei der Zuordnung. Falls die jeweilige Aktivität nicht in die Gesamtbewertung eingeht, kann dieses Feld einfach leer bleiben.

Abbildung 17 zeigt die sehr nützliche Konfiguration *Bedingte Verfügbarkeit*. Mit dieser Konfiguration kann eine Aktivität oder ein Arbeitsmaterial in Abhängigkeit von einem auswählbaren Zeitraum, einer Bewertungsbedingung und/oder einer Nutzerbedingung im Kurs verfügbar gemacht werden.

Der Zeitraum für die Verfügbarkeit kann durch das Aktivieren der Checkboxen der beiden Einstellungen *Verfügbar ab* und *Verfügbar bis* ausgewählt werden. Diese Einstellungen sind ähnlich zu denen aus Abbildung 16. Der Unterschied besteht darin, dass bei der *bedingten Verfügbarkeit* eine Aktivität oder ein Arbeitsmaterial erst zu diesem Zeitraum zur Verfügung gestellt wird. Außerhalb dieses Zeitraums kann ein Element *voll-*

ständig verborgen sein oder mit einem *grauen Sperrhinweis* und dem Datum der Verfügbarkeit angezeigt werden. Die Auswahl zwischen den beiden Optionen ist bei der letzten Einstellung aus Abbildung 17 *Außerhalb der Verfügbarkeit* vorzunehmen. Dagegen wird bei der Angabe des Zeitraums aus Abbildung 16 eine Aktivität sofort im Kurs angezeigt, unabhängig wann der Zeitraum für die Bearbeitung der Aktivität gewählt wurde. Hier gibt der Zeitraum vor, wann etwa eine Abstimmung, ein Test oder eine Abgabe einer Lösung erfolgen darf.

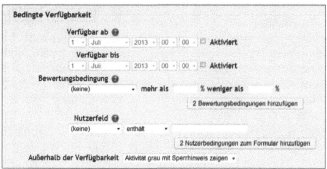
Abbildung 17: Bedingte Verfügbarkeit

Mit der bedingten Verfügbarkeit kann der Kursleiter den gesamten Moodle-Kurs vor Beginn einer Veranstaltung vollständig mit Aktivitäten und Arbeitsmaterialien füllen. Durch die Angabe der Zeit in der bedingten Verfügbarkeit können automatisch zum ausgewählten Zeitpunkt die verschiedenen Elemente im Moodle-Kurs sichtbar gemacht werden. Für den Kursleiter ist es nicht mehr erforderlich, ständig auf den richtigen Zeitpunkt zu achten, um die aktuellen Aktivitäten und Arbeitsmaterialien online zu stellen. Das Moodle-System wird zum angegebenen Zeitpunkt die Elemente sichtbar machen, so dass die Kursteilnehmer darauf zugreifen können. Dies setzt voraus, dass der Kursleiter die Themen, die Termine und die Arbeitsmaterialien des Kurses genau kennt.

Auch wenn vor Kursbeginn nicht alle Arbeitsmaterialien vorhanden sind, können leere Vorlagen als Arbeitsmaterialien eingefügt werden. Auch Aktivitäten können im Kurs unbearbeitet eingefügt werden. Bis zur Veröffentlichung können diese Elemente bearbeitet und mit den richtigen Inhalten gefüllt werden. Bis dahin können diese Elemente im Kurs unsichtbar für Kursteilnehmer vorliegen. Somit bietet die Konfiguration der bedingten Verfügbarkeit eine sehr nützliche Option, um vor Kursbeginn das Grundgerüst einer Moodle-Kursseite zu erstellen oder schon potenziell vollständig mit allen Elementen und Informationen zu füllen.

Darüber hinaus kann das Design einer Kursseite mit Bildern und Informationstexten, etwa einer Begrüßung der Kursteilnehmer, gestaltet werden. Damit kann eine Kursseite benutzerfreundlich und ansprechend auf die Kursteilnehmer wirken. Somit ist es in Moodle möglich, einen Kurs vollständig vor Kursbeginn zu erstellen und zum richtigen Zeitpunkt automatisch Aktivitäten und Arbeitsmaterialien zur Verfügung zu stellen. Damit investiert der Kursleiter zu Beginn mehr Zeit, was sich aber während des Kurses wieder auszahlt. Der Stress, Inhalte nicht pünktlich online gestellt zu haben, entfällt.

Eine weitere nützliche Option aus Abbildung 17 ist die Einstellung *Bewertungsbedingung*. Mit dieser Einstellung ist es möglich, eine Aktivität oder ein Arbeitsmaterial erst dann zur Verfügung zu stellen, wenn ein Kursteilnehmer bei einer anderen bewerteten Aktivität eine bestimmte Punktzahl erreicht hat. Im Feld *Bewertungsbedingung* kann eine andere Aktivität, die schon im Moodle-Kurs eingefügt worden ist, ausgewählt werden. Zusätzlich kann im Feld die Auswahl *Summe im Kurs* ausgewählt werden, bei dem die erreichte Gesamtpunktzahl als Bedingung herangezogen werden kann.

Neben diesem Auswahlfeld sind noch zwei weitere Eingabefelder *mehr als* und *weniger als* platziert. Nach jedem dieser Felder steht das Prozent-Zeichen. Mit dem Feld *mehr als* kann bestimmt werden, ab wie viel Prozent der Punkte für die ausgewählte Aktivität im Feld *Bewertungsbedingung* die aktuelle Aktivität verfügbar gemacht werden kann. Das Feld *weniger als* dient dagegen als obere Schranke.

Möchte der Bewerter noch weitere Bewertungsbedingungen hinzufügen, so kann dies durch einen Klick auf den Button *2 Bewertungsbedingungen hinzufügen* geschehen. Mit den Button werden immer zwei Felder hinzugefügt. Wenn ein Feld zu viel ist, dann kann in einem der Felder die Auswahl *keine* stehen gelassen werden. Bei mehreren Bewertungsbedingungen müssen alle Bedingungen erfüllt sein, damit eine Aktivität oder Arbeitsmaterial zur Verfügung gestellt werden kann.

In einigen Veranstaltungen kann es Voraussetzungen geben, um an bestimmten Aktivitäten des Kurses teilnehmen zu können, wie etwa eine Klausur. So kann es vorkommen, dass der Kursleiter erst nach Erfüllen von Bewertungsbedingungen weitere Übungen und Lösungen zur Verfügung stellen möchte. Aktivitäten oder Arbeitsmaterialien mit Bewertungsbedingungen, die nicht erfüllt worden sind, stehen den betreffenden Kursteilnehmern nicht zur Verfügung.

Neben einer Bewertungsbedingung kann auch eine *Nutzerbedingung* (siehe Abbildung 17) hinzugefügt werden, die ebenfalls erfüllt werden muss, damit eine Aktivität verfügbar ist. Im Nutzerfeld kann etwa der Vorname, der Nachname, die Abteilung, das Land oder einer Adresse eines Teilnehmers ausgewählt werden. Nach diesem Feld können in der nächsten Dropdown-Liste die folgenden Optionen ausgewählt werden: *Enthält, enthält nicht, ist gleich mit, beginnt mit, endet mit, ist leer* und *ist nicht leer*. Im letzten Feld kann der Kursleiter noch einen Text eingeben. Beispielsweise könnte ein Kursleiter eine Aktivität nur für Nutzer freigeben wollen, die nur in Darmstadt wohnen. Dazu wählt er im ersten Feld die Auswahl *Stadt/Ort*, im zweiten Feld die Auswahl *ist gleich mit* und im letzten Feld tippt er das Wort *Darmstadt* ein. Damit wird eine Nutzerbedingung gestellt, die von Kursteilnehmer erfüllt sein muss, um an dieser Aktivität teilnehmen zu können. Durch den Button *2 Nutzerbedingung zum Formular hinzufügen* können noch zwei weitere Nutzerbedingungen hinzugefügt werden. Bei einer Freischaltung dieser Aktivität müssen alle Nutzerbedingungen erfüllt sein.

Mit den hier vorgestellten Konfiguration stehen dem Kursleiter viele nützliche Optionen zur Verfügung. Mit diesen Optionen kann er Aktivitäten, Arbeitsmaterialien und sogar den gesamten Kurs nach seinem Wunschkonzept erstellen, und das bereits vor Kursbeginn.

Im nächsten Abschnitt werden die Standardblöcke in Moodle vorgestellt.

3.6 Standardblöcke in Moodle

Wie schon im Abschnitt 3.1 erwähnt, sind Blöcke am linken oder rechten Rand einer Kursseite angeordnet. Sie informieren den Kursteilnehmer über die vorhandenen Aktivitäten des Kurses. Der Name Aktivität ist sehr zutreffend ausgewählt, da in Abschnitt 3.4 zu erkennen war, dass bei einer Aktivität der Kursleiter und die Kursteilnehmer aktiv etwas tun. Damit diese Aktionen im Kurs nicht unbemerkt bleiben, werden informative Blöcke in Moodle eingesetzt. Einige Blöcke besitzen Verlinkungen zu den jeweiligen Aktivitäten, um auf Neuigkeiten zu reagieren oder auch Einstellungen zu verändern.

In diesem Abschnitt werden wichtige Blöcke im Standard-Moodle in alphabetischer Reihenfolge kurz vorgestellt. Weitere Informationen zu den hier vorgestellten Blöcken befinden sich im Anhang.

- **Aktivitäten:** In diesem Block werden alle hinzugefügten Typen von Aktivitäten in einem Moodle-Kurs aufgelistet. Je mehr unterschiedliche Aktivitäten in einem Kurs hinzugefügt werden, desto größer wird die Auflistung der Aktivitäten im Block. Die aufgelisteten Aktivitäten sind zugleich Links. Wird etwa der Link *Foren* angeklickt, erscheint eine Seite mit allen vorhandenen Foren im Moodle-Kurs. Mit diesem Block wird dem Moodle-Nutzer signalisiert, welche Aktivitäten es im Moodle-Kurs gibt. Der Block enthält jedoch nicht alle Foren, sondern nur den Link, um auf die Seite mit allen vorhandenen *Foren* zu gelangen.

  Neben den Aktivitäten ist auch der Link *Arbeitsmaterialien* enthalten. Unter diesem Link werden alle eingefügten Arbeitsmaterialien auf einer neuen Seite aufgelistet.

- **Aktuelle Termine:** Dieser Block zeigt bevorstehende Termine an, wie etwa den Abgabetermin für eine Übung oder einen Zeitpunkt zum Chatten. Durch diesen informativen Block werden dem Moodle-Nutzer wichtige Termine angezeigt, so dass sie nicht in Vergessenheit geraten.

- **Mitteilungen:** Dieser Block zeigt die Namen der Personen an, die eine Mitteilungen verschickt haben. Über den vorhandenen Link Mitteilungen gelangt der Moodle-Nutzer in das Mitteilungssystem. Dort kann eine Mitteilung gelesen und beantwortet werden. Somit ist dieser Block sehr hilfreich für die Kommunikation im Moodle-Kurs.

- **Neue Aktivitäten:** Alle Änderungen nach dem letzten Besuch eines Moodle-Kurses werden beim nächsten Besuch im Block *Neue Aktivitäten* angezeigt. Diese Änderungen können Aktualisierungen, neu hinzugefügte Aktivitäten und Arbeitsmaterialien oder auch neue Forumsbeiträge sein. Mit diesem Block wird der Moodle-Nutzer bei jedem Besuch über den aktuellen Stand informiert.

- **Online-Aktivitäten:** Dieser Block listet die Kursteilnehmer auf, die in den letzten fünf Minuten im Kurs online waren oder noch sind. Jeder Name wird als Link zur Verfügung gestellt, der zum Profil der ausgewählten Person führt. Zusätzlich befindet sich neben jeden Namen ein Brief-Icon, über das der Moodle-Nutzer zum Mitteilungssystem gelangt, und so der betreffenden Person eine Mitteilung verschicken kann.

- **Personen:** Dieser Block enthält nur den Link *Teilnehmer/innen*. Über diesen Link gelangt der Moodle-Nutzer zu einer Übersichtsseite, auf der alle Kursteilnehmer eines Kurses aufgelistet sind. Auf dieser Seite kann der Kursteilnehmer das veröffentlichte Profil einer Person ansehen. Außerdem kann durch den Link *Mitteilung senden* eine Mitteilung verschickt werden. Auf dieser Übersichtsseite stehen dem Kursleiter weitere Informationen und Funktionalitäten zur Verfügung, die im Anhang beschrieben sind. Damit fördert dieser Block die Kommunikation in einem Kurs.

- **Suche in Foren:** Dieser Block bietet eine *Suche in Foren*, in dem der Moodle-Nutzer den Suchbegriff innerhalb dieses Blocks eingibt. Die Ergebnisse der Suche werden auf einer neuen Seite angezeigt. Über den Block kann auch eine erweiterte Suche erfolgen.

Im nächsten Abschnitt werden Design-Konzepte zu einigen Veranstaltungen des Fachbereichs Informatik vorgestellt. Dabei werden verschiedene Veranstaltungstypen, wie etwa eine Vorlesung mit Übungsbetrieb, vorgestellt.

4 Das Design von Kursen für Vorlesungen

In diesem Abschnitt wird das Design-Konzept für den Kurs *Informations-visualisierung und Visual Analytics* (InfoVis und VA) [58] vorgestellt. Dieser Kurs wird vom Fachgebiet Graphisch-Interaktive Systeme (GRIS) angeboten. Die Präsenzveranstaltung findet im Gebäude des Fraunhofer Instituts statt. In jedem Wintersemester kann die wöchentliche Vorlesung und Übung besucht werden. Zusätzlich wird jede Woche eine Hausübung vorgestellt.

Der Inhalt dieses Kurses beschäftigt sich mit der Visualisierung von großen und heterogenen Datenmengen. Bevor ein großer Datensatz korrekt visualisiert und mit anderen Datensätzen verglichen werden kann, müssen zunächst diese Daten durch verschiedene Prozesse verarbeitet werden. Durch die verschiedenen Visualisierungstechniken – beispielsweise ein Balkendiagramm oder einen Scatterplot – können Daten unterschiedlich visualisiert werden. Bei großen Datenmengen kann eine Visualisierung hilfreich eingesetzt werden, so dass diese Daten überblickt und neue Informationen gewonnen werden können.

Visual Analytics bietet zusätzliche Lösungsverfahren an, um automatisiert neue Erkenntnisse oder Analysen zu erlangen. Damit soll der Daten-Analytiker bei der Analyse der Daten unterstützt werden.

Vor dem Wintersemester 2012/2013 besaß die Veranstaltung InfoVis und VA keinen virtuellen Kurs in einer Lernplattform. Der ganze Übungsbetrieb, Mitteilungen und organisatorische Anliegen der Kursteilnehmer wurden per Email abgewickelt. Damit die Dozenten die Emails bezüglich des Kurses von anderen Mitteilungen trennen konnten, wurden die Kursteilnehmer gebeten, alle den gleichen Betreff anzugeben. Durch diese Abwicklung ist es unvermeidlich, dass die gleiche Frage von unterschiedlichen Kursteilnehmern mehrfach gestellt werden kann. Eine persönliche Nachricht an alle Teilnehmer zu verschicken, ist zudem mühsam und zeitintensiv.

Da ich diese Vorlesung in der Vergangenheit besucht hatte und mir der Kurs sehr gefallen hat, habe ich mit der verantwortlichen Dozentin des Kurses über die Vorteile eines Moodle-Kurses gesprochen. Dabei habe ich angeboten, diesen virtuellen Kurs aufzubauen, zu gestalten und dabei die Wünsche der Dozenten miteinzubeziehen. Die Dozentin war sehr erfreut über das Angebot, da die Idee eines Moodle-Kurses für die Veranstaltung schon bestand, aber noch nicht realisiert wurde. Somit wurde das Angebot sofort angenommen.

Das Ziel ist es, einen guten Moodle-Kurs zu entwickeln. Dabei ist der Ablauf der Veranstaltung sowie die Arbeit der Kursleiter und Kursteilnehmer zu berücksichtigen. So wie bei einem Besuch einer Präsenzveranstaltung die Kursteilnehmer von den Ansprechpartnern des Kurses begrüßt werden ist es wichtig, auch im Moodle-Kurs begrüßt zu werden. Das sorgt, wie bei einem realen Kurs, für eine positive und freundliche Atmosphäre, in der die Kursteilnehmer sich wohlfühlen können. Vor allem beim ersten Kontakt kann dies dazu beitragen, dass noch unentschlossene Personen den Kurs belegen. Ein Begrüßung sollte beim Besuch des Moodle-Kurses als erstes wahrgenommen werden. Daher ist die Platzierung der Begrüßung ganz am Anfang des ersten Abschnitts sinnvoll.

Wenn eine Veranstaltung aus mehreren thematischen Teilen besteht, für die zudem auch unterschiedliche Ansprechpartner zuständig sind, dann sollte eine namentliche Auflistung und Zuordnung der Ansprechpartner im Moodle-Kurs angeben werden. Das trägt dazu bei, dass die Ansprechpartner des Kurses zuerst vorgestellt werden und die Kursteilnehmer sich jederzeit und schnell an den richtigen Ansprechpartner wenden können. Die Auflistung der Namen und eine Zuordnung zu Themen und Aufgaben ist für den Kurs InfoVis und VA wichtig, da diese Veranstaltung aus zwei separaten und von anderen Dozenten gehaltenen Teilen – Informationsvisualisierung und Visual Analytics – besteht.

Zusätzliche Informationen zu einem Ansprechpartner erhält man durch die Verlinkung seines Namens zu den externen Seiten des Veranstalters, auf denen die eigene Person und der Arbeitsbereich des Ansprechpartners vorgestellt wird. Damit können Kursteilnehmer mehr Informationen zu den Ansprechpartnern einer Veranstaltung erhalten, die auch dazu beitragen könnten einen Kurs zu besuchen. Die Vorstellung und Zuordnung der Ansprechpartner sollte gleich nach der Begrüßung platziert werden. Auch in einem realen Kurs erfolgt zuerst eine Begrüßung und dann eine Vorstellung der eigenen Person.

Nach der Begrüßung und Vorstellung der Ansprechpartner ist es sinnvoll, wichtige Informationen im Moodle-Kurs anzugeben, die nicht einfach in Vergessenheit geraten und schnell zugänglich sind. Das könnten Informationen sein, wie Zeit und Ort der Vorlesung und Übung, Informationen zur Anmeldungen im TUCaN, eine Verlinkung zum TUCaN-System und andere wichtige Informationen, die die Veranstaltung betreffen. Für die Kursteilnehmer ist die Erinnerung an TUCaN wichtig, da über dieses System die verbindliche Teilnahme zur Prüfung erfolgt. Wird das verpasst, dann kann ein Kursteilnehmer an der Klausur nicht teilnehmen.

Neben den statischen Informationen ist für eine Vorlesung und Übung ein dynamischer Austausch zwischen Ansprechpartnern und Kursteilnehmer sowie der Austausch zwischen den Kursteilnehmern untereinander wichtig, da organisatorische und inhaltliche Fragen zur Vorlesung und Übung vorkommen. Deshalb sollte ein guter Moodle-Kurs die Kommunikation zwischen den Teilnehmern fördern. So könnten klar getrennte Foren eingerichtet werden, bei dem organisatorische Anliegen, inhaltliche Anliegen und Nachrichtenankündigungen der Ansprechpartner behandelt werden. Eine klare Trennung der Foren sorgt für eine einfache Unterscheidung der Anliegen sowie für einen besseren Überblick. Bei nur einem Forum wären die Anliegen in zufälliger Reihenfolge angeordnet, was das Wiederfinden von bestimmten Beiträgen erschwert. Der Nachrichtenaustausch über die Foren kann Kursteilnehmern helfen, Fragen und Anregungen zu diskutieren. Durch die Nachrichtenankündigungen der Ansprechpartner können wichtige und dringende Nachrichten alle Kursteilnehmer erreichen. Somit ist der Einsatz dieser drei Foren ein wichtiger Bestandteil einer Vorlesung. Damit ein schneller Zugriff auf die Foren ermöglicht werden kann, ist es sinnvoll, sie auch im ersten Abschnitt nach den wichtigen Informationen zu platzieren. Dadurch wird ein längeres Scrollen im Moodle-Kurs vermieden.

Bei einer Vorlesung mit wöchentlichen Übungen, wie im Kurs InfoVis und VA, werden unterschiedliche Arbeitsmaterialien zur Verfügung gestellt. Dazu zählen Folien zur Vorlesung, Übung, Hausübung und zusätzliche Arbeitsmaterialien zur Hausübung. Diese Arbeitsmaterialien sowie Aktivitäten, wie die Abgabe einer Lösung, können in weiteren Abschnitten hinzugefügt werden. Um einen guten Moodle-Kurs anbieten zu können, müssen Arbeitsmaterialien und Aktivitäten logisch strukturiert werden. Wie schon in Abschnitt 3 erläutert, können diese Elemente in Themen- oder Wochenabschnitte angeordnet werden. Bei einem wöchentlichen Ablauf einer Vorlesung wäre das Wochenformat sinnvoll. Falls die Bearbeitung einer Übung inklusive der Korrektur einer Hausübung viel länger als eine Woche andauert, kann das Themenformat besser geeignet sein.

Beim Wochenformat kann beispielsweise die Hausübung im einem Wochenabschnitt, die Abgabe in der nächsten Woche und die Präsentation der Lösungsvorschläge in der übernächsten Woche platziert sein. Dadurch würde das Wochenformat Überschneidungen erzeugen, was den Überblick und die Orientierung im Kurs beeinträchtigen würde. Es wäre auch möglich, alle Aktivitäten und Arbeitsmaterialien, die zum Thema einer Woche angehören, in diesem Wochenabschnitt zu platzieren. Auch in diesem Fall müssten sich die Kursteilnehmer zeitlich orientieren. Wenn ein Lösungsvorschlag zu einer Übung erst nach zwei Wochen im Moodle-Kurs hinzugefügt wird, muss der Kursteilnehmer nach der richtigen Woche suchen, um an den Lösungsvorschlag einer Hausübung zu gelangen.

Damit die Kursteilnehmer mit den Wochenterminen nicht durcheinander kommen und keine falschen Interpretationen bezüglich der Zuordnung von Aktivitäten und Arbeitsmaterialien in den Abschnitten entsteht, ist hier das Themenformat die bessere Wahl. Da im Kurs InfoVis und VA eine Übungseinheit – Präsentation der Übung, Abgabe der Lösungen und die Korrektur der Hausübung – viel Zeit in Anspruch nimmt, wurde das Themenformat ausgewählt. Der Themenname eines Abschnitts wird durch das Thema der wöchentlichen Vorlesung bestimmt. Alle Arbeitsmaterialien und Aktivitäten zur Vorlesungen inklusive der Übung werden in einer logischen Themeneinheit zusammengefasst, ohne das Überscheidungen zwischen den Abschnitten entstehen.

Falls der Übungsbetrieb innerhalb einer Woche abgewickelt wird, ist das Wochenformat die bessere Wahl. Hier wäre dann zu einer gegebenen Übung nur die Inhalte einer konkreten Woche zu betrachten.

Außerdem ist innerhalb eines Abschnitts die Reihenfolge der Elemente logisch zu strukturieren. In den meisten Abschnitten einer Vorlesung sind Folien zur Vorlesung, Übung, Hausübung und Besprechungsfolien sowie Aufgaben-Aktivitäten zur Abgabe einer Lösung enthalten. Wenn in jedem Abschnitt die Reihenfolge zufällig gewählt wird, dann gibt es keine einheitliche Ordnung, was die Orientierung erschwert. Daher ist eine logische Reihenfolge wichtig, wie sie für den Kurs InfoVis und VA in Abschnitt 4.2 vorgestellt wird.

Neben dem ersten Abschnitt der Begrüßung, der Auflistung der Ansprechpartner und den wichtigen Informationen eines guten Moodle-Kurses, ist auch eine geeignete Auswahl an Blöcken für einen Moodle-Kurs zu wählen. Diese können am linken und rechen Rand angeordnet werden. Dabei ist auch zu überlegen, welche Blöcke links oder rechts platziert werden. Bei einer Veranstaltung mit wöchentlichen Vorlesungs- und Übungsterminen sind kommunikative und informative Blöcke wichtig.

Bei den kommunikativen Blöcken können Nachrichten gezielt an bestimmte Ansprechpartner oder auch Kursteilnehmer gerichtet werden. Die informativen Blöcke zeigen aktuelle Neuigkeiten des Moodle-Kurses an, so dass die Kursteilnehmer immer auf dem aktuellen Stand sind.

Es ist sinnvoll, die kommunikativen Blöcke von den informativen zu trennen. Dadurch ergibt sich eine klare und logische Organisation der Blöcke. Dabei können die kommunikativen Blöcke auf der linken und die informativen Blöcke auf der rechten Seite angeordnet werden. Die Auswahl der Blöcke, die für den Kurs InfoVis und VA gewählt wurden, können auch für andere Vorlesungen in Betracht gezogen werden. Der Zweck dieser Blöcke in den Vorlesungen wird in diesem Abschnitt vorgestellt.

In diesem Abschnitt wird ein reales Design-Konzept für den Moodle-Kurs InfoVis und VA vorgestellt. Zusätzlich haben die Kursteilnehmer diesen Kurs gegen Ende der Veranstaltung evaluiert. Diese Evaluierung ist in Abschnitt 7 einsehbar. Da ich durch den Besuch der Vorlesung den Dozenten bekannt war, habe ich Dozenten-Rechte für den Moodle-Kurs erhalten, so dass ich den Kurs jederzeit und ortsunabhängig aufbauen und bearbeiten konnte.

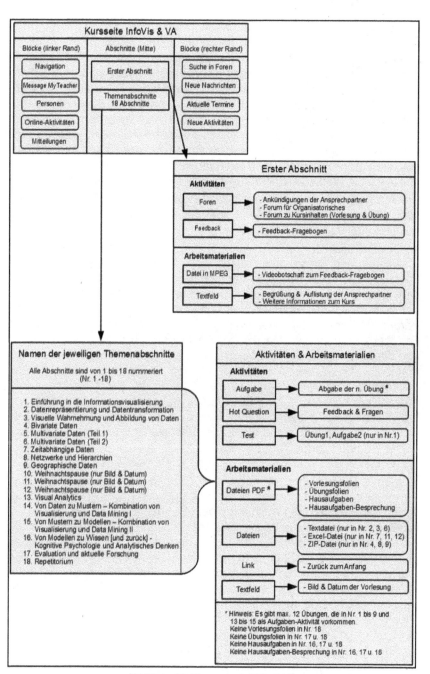

Abbildung 18: Diagramm InfoVis & VA

Um einen Gesamtüberblick über die Kursseite vom Moodle-Kurs InfoVis und VA zu erhalten, wurde ein Diagramm erstellt, dass in Abbildung 18 zu sehen ist. Bei dem Block *Kursseite InfoVis & VA* aus Abbildung 18 wurde der Aufbau der Kursseite in der exakten Anordnung der Abschnitte und Blöcke schematisch dargestellt. Der Moodle-Kurs besitzt sowohl am linken als auch am rechten Rand Blöcke. Am linken Seitenrand befindet sich ganz am Anfang der Block *Navigation*, der schon in Abschnitt 2.3 vorgestellt wurde. Darüber hinaus wurden die kommunikativen Blöcke *Message My Teacher*, *Personen*, *Online-Aktivitäten* und *Mitteilungen* hinzugefügt. Am rechten Rand befinden sich die informativen Blöcke *Suche in Foren*, *Neue Nachrichten*, *Aktuelle Termine* und *Neue Aktivitäten*.

Die Auswahl dieser kommunikativen Blöcke und deren Funktion in diesem Kurs wird in Abschnitt 4.6.1 erläutert. In Abschnitt 4.6.2 erfolgt dies auch für die informativen Blöcke.

Im Block *Erster Abschnitt* (siehe Diagramm in Abbildung 18) werden die Aktivitäten und Arbeitsmaterialien des ersten Abschnitts der Moodle-Kursseite getrennt aufgelistet. Dadurch kann auf einen Blick erkannt werden, welche Aktivitäten und Arbeitsmaterialien ein Abschnitt besitzt. Bei den Aktivitäten gibt es drei Foren – *Ankündigung der Ansprechpartner*, *Forum für Organisatorisches* und *Forum zu Kursinhalten* – sowie einen Feedback-Fragebogen. Der Zweck dieser Foren wird in Abschnitt 4.1.3 und der des Feedback-Fragebogens in 4.1.4 näher erläutert. Die Arbeitsmaterialien des ersten Abschnitts enthalten ein Textfeld und ein Video. Im Textfeld wird eine Begrüßung, eine Auflistung der Ansprechpartner des Kurses sowie weitere Informationen gegeben, die in Abschnitt 4.1 bis Abschnitt 4.1.2 näher erläutert werden. Außerdem wird in den erwähnten Abschnitten der Aufbau, die Einstellungen und die Anordnung dieser Grundelemente dargestellt.

Nach dem ersten Abschnitt folgen weitere 18 Themenabschnitte. Diese werden im Block *Namen der jeweiligen Themenabschnitte* aus Abbildung 18 mit ihrem Themennamen aufgezählt und nummeriert (Nr. 1 bis 18). Jeder Themenname mit Ausnahme der Weihnachtspause (Nr. 10 bis 12) repräsentiert eine Vorlesungseinheit mit Aktivitäten und Arbeitsmaterialien, wie im danebenstehenden Block *Aktivitäten & Arbeitsmaterialien* zu sehen. In jedem Abschnitt steht am Anfang ein Textfeld, in dem ein Bild und ein Datum vorkommt. Das Bild repräsentiert das Thema der Vorlesung und das Datum gibt an, wann die Vorlesung stattfindet. Die Weihnachtspause enthält nur ein weihnachtliches Bild und ein Datum, das die Woche der jeweiligen Weihnachtspause repräsentiert, sowie einen Link, über den die Teilnehmer zum Anfang der Kursseite gelangen. Bei der großen Anzahl der Themenabschnitte ist dieser Link hilfreich, um so nicht immer scrollen zu müssen.

In diesem Kurs gibt es maximal 12 Hausaufgaben, die von den Kursteilnehmern bearbeitet werden können. Diese Hausaufgaben werden bei den Themen-Nummern 1 bis 9 und 13 bis 15 vorgestellt, so dass auch in diesen Abschnitten eine Aufgaben-Aktivität hinzugefügt wurde. Über diese Aktivität erfolgt eine Lösungsabgabe. Der Einsatz dieser Aktivität im Moodle-Kurs InfoVis und VA wird in Abschnitt 4.3 vorgestellt. Neben der Aufgaben-Aktivität ist in jedem Abschnitt eine *Hot Questions*-Aktivität [27] (siehe Abschnitt 4.4) verfügbar, über die die Kursteilnehmer Fragen und Feedback zur Vorlesung geben können. Dabei können die Kursteilnehmer schon vorhandene Fragen hoch werten und so interessante oder wichtige Fragen priorisieren. Damit wissen die Ansprechpartner des Kurses, welche Fragen sehr wichtig oder auch dringlich für die Kursteilnehmer sind. Im ersten Themenabschnitt (nur in Nr. 1) wurde als Hausaufgabe zusätzlich ein Test hinzugefügt, bei dem die Kursteilnehmer nummerierten Feldern die richtige Beschriftung zuordnen mussten. Mit diesem Test können die Kursteilnehmer ihr Wissen testen.

Da in dem Kurs InfoVis und VA jede Woche eine Vorlesung stattfindet, sind in jedem Themenabschnitt *Vorlesungsfolien* (als PDF) vorhanden. Die einzige Ausnahme ist der letzte Abschnitt, das Repetitorium (Nr. 18), bei dem die Kursteilnehmer vor der Klausur Fragen stellen können. Auch die Themenabschnitte Nr. 10 bis 12 enthalten keine Vorlesungsfolien. In diesen drei Abschnitten ist nur ein Bild und ein Datum vorhanden. Da es insgesamt 12 Hausübungen gab, wurden *Übungsfolien* (als PDF), Folien zu den *Hausaufgaben* (als PDF) und zur Besprechung der Korrekturen – *Hausaufgaben-Besprechung* (als PDF) – in den Themenabschnitten Nr. 1 bis 9 und 13 bis 15 hinzugefügt. In den Übungsfolien wurden wichtige Aspekte der Vorlesung und wichtige Informationen zur Bearbeitung der Hausaufgaben bereitgestellt. Arbeitsmaterialien zur Übung sind ab Themenabschnitt 16 nicht verfügbar (siehe Hinweis im Block *Aktivitäten & Arbeitsmaterialien* aus Abbildung 18), da der Übungsbetrieb beendet wurde. Somit sind von den Übungsmaterialien nur die Übungsfolien der letzten Übung in Themenabschnitt 16 vorhanden.

Zu einigen Hausaufgaben wurden zusätzliche Dateien zur Verfügung gestellt, die bei der Bearbeitung genutzt werden sollten. Im Block *Aktivitäten & Arbeitsmaterialien* in Abbildung 18 steht unter *Dateien*, welche Art von Dateien in welchem Themenabschnitt vorkommt. Dabei sind unterschiedliche Formate wie Excel, Text und ZIP zu erkennen, die alle in Moodle hochgeladen werden können.

Die Organisation der Grundelemente – Aktivitäten und Arbeitsmaterialien – ist wichtig, da diese zeitlich nicht sofort für die Kursteilnehmer vorhanden sind. Es werden nicht alle Grundelemente auf einmal bereitgestellt. In welcher Reihenfolge und zu welcher Zeit die Grundelemente in einem Abschnitt vorkommen, wird im Abschnitt 4.2 *Organisation der Themenabschnitte* sowie im Abschnitt 4.5 *Sukzessive Bereitstellung der Inhalte* erläutert.

Im nächsten Abschnitt wird die Begrüßung im Moodle-Kurs InfoVis und VA vorgestellt.

4.1 Begrüßung im Moodle-Kurs InfoVis und VA

In einem Vorlesungssaal erfolgt fast immer zu Beginn einer Vorlesung eine Begrüßung zwischen Dozenten und Kursteilnehmern. Das sorgt für eine angenehme und freundliche Atmosphäre. Das ist vor allem ein wichtiger Aspekt für die Kursteilnehmer, die zum ersten Mal eine bestimmte Vorlesung besuchen. Der erste Eindruck entscheidet mit darüber, ob die Vorlesung weiter besucht wird. Bei diesem ersten Mal stellen sich auch die Ansprechpartner – Dozenten, Übungsleiter und Tutoren – einer Veranstaltung vor. Dabei wird das Aufgabenfeld des jeweiligen Ansprechpartners vorgestellt, so dass die Kursteilnehmer bei Ihren Anliegen genau wissen, an wen sie sich wenden können. Auch andere Ansprechpartner werden angegeben, die für organisatorische Angelegenheiten der Studierenden zuständig sind. Zu der Begrüßung und der Vorstellung werden zusätzlich als Motivation die Lernziele und Inhalte der Vorlesung präsentiert.

Die Vorlesung InfoVis und VA setzt die eben beschriebenen Vorgänge um, so dass Kursteilnehmer in einer freundlichen Atmosphäre Erkenntnisse über die Informationsvisualisierung und Visual Analytics erhalten können. Da der Kurs aus zwei Teilen besteht – InfoVis und VA – wurden in der ersten Vorlesung die Ansprechpartner der beiden Teile der Veranstaltung vorgestellt. Für organisatorische Anliegen – An- und Abmeldungen sowie Prüfungsangelegenheiten – wurde auf TUCaN und das Sekretariat hingewiesen. Auch der Ansprechpartner für die Verwaltung der Moodle-Kursseite InfoVis und VA wurde genannt, so dass Probleme und Anregungen zum virtuellen Kurs an die entsprechende Person gelangen können. So wie bei einer Präsenzveranstaltung die Begrüßung und die Vorstellung der Ansprechpartner wichtig ist, so ist dies auch für einen virtuellen Kurs wichtig. Deshalb wurden diese Aspekte in den Aufbau und die Gestaltung des Moodle-Kurses InfoVis und VA miteinbezogen.

Der virtuelle Kurs ist das Aushängeschild einer Veranstaltung. Bevor Studenten erstmalig eine Vorlesung besuchen, erfolgt eine Online-Recherche über die verschiedenen Veranstaltungen des Fachbereichs. Dabei nehmen bei der Auswahl einer Vorlesung die Lernziele und die Themen einer Veranstaltung eine entscheidende Rolle ein. Neben den Informationen aus den Webseiten des Fachbereichs und dem Vorlesungsverzeichnis wird auf der Startseite des Lernportals Informatik [15] eine Kursliste mit Kursinformationen angeboten.

In Abbildung 19 ist ein Ausschnitt der Kursliste aus dem Lernportal Informatik zu sehen. Dabei ist der Moodle-Kurs Informationsvisualisierung und Visual Analytics (InfoVis und VA) im Wahlpflichtbereich zu erkennen. Neben jeder Veranstaltung sind einige Symbole angeordnet. Mit einem Klick auf die öffnende Tür kann eine Selbsteinschreibung im ausgewählten Kurs erfolgen. Bei dem Schlüssel-Symbol wird bei der Einschreibung ein Kennwort verlangt, das von den Dozenten zu Beginn der Veranstaltung bekannt gegeben wird. Klickt der Teilnehmer auf das Symbol mit dem eingekreisten i, so erscheint eine Informationsseite über die ausgewählte Veranstaltung.

Abbildung 19: Kurse im Lernportal Informatik Wintersemester 2012/2013 [15]

Damit die Studierenden, wie bereits erwähnt, Informationen über die Lernziele und die Themen des Kurses InfoVis und VA erhalten können, müssen sie lediglich auf das Informations-Symbol klicken.

In Abbildung 20 ist ein Ausschnitt der Kursinformationen über die Veranstaltung InfoVis und VA einsehbar. Diese Informationen stammen aus der Website des Fachgebiets GRIS [45] und wurden mit dem Einverständnis der Dozentin auch im Lernportal Informatik repräsentativ für die Veranstaltung hinzugefügt. Dadurch können eingeloggte Studenten in Moodle die Lernziele und den Stoffplan dieses und anderer Kurse einsehen. Mit Hilfe der Kursinformationen werden Studierende bei der Suche nach interessanten Veranstaltungen unterstützt.

Bei dem Kurs InfoVis und VA wurde bei der Selbsteinschreibung in den Kurs auf ein Kennwort verzichtet, so dass Studenten jederzeit in den Kurs gelangen können. Das wurde vom Veranstalter gewünscht, damit die Kursteilnehmer noch mehr Informationen über den Kurs erhalten können. So kann beispielsweise ein interessierter Student während oder gegen Ende der Veranstaltung auf Arbeitsmaterialien und Aktivitäten zugreifen. Das kann bei der Entscheidung, im nächsten Wintersemester an diesem Kurs teilzunehmen, hilfreich sein.

Abbildung 20: Kursinformation InfoVis und VA [15]

In Abbildung 21 ist die Kursseite von InfoVis und VA zu sehen. Dabei ist zu erkennen, dass die Begrüßung der Kursteilnehmer und die Vorstellung der Ansprechpartner des Kurses hinzugefügt worden sind. In Abbildung 21 wurden aus datenschutzrechtlichen Gründen die Namen der Ansprechpartner unkenntlich gemacht.

Wenn ein Kursteilnehmer die Kursseite InfoVis und VA aufruft, dann ist das Erste was er sieht eine herzliche Begrüßung: *„Hallo liebe Studierende, herzlich willkommen im virtuellen Kursraum Informationsvisualisierung und Visual Analytics."* Durch diese Begrüßung wird jeder einzelne Kursteilnehmer freundlich angesprochen. Wie bereits erwähnt, wird dadurch eine ansprechende und freundliche Atmosphäre im virtuellen Kurs erzeugt.

Neben der Begrüßung wurde zusätzlich das Logo des Fachgebiets *Graphisch-Interaktive Systeme (GRIS)* platziert. Die Kursteilnehmer kennen das Logo aus der Webseite des Fachgebiets. Wenn die Studierenden das Logo auf einer beliebigen Webseite sehen, wissen sie, dass die entsprechende Seite Informationen des Fachgebiets enthält. Damit können sie die Seite besser zuordnen.

Abbildung 21: Moodle-Kursseite InfoVis und VA [15]

Um diesen Wiedererkennungswert auch auf der Moodle-Kursseite, wie in Abbildung 21, zu gewährleisten, wurde das Logo ganz oben auf der Seite neben der Begrüßung platziert.

4.1.1 Informationen zur Organisation

Unterhalb der Begrüßung im selben Abschnitt werden die Ansprechpartner – Dozenten und Tutor – vorgestellt. Da der Kurs zwei Vorlesungsteile – Informationsvisualisierung und Visual Analytics – enthält und von unterschiedlichen Dozenten präsentiert wird, wurden die entsprechenden Aufgaben mit dem jeweiligen Vorlesungsteil durch die Namen tabellarisch zugeordnet. Damit kann jeder Kursteilnehmer den Ansprechpartner zuordnen. Persönliche Anliegen der Kursteilnehmer können somit zielgerichtet an die entsprechende Person gelangen, ohne das unberechtigte Personen involviert werden müssen.

Jeder Name ist zugleich auch ein Link. Jeder Link der Dozenten führt auf eine Webseite des Fachgebiets GRIS oder des Fraunhofer Instituts, in dem sich die Dozenten vorstellen. Bei einigen Personen sind Informationen wie die eigene Vita, Aufgabengebiete, Projekte und Publikationen einzusehen. Durch die Verlinkung auf diese Seiten kann sich der Kursteilnehmer ein Bild von den Dozenten machen und weiterführende Informationen des Fachgebiets einsehen. Auf jeder Webseite ist auch ein Bild der jeweiligen Person zu sehen, so dass die Namen bildlich zu den Personen zugeordnet werden können. Nur der Name des Tutors, der für die Hausaufgaben zuständig ist, verlinkt auf das interne Mitteilungssystem. Damit können die Kursteilnehmer Fragen bezüglich der Hausübung direkt an den Tutor senden.

Somit wird durch die tabellarische Auflistung der Ansprechpartner eine klare Zuordnung der Personen zu den Aufgabengebieten gegeben. Dadurch erhalten die Kursteilnehmer einen organisatorischen Überblick über die verantwortlichen Personen des Kurses. Darüber hinaus können Anfragen oder Anliegen zielgerichtet an die entsprechende Person übermittelt werden.

Aus Abbildung 21 ist auch das verwendete Design *Decaf* zu erkennen. In Moodle können mehrere Designs integriert werden, was das Lernportal Informatik ausnutzt. Wie schon in Abschnitt 2.4 erwähnt, kann jeder Teilnehmer der Lernplattform das Design persönlich auswählen. Bei der Auswahl bleiben die Inhalte des Kurses erhalten, so dass alle Teilnehmer auf die gleichen Arbeitsmaterialien, Aktivitäten und Blöcke zugreifen können. Mit dem Design Decaf können Blöcke, die am linken und rechten Rand platziert sind, am linken Seitenrand angedockt werden. Dieses Design erlaubt nur ein Andocken am linken Seitenrand. Somit kann der Moodle-Nutzer das Andocken am rechten Seitenrand nicht auswählen.

So erscheint der Block Navigation am linken Seitenrand. Gelangt der Mauszeiger auf die vertikale Fläche Navigation, so erscheint der Inhalt des Blocks. Auch alle anderen Blöcke des Kurses können per Mausklick platziert werden. Diese angedockten Blöcke bleiben beim Scrollen immer sichtbar. Dadurch kann der Kursteilnehmer die für ihn wichtigsten Blöcke immer schnell zugreifbar machen. Außerdem erscheinen ganz oben im Kopfbereich der Kursseite die zentralen Einstellungen permanent, wie etwa der Link zur Startseite, die Kursadministration, der direkte Wechsel zu den verschiedenen Rollen (Dozent, Tutor, Student) und das eigene Profil. Das auswählbare Design bezieht sich lediglich auf die Umgebung – Farbe der Flächen, Hintergrundfarbe, Schriftart, Anordnung der Blöcke – und ist nicht mit den hier erstellten Design-Konzepten zu verwechseln.

In den Design-Konzepten geht es eher darum, wie die Inhalte des Kurses am besten organisiert werden. Dabei ist es wichtig, wie der Kurs aufgebaut und gestaltet wird, so dass eine benutzerfreundliche Kursseite entsteht. Darüber hinaus ist es wichtig, dass die Kursteilnehmer in dem Kurs zurechtkommen und wichtige Informationen schnell finden können. Hinzu kommt noch, dass geeignete Aktivitäten und Blöcke ausgewählt werden sollten, die zu den Bedürfnissen des Kurses passen. Erst durch kommunikative und kooperierende Aktivitäten und Blöcke kommt ein virtueller Kurs zustande.

Im gleichen Abschnitt, in dem die Begrüßung und die Ansprechpartner platziert sind, wurden noch wichtige organisatorische Aspekte hinzugefügt. Dabei handelt es sich unter anderem um Termine, die eingehalten werden müssen. Damit diese Angelegenheiten nicht einfach in Vergessenheit geraten, wurden diese im ersten Abschnitt hinzugefügt. Sobald ein Kursteilnehmer im Kurs ist, sind diese Informationen für ihn gleich am Anfang der Seite sichtbar. Diese Informationen des Kurses InfoVis und

VA werden im weiteren Verlauf in diesem Abschnitt vorgestellt.

4.1.2 Zusätzliche Informationen

In diesem Zusammenhang wurden im Kurs InfoVis und VA die oben genannten Punkte – zusätzliche wichtige Informationen, Termine und Foren – und deren Erläuterungen berücksichtigt. Die Realisierung dieser Punkte für den Kurs InfoVis und VA ist in Abbildung 22 zu sehen. Alle Elemente, die in der Abbildung zu sehen sind, befinden sich im ersten Abschnitt unterhalb der Begrüßung und der Auflistung der Ansprechpartner. Die Kursteilnehmer können durch diese Informationen einsehen, wann und wo die Vorlesung und Übung stattfindet. Diese Angabe ist als Erinnerung wichtig, da die Kursteilnehmer jederzeit und ortsunabhängig, Zeit und Ort der Veranstaltung immer wieder einsehen können.

Darüber hinaus ist der ständige Hinweis für die TUCaN-Anmeldung zu sehen. Um an der Prüfung des Kurses teilnehmen zu können, ist eine fristgerechte Anmeldung in TUCaN erforderlich. Deshalb wurde im ersten Abschnitt des Kurses eine Verlinkung ins TUCaN-System hinzugefügt. Dadurch soll die Anmeldung nicht in Vergessenheit geraten, da spätere Anmeldungen nicht akzeptiert werden. Für zusätzliche Fragen wurde auf die Webseite der Sekretärin verlinkt, die für die organisatorischen Prüfungsangelegenheiten verantwortlich ist.

Abbildung 22: Informationen unterhalb der Begrüßung & Ansprechpartner

Unterhalb der TUCaN-Anmeldung in Abbildung 22 sind weitere Informationen zu erkennen. In den Übungen und Hausübungen wird häufig die Visualisierungs-Software Tableau [54] eingesetzt. Deshalb wurde der Link der offiziellen Webseite von Tableau hinzugefügt, so dass die Kursteilnehmer die Software von der richtigen Adresse herunterladen können. Dadurch erhalten sie auf direktem Weg ein wichtiges Werkzeug für den Kurs. Außerdem kann sich ein Kursteilnehmer vor dem ersten Einsatz des Werkzeugs über die Software und den Funktionen, die sie anbietet, informieren.

Weiterhin wird angegeben, welche Person für den Aufbau und die Gestaltung der Kursseite zuständig ist. Über die Verlinkung des Namens dieser Person gelangen die Teilnehmer in das interne Mitteilungssystem, in dem direkt Fragen und Anregungen zur Kursgestaltung an die betreffende Person gelangen. Zu Beginn der Veranstaltung habe ich in einer Vorlesung die Kursteilnehmer gebeten, mich bei Problemen oder Anregungen zu dem virtuellen Kurs zu kontaktieren. Damit wurde nicht nur der Ansprechpartner für inhaltliche und organisatorische Anliegen vorgestellt, sondern auch ein Ansprechpartner für technische Unterstützung.

4.1.3 Bereitgestellte Foren

Außer diesen statischen Informationen ist ein dynamischer Austausch von Nachrichten erwünscht. Ein kommunikativer Austausch ist in einem Kurs, in dem Vorlesungen, Übungen und Hausübungen vorkommen, notwendig. Dozenten benötigen eine Aktivität, mit der sie wichtige und dringende Ankündigungen an die Kursteilnehmer versenden können. Dazu eignet sich ein Forum, über dem die Nachrichten alle Kursteilnehmer erreichen. Beim Anlegen eines Moodle-Kurses wird standardmäßig ein Nachrichtenforum angelegt. Wie auch aus Anhang A.3 zu entnehmen ist, können nur Dozenten (Kursleiter) in diesem Forum Nachrichten verfassen. Deshalb ist ein zusätzliches Forum notwendig, damit auch Kursteilnehmer ihre Anliegen sowohl an die Dozenten als auch an andere Kursteilnehmer mitteilen können. Dadurch können über verschiedene Themen Diskussionen stattfinden. Jedes neu angelegte Thema ist als Thread im Forum aufgelistet. Jeder dieser Threads kann mehrere Nachrichten enthalten.

Wird nur ein Forum hinzugefügt, so werden unterschiedliche Themenaspekte in einem Forum diskutiert. Es kann für einen Ansprechpartner eines Kurses jedoch sehr mühsam sein, bei vielen unterschiedlichen Themen die für ihn relevante Nachricht heraus zu suchen. Unter den Ansprechpartnern kommt es häufig vor, dass die Beantwortung zu verschiedenen Themenbereichen aufgeteilt wird. Es gibt beispielsweise Ansprechpartner, die nur auf organisatorische Fragen und andere, die nur auf inhaltliche Fragen zur Vorlesung und/oder der Übung antworten. In diesem können mehrere Foren, die sich thematisch abgrenzen, sinnvoll eingesetzt werden. Dabei sollte beachtet werden, dass nicht zu viele Foren eingesetzt werden, da dies bei der Auswahl eines Forums zu Entscheidungsschwierigkeiten führen kann. Damit die Foren sowohl von den Dozenten als auch von den Kursteilnehmern schnell gefunden werden können, ist es sinnvoll, die Foren als Auflistung im ersten Abschnitt anzuordnen. Somit sind die Foren am Anfang der Kursseite sichtbar und schnell zugänglich, so dass die Teilnehmer nicht mühevoll danach suchen müssen.

Gegen Ende des ersten Abschnitts wurden die drei Foren *Ankündigungen, Forum für Organisatorisches* und *Forum zu Kursinhalten (Vorlesung & Übung)* eingerichtet. Damit wurden die Foren in drei Themenbereichen unterteilt. Das Forum *Ankündigungen* ist das standardmäßige Nachrichtenforum, in dem nur die Dozenten Nachrichten verfassen. Über dieses Forum wurden wichtige Nachrichten bezüglich der Prüfung, der Übungen, Raumänderungen und eines Feedback-Fragebogens zur Evaluierung dieser Design-Konzepte mitgeteilt. Da die Nachrichten der Kursleiter wichtig und dringlich sein können, werden die Nachrichten automatisch an die private Email-Adresse weitergeleitet. Auf diese Weise erreicht jeden Kursteilnehmer die Nachricht, so dass entsprechend reagiert werden kann.

Bei den anderen beiden Foren wird klar zwischen organisatorischen und inhaltlichen Anliegen getrennt. Dadurch werden nicht alle unterschiedlichen Anliegen in einem Forum platziert, was unübersichtlich wäre. So erhalten die unterschiedlichen Ansprechpartner eine klare Struktur. Damit ist beispielsweise für den Ansprechpartner der Hausübungen das Forum zu Kursinhalten ein wichtiges Forum, in dem er Fragen zur Hausübung beantworten kann. Wäre nur ein Forum erhältlich, so müsste er die für ihn relevanten Nachrichten vorher mühsam herausfiltern. Aber auch die Kursteilnehmer müssten dabei zwischen organisatorischen und inhaltlichen Themen unterscheiden. Bei einem Forum und vielen unterschiedlichen Threads ist es für einen Teilnehmer mühevoll, alle diese Threads durchzugehen, um so an die für ihn interessante Nachricht zu gelangen. Durch die thematische Trennung der Foren können die jeweiligen Ansprechpartner das für sie wichtige Forum beobachten und aktiv teilnehmen. Bei diesen beiden Foren wurde das Abonnement der Nachrichten freigestellt. Möchte ein Teilnehmer die Nachrichten zusätzlich per Email geschickt bekommen, so kann das jeweilige Forum per Mausklick abonniert werden. Damit das Gefühl der Überflutung von Emails nicht aufkommt, wurde das Abonnement optional angeboten.

Bei dem *Forum zu Kursinhalten (Vorlesung & Übung)* können Kursteilnehmer Fragen und Diskussionen zu den Inhalten des Kurses führen. Durch die Diskussion zwischen den Kursteilnehmern können die Inhalte vertieft und verständlich gemacht werden. Auch die Kursleiter können mitdiskutieren und auf falsch verstandene Themen und Schwierigkeiten der Kursteilnehmer eingehen. Vor allem gegen Ende des Kurses tauchen sehr viele Fragen in diesem Forum auf. Um sich bestmöglich auf die Prüfung vorbereiten zu können, ist es notwendig, Fragen zu nicht verstandenen Themen stellen zu können. Somit ist dieses Forum eine hilfreiche Aktivität bei den Prüfungsvorbereitungen. Damit dient das Forum nicht nur der Kommunikation sondern auch der Kooperation. So hat eine Studentin in diesem Forum eine Frageliste zu den Kursinhalten erstellt, und andere Kursteilnehmer gebeten, diese Fragen mit ihr zu beantworten. Wird diese Idee umgesetzt, haben alle Kursteilnehmer diese Informationen, die bei der Prüfungsvorbereitung behilflich sein können. Außerdem können auch zusätzliche und wichtige Fragen, an die nur ein oder zwei Kursteilnehmer gedacht haben, für alle veröffentlicht werden. Im Vergleich zu den anderen Foren wurden in diesem Forum viele neue Themen zur Übung, Prüfung und Verständnisfragen hinzugefügt.

4.1.4 Feedback-Fragebogen

Ganz unten in Abbildung 22 ist ein Feedback-Fragebogen und eine Videobotschaft zu diesem Fragebogen im MPEG-Format zu erkennen. Im Rahmen dieser Masterarbeit wird eine Evaluierung der hier erstellten Design-Konzepte vorgestellt. Um eine Evaluierung durchführen zu können, wurde der Feedback-Fragebogen mit der Moodle-Aktivität Feedback (siehe Anhang A.6) erstellt. Der Feedback-Fragebogen enthält einige Fragen zum Aufbau und Design des Moodle-Kurses. Dabei wurden die Kursteilnehmer befragt, wie sie mit den eingesetzten Elementen – Aktivitäten, Blöcke und Arbeitsmaterialien – und deren Organisation auf der Kursseite zurechtgekommen sind. Die Fragen sowie die Auswertung des Fragebogens sind im Abschnitt 5 einzusehen. Damit jeder Kursteilnehmer auf den Feedback-Fragebogen aufmerksam wird, wurde im Ankündigungs-Forum darauf hingewiesen.

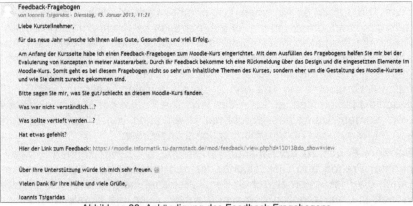

Abbildung 23: Ankündigung des Feedback-Fragebogens

In Abbildung 23 ist die Ankündigung des Feedback-Fragebogens zu sehen. Durch dieses Forum hat jeder Kursteilnehmer diese Nachricht über den Fragebogen erhalten. Alle Kursteilnehmer wurden gebeten, den

Feedback-Fragebogen online auszufüllen, um damit zur Evaluierung der Design-Konzepte beizutragen. Außerdem wurde der Link zum Fragebogen hinzugefügt, so dass die Kursteilnehmer den Fragebogen direkt aufrufen können.

Die Kursteilnehmer wurden eine Woche später zusätzlich mit einer Videobotschaft motiviert, an der Befragung teilzunehmen. Ganz unten in Abbildung 22 ist die Datei mit den Namen *Videobotschaft zum Feedback-Fragebogen* zu erkennen. Klickt man auf den Namen, erscheint ein Fenster zum Öffnen oder zum Speichern der Video-Datei, die mit dem kostenlosen VLC Media Player [57] abgespielt werden kann. In dem Video wird dem Kursteilnehmer mitgeteilt, wie wichtig die Teilnahme für die Evaluierung dieser Arbeit ist, denn nur durch ausreichend viele Abgaben des ausgefüllten Fragebogens kann eine gute und aussagekräftige Auswertung entstehen.

Deshalb wurden die Kursteilnehmer gebeten, einen Kommilitonen bei seiner Masterarbeit zu unterstützen. Durch das Gesicht und die Sprache im Video wurde die Bitte zur Teilnahme persönlich übermittelt.

Zusätzlich wurde das Ankündigungs-Forum benutzt, um auf die Videobotschaft aufmerksam zu machen. In Abbildung 24 ist die Ankündigung der Videobotschaft zu sehen. In der Nachricht wird der Link zum Video angeboten. Klickt man auf diesen Link, erscheint direkt ein kleineres Fenster zum Öffnen oder zum Speichern der Video-Datei.

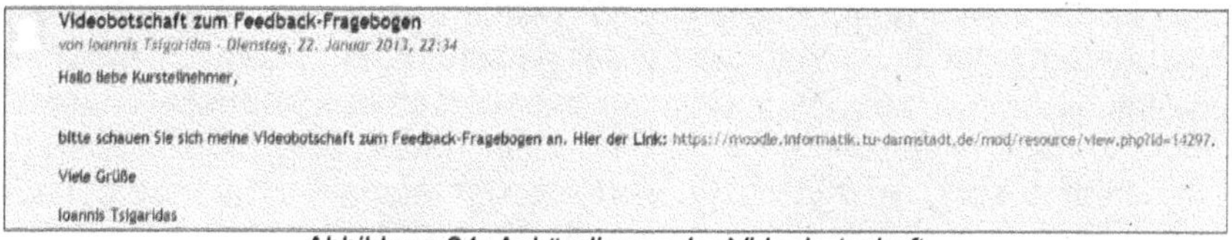

Videobotschaft zum Feedback-Fragebogen
von Ioannis Tsigaridas - Dienstag, 22. Januar 2013, 22:34

Hallo liebe Kursteilnehmer,

bitte schauen Sie sich meine Videobotschaft zum Feedback-Fragebogen an. Hier der Link: https://moodle.informatik.tu-darmstadt.de/mod/resource/view.php?id=14297.

Viele Grüße

Ioannis Tsigaridas

Abbildung 24: Ankündigung der Videobotschaft

Die Intention zur Videobotschaft war zusätzlich mit der Begeisterung darüber verbunden, dass man in Moodle jegliche Arten von Dateien hochladen kann. Durch diese Erkenntnis wurde die Idee und der Wunsch groß, eine Videoaufnahme zu machen, um alle Kursteilnehmer persönlich zu erreichen. Schließlich wurde die Videobotschaft im MPEG-Format erstellt und den Kursteilnehmern zur Verfügung gestellt. Mit dem Video wurde den Kursteilnehmern zusätzlich diese Fähigkeit der Moodle-Lernplattform demonstriert.

Neben den Ankündigungen durch das Forum und der Videobotschaft wurde auch die Vorlesung besucht, um auch durch den direkten Kontakt die Wichtigkeit des Fragebogens zu signalisieren. Das Video hat jedoch den Vorteil, dass auch die nicht anwesenden Kursteilnehmer erreicht werden können.

4.2 Organisation der Themenabschnitte

Für eine Veranstaltung mit Vorlesung, Übung und Hausübung kommen zwei Formate – das Themen- oder Wochenformat (siehe auch Abschnitt 3.2) – für die Festlegung von Abschnitten in einem Moodle-Kurs in Frage. Insbesonders ist das Wochenformat für die wöchentliche Vorlesung und Übung ein geeignetes Format. Dabei erfolgt der ganze Vorlesungs- und Übungsbetrieb inklusive der Hausübung auf Wochenbasis. Durch die Angabe des wöchentlichen Zeitraums für einen Abschnitt wird eine zeitliche Orientierung erzeugt. In einem Wochenabschnitt sind die Arbeitsmaterialien und Aktivitäten der entsprechenden Woche zu finden.

Das Themenformat hingegen eignet sich besser für Veranstaltungen, bei denen keine wöchentliche Aktivitäten stattfinden. Dadurch können Arbeitsmaterialien und Aktivitäten unterschiedlicher Themen in Themenabschnitten als logische Einheiten gegliedert werden. Das Themenformat kann aber auch bei einer wöchentlichen Veranstaltung genutzt werden, bei der beispielsweise die Übung und Hausübung nicht innerhalb einer Woche abgewickelt werden kann. Dadurch können mit diesem Format Überschneidungen vermieden werden. In Abschnitt 4 wurde erwähnt, dass auch drei Abschnitte für das Anzeigen der Weihnachtspause platziert wurden. Rückblickend hätte man darauf verzichten können. Stattdessen könnte der Zeitraum für die Weihnachtspause im Forum für *Ankündigungen* mitgeteilt werden.

Die Abschnitte im Kurs InfoVis und VA wurden nach dem Themenformat hinzugefügt. Damit repräsentiert jeder Abschnitt ein Thema. Fast jede Vorlesung führt ein neues Thema ein oder vertieft das Thema der vorherigen Vorlesung. In beiden Fällen wird ein neuer Abschnitt festgelegt. Demzufolge sind alle Aktivitäten und Arbeitsmaterialien nach dem Thema einer Vorlesungseinheit zugeordnet. Die Anzahl der Vorlesungen hat somit die Anzahl der Abschnitte auf der Kursseite festgelegt.

Da die Veranstaltung InfoVis und VA regulär jede Woche eine Vorlesung und eine Übung anbietet, wäre auch das Wochenformat für den virtuellen Kurs geeignet. Da aber die Abwicklung einer Übungseinheit teilweise mehr als eine Woche beträgt, wurde das Themenformat in Betracht gezogen, was auch der Wunsch der Veranstalter war. In einer Übungseinheit wird die Hausübung vorgestellt, die innerhalb einer Woche von den Kursteilnehmern bearbeitet wird und wozu anschließend die Lösung abgeben werden kann. Die Korrektur erfolgt erst nach Ende des vorgegebenen Abgabezeitraums, auch wenn ein paar Kursteilnehmer vor Abgabedatum abgegeben haben. Dabei wird die Zeit bis zur nächsten Übung (eine Woche) in Anspruch genommen. In der nächsten Übung werden Lösungsvorschläge und gute Lösungen der Kursteilnehmer gezeigt. Erst nach der Übungsstunde im Laufe des Tages oder der Woche wird die Bewertung der Lösungen bekannt gegeben. Damit wurde dann eine komplette Übungseinheit von der Vorstellung der Hausübung bis zur Korrektur der Lösungen abgeschlossen. Trotz der langen Wartezeit der Bekanntgabe der Bewertungen wird jede Woche eine neue Hausübung vorgestellt, so dass in jeder Woche eine neue Übungseinheit beginnt. In diesem Fall ist das Themenformat besser geeignet, da beim Wochenformat die Hausübung im einem Wochenabschnitt wäre, die Abgabe in der nächsten Woche und die Lösungsvorschläge in der übernächsten Woche platziert werden könnten. Dadurch würde das Wochenformat Überschneidungen erzeugen, was den Überblick und die Orientierung im Kurs beeinträchtigen würde. Es wäre auch möglich, alle Aktivitäten und Arbeitsmaterialien, die zum Thema einer Woche angehören, in diesem Wochenabschnitt zu platzieren. Damit aber keine falschen Interpretationen bezüglich der Zuordnung von Elementen in Abschnitte entstehen, wurde das Themenformat ausgewählt. Durch das Themenformat wurde dafür gesorgt, dass die entsprechenden Vorlesungsfolien, Übungsfolien, Abgaben, Lösungsvorschläge und weitere Dateien nach dem Thema der Vorlesung zugeordnet werden können. Damit gibt es keine Überscheidungen mit anderen Themen. Somit bilden alle Themenabschnitte logische Themeneinheiten mit den entsprechenden Arbeitsmaterialien und Aktivitäten.

In Abbildung 25 wird die Organisation eines Themenabschnitts vorgestellt. Alle anderen Abschnitte wurden nach dieser Struktur aufgebaut. Ganz oben in der Abbildung, oberhalb der gestrichelten Linie, wird der Name des Themenabschnitts festgelegt, was zugleich das Thema der Vorlesung ist. Da es in der Veranstaltung um Informationsvisualisierung geht, wurde in jedem Abschnitt ein Bild hinzugefügt. Alle hinzugefügten Bilder kommen aus den Vorlesungsfolien und repräsentieren das Thema einer Vorlesung. Damit wird nicht nur eine Auflistung von Arbeitsmaterialien und Aktivitäten angeboten, sondern auch kreative Bilder, die den virtuellen Kurs schöner darstellen. So wirkt der Kurs freundlicher und ist auch für das menschliche Auge abwechslungsreich. Dadurch kommt der Charakter der Vorlesung – die Informationsvisualisierung – zum Vorschein. Wie in der Abbildung zu erkennen, wird zu jedem Bild informativ das Datum der Vorlesung angezeigt. Dadurch wird zusätzlich zur thematischen Zuordnung des Kurses eine zeitliche Orientierung zur Verfügung gestellt.

Unterhalb des Bildes in Abbildung 25 sind Arbeitsmaterialien und Aktivitäten zu erkennen, die für den Kursteilnehmer zeitlich nach und nach zur Verfügung gestellt wurden. Zu den Arbeitsmaterialien gehören Dateien im PDF-Format wie *Vorlesungsfolien V3, Übungsfolien, Übungsaufgaben, Tableau Tutorial* (Tutorial zu einer Visualisierungs-Software) und *HU3 Besprechung* (Lösungsvorschläge).

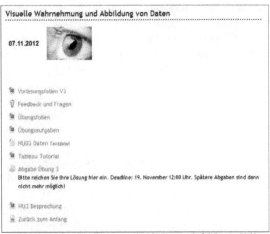

Abbildung 25: Ein Themenabschnitt aus InfoVis und VA

Darüber hinaus ist eine Textdatei zu erkennen, die für die Bearbeitung der Übungsaufgabe hinzugefügt wurde. Am Ende jeden Abschnitts ist ein Link *Zurück zum Anfang* platziert, über den man per Klick zum Anfang der Seite gelangt. Das ist sehr nützlich, wenn der Kursteilnehmer sehr weit unten auf der Kursseite angelangt ist. In fast jedem Abschnitt kommen die meisten dieser Arbeitsmaterialien in dieser Reihenfolge vor. Neben den Arbeitsmaterialien kommen die Aktivitäten Aufgabe und Hot Questions (Plugin) [27] vor.

4.3 Einsatz von Aufgaben

Über die Aktivität Aufgabe wurde das Hochladen der Lösungen zu den Hausübungen ermöglicht. Dabei wurde die Anzahl der Dateien auf Wunsch der Veranstalter auf eine beschränkt. Waren mehr als zwei Dateien erforderlich, so wurde eine ZIP-Datei erwünscht. Diese Einschränkung wurde bewusst gewählt, damit zu jedem Kursteilnehmer genau eine Datei oder nur ein entpackter Ordner der ZIP-Datei zugeordnet werden konnte. Das sollte einen besseren Überblick über die ganzen Abgaben der Kursteilnehmer garantieren.

Unterhalb jeder Aufgabe im Kurs ist, wie in Abbildung 25 zu sehen, ein Beschreibungstext zu erkennen. Dieser wird in den Einstellung eingegeben und kann für die Kursseite aktiviert werden (siehe Anhang), was hier im Kurs InfoVis und VA umgesetzt wurde. In Abbildung 25 wird folgender Beschreibungstext angezeigt: „Bitte reichen Sie Ihre Lösung hier ein. Deadline: 19. November 12:00 Uhr. Spätere Abgaben sind dann nicht mehr möglich!" Damit wird zuerst dem Kursteilnehmer signalisiert, wo er seine Abgabe tätigen kann. Darüber hinaus wird ihm die genaue Deadline angezeigt mit der Warnung, dass spätere Abgaben nicht mehr möglich sind. Bei der Deadline wurden als Kulanz zehn bis fünfzehn Minuten zusätzlich gegeben, da die Uhrzeit aus Sicht des Kursteilnehmers von der Systemzeit in Moodle abweichen kann. Außerdem können bei der Abgabe kurz vor der Deadline technische Probleme auf dem Rechner des Kursteilnehmers auftreten, so dass die extra Minuten hilfreich zur Überwindung dieser Probleme sein können. Durch die Anzeige des Beschreibungstexts auf Kursebene wird sofort erkennbar, wann und wo abgegeben werden kann. Somit gerät der Termin der Endabgabe nicht einfach in Vergessenheit.

Klickt der Kursteilnehmer auf die Aufgabe in Abbildung 25, gelangt er auf die Aufgabe-Seite. Auf dieser Seite wurde, wie im Anhang A.2 erklärt wird, eine Abgabetaste aktiviert. Die Kursteilnehmer kann mit der Abgabetaste die Aufgabe frühzeitig vor der Deadline endgültig zur Bewertung abgeben. Danach ist eine Änderung der Abgabe nicht mehr möglich. Die Aufgabe kann auch ohne auf den Button zu klicken als Entwurf eingereicht werden und noch vor der Deadline beliebig oft bearbeitet werden. Wurde der Klick auf den Button vergessen und die Deadline ist verstrichen, so haben die Veranstalter den letzten Entwurf trotzdem als Abgabe akzeptiert. Im vorherigen Wintersemester haben die Ansprechpartner der Übung die Bewertung vorgenommen. In diesem Wintersemester wurde dazu ein Tutor eingestellt. Um den Tutor hilfreich zu unterstützen, wurde die Abgabetaste hinzugefügt. Damit wurde dem Tutor die Möglichkeit gegeben, endgültige Abgaben, die vor Abgabeende abgegeben wurden, vorher zu bewerten. Auch wenn die Korrektur und Bewertung erst nach Abgabeende erfolgte, wurde der Abgabebutton als zusätzliche Funktionalität bereitgestellt. Es könnte eventuell vorkommen, dass der Tutor bei einer Hausübung, die schneller korrigiert werden kann, ein paar endgültige Abgaben schon im Voraus korrigiert. Der Tutor hat nach der Korrektur und Bewertung aller Hausübungen im Kurs InfoVis und VA angegeben, dass er die Bewertungen und Korrekturen immer erst nach Abgabeende vorgenommen hat. Dies begründete er damit, dass es für ihn einfacher ist, alle Abgaben auf einmal herunterzuladen und komplett zu korrigieren, als an mehreren Tagen erneut damit anzufangen. Außerdem wurden die meisten Abgaben kurz vor der Deadline eingereicht. Aus diesem Grund war es für ihn sinnvoller, bis zur Deadline abzuwarten und somit alle Abgaben komplett zu erhalten.

Für die Bewertungen wurde eine *einfache direkte Bewertung* (siehe Anhang A.2) von den Dozenten erwünscht. Bei diesem Bewertungsschema kann der Bewerter, ohne bestimmte Kriterien in Moodle festgelegt zu haben, eine Bewertung abgeben. So kann in einem Bewertungsfeld ganz einfach die Gesamtpunktzahl für eine Abgabe eingegeben werden. In den anderen beiden Bewertungskategorien *Bewertungsrichtlinie* und *Rubrik* (siehe Anhang A.2) werden die Punkte nach bestimmten Kriterien vergeben. Diese Kriterien werden vom Dozent festgelegt. Bei der Bewertungsrichtlinie kann innerhalb der Kriterien eine maximale erreichbare Punktzahl eingestellt werden. Eine Abgabe kann der Bewerter, je nach dem wie gut ein Kriterium erfüllt worden ist, mit maximalen oder auch weniger Punkten bewerten.

Bei dem Bewertungsschema Rubrik werden innerhalb eines Kriteriums Kategorien wie etwa sehr gut, gut, befriedigend mit Punkten festgelegt. Der Bewerter muss bei seiner Bewertung per Mausklick eine dieser Kategorien innerhalb des Kriteriums wählen. Dabei wird eine rechtzeitige und konkrete Planung erforderlich, um Kategorien mit einer festen Punktzahl zu wählen. Dieses Bewertungsschema ist strikt, da der Bewerter sich genau festlegen muss, welche Kategorie er beim Bewerten der Aufgaben auswählt. Liegt bei einer Aufgabe die Antwort zwischen zwei Kategorien, wird ihm die Auswahl schwierig fallen. Eine manuelle Bewertung durch Eingabe einer Punktzahl, die die Mitte der beiden Kategorien treffen würde, ist nicht durchführbar. Deshalb ist eine gute Planung davor sehr wichtig. Im Vergleich erlaubt die Bewertungsrichtlinie, Punkte in den Kriterien selber einzugeben. Aber auch hier ist eine Planung erforderlich, was für Kriterien eingesetzt werden sollen. Wenn schon vor Beginn der Veranstaltung die Bewertung intensiv geplant wird, kann mit den beiden Bewertungskategorien – Bewertungsrichtlinie und Rubrik – eine schnellere und einfachere Bewertung möglich sein, da Kriterien festgelegt sind und die Punkte entweder eingegeben oder auch nur ausgewählt werden müssen.

Da in dem Kurs InfoVis und VA die Dozenten wöchentlich unterschiedliche Aufgabenstellungen anbieten und sie eher flexibel und ohne Einschränkungen die Punkte vergeben wollten, wurde die einfache direkte Bewertung ausgewählt. In einer Diskussion wurde diesbezüglich der Wunsch *keep it simple* geäußert.

4.4 Feedback mittels *Hot Questions*

Die Aktivität *Hot Questions* ist ein Plugin [27], das im Lernportal Informatik integriert wurde. In Abbildung 25 sind die Hot Questions über das gelbe Lämpchen und den Namen *Feedback und Fragen* zu erkennen. Der Name ist zugleich ein Link. Über den Link gelangt der Kursteilnehmer auf ein neue Seite, die beispielhaft in Abbildung 26 zu sehen ist.

Durch diese Aktivität kann der Kursteilnehmer Feedback und Fragen zu der jeweiligen Vorlesung stellen. Die anderen Kursteilnehmer können zu diesem Feedback oder zu dieser Frage ihre Stimme abgeben, wenn sie der gleichen Meinung sind oder die Frage relevant finden. Ganz oben wurde ein einführender Text, der in den Einstellung dieser Aktivität gesetzt wurde, hinzugefügt.

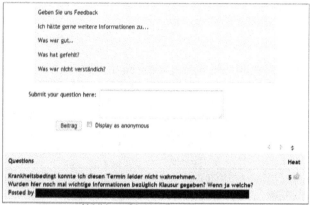

Geben Sie uns Feedback

Ich hätte gerne weitere Informationen zu...

Was war gut..

Was hat gefehlt?

Was war nicht verständlich?

Submit your question here:

Beitrag   Display as anonymous

Questions   Heat

Krankheitsbedingt konnte ich diesen Termin leider nicht wahrnehmen.   5
Wurden hier noch mal wichtige Informationen bezüglich Klausur gegeben? Wenn ja welche?
Posted by

Abbildung 26: Hot Question-Seite

Der Kursteilnehmer wird motiviert Feedback und Fragen zu stellen. In der darunterliegenden Textbox *Submit your question here* kann der Kursteilnehmer seine Nachricht übermitteln und abschließend über den Button *Beitrag* veröffentlichen. Das kann auch anonym gemacht werden, wenn der Kursteilnehmer die Checkbox *Display as anonymous* aktiviert. Die Frage oder das Feedback wird unten in der Box *Questions* angezeigt. In Abbildung 26 wurde nur ein Beitrag abgegeben. Haben andere Kursteilnehmer die gleiche Meinung zu diesem Beitrag, dann können sie ihre Stimme per Mausklick auf dem danebenstehenden Daumen (unter *Heat*) abgeben. Die Zahl davor zeigt die Anzahl der Personen die abgestimmt haben, wobei jede Person nur eine Stimme abgeben kann. Im Beispiel aus Abbildung 26 haben der Frage fünf weitere Kursteilnehmer zugestimmt, die die gleiche Frage in ähnlicher Weise stellen würden. Bei mehreren Fragen steht die Frage mit den meisten Stimmen immer an erster Stelle in der Auflistung. Dadurch wird den Kursleitern oder den Dozenten mitgeteilt, welche Frage sehr dringend oder – wie der Name der Aktivität es formuliert – "hot" ist.

Oberhalb der Spalte Heat sind zwei Dreieckspfeile und rechts daneben zwei umkreisende Pfeile. In der Hot Question können bei vielen Fragen oder thematischen Fragen diese Fragen gesondert aufgelistet werden. Mit den Dreieckspfeilen kann der Kursteilnehmer auf die verschiedenen Auflistungen vor- und zurückblättern. Bei jeder Auflistung der Fragen werden separate Abstimmungen durchgeführt.

Mit einem Klick auf die umkreisenden Pfeile wird die Hot Question-Seite erneut geladen. Bei längerem Verbleib auf der Hot Question können dadurch neue Änderungen angezeigt werden.

Damit bietet die Aktivität Hot Question drei didaktische Aspekte. Durch die anonymen Beiträge können sich die Kursteilnehmer frei äußern. Es gibt Kursteilnehmer, die sich nicht zutrauen öffentlich Fragen zu stellen, da sie sich eventuell blamieren könnten. Da im Forum anonyme Beiträge nicht möglich sind, ist der Einsatz von Hot Questions eine hilfreiche Unterstützung.

Ein weiterer Aspekt ist, wie schon erwähnt, dass besonders wichtige Fragen per Mausklick hoch gewertet werden können. Im Forum hingegen gibt es keine Stimmenzählung. Ein paar Kursteilnehmer, die einem Beitrag im Forum zustimmen möchten, schreiben häufig „finde ich auch". Das machen zwei oder drei Personen zu einem Beitrag. Eine weitere Person, die diese Zustimmungen sieht und auch zustimmen würde, wird potenziell keine weitere Zustimmung schreiben, da schon welche vorhanden sind. Damit entfällt die genaue Anzahl an Stimmen für eine besonders wichtige Frage. Bei der Hot Question erfolgen keine Zustimmungen in Form von Beiträgen. Ein Beitrag wird per Mausklick hoch gewertet. Die nebenstehende Zahl zeigt die Anzahl der Zustimmungen. Damit werden besonders wichtige Fragen schnell erkennbar.

Der dritte Aspekt ist, dass auf Fragen während der Vorlesungen und Übungen eingegangen werden kann. Wenn in einem Kurs Hot Questions für die Vorlesung benutzt wurden, dann kann der Dozent diese Aktivität einfach während der Vorlesung auf dem Bildschirm überblicken. Die Kursteilnehmer können von ihrem Laptop oder vom Handy Fragen schreiben und Fragen hoch werten. Wird diese Aktivität während der Vorlesung oder während der Übung genutzt, so können ähnliche Fragen in Forum reduziert werden.

Wie in Abschnitt 4.2 erwähnt, ist in jedem Abschnitt eine Hot Questions platziert. Insgesamt wurden 7 Beiträge und 9 Stimmen vergeben. Mit fünf Stimmen war die Frage aus Abbildung 26 die Frage mit der maximalen Anzahl an Stimmen. Damit wurden die Hot Questions eher selten genutzt. Bei der Evaluation der Aktivitäten in Abschnitt 7.3 wird darauf eingegangen.

4.5 Sukzessive Bereitstellung der Inhalte

Vor Beginn der Veranstaltung wurde der gesamte Kurs mit Arbeitsmaterialien und Aktivitäten aufgebaut. Während des Aufbaus und der Gestaltung des Kurses war der Kurs für Kursteilnehmer nicht sichtbar. Beim Aufbau des Kurses wurden die Arbeitsmaterialien als leere PDFs hinzugefügt, die während des wöchentlichen Ablaufs nach und nach durch die richtigen PDFs der Dozenten ersetzt wurden. Auch die Daten, ab wann genau für alle Kursteilnehmer ein Arbeitsmaterial oder eine Aktivität verfügbar wird, wurden schon festgelegt, da die Organisation der Vorlesung vorab bekannt war. Änderungen bezüglich dieser Daten wurden von den Dozenten während des Veranstaltungsbetriebs vorgenommen. Durch den frühzeitigen Aufbau und die Gestaltung des Moodle-Kurses erhielten die Dozenten einen vorgefertigten virtuellen Kurs. Die Dozenten mussten lediglich die leeren Arbeitsmaterialien durch die richtigen ersetzen und die Verfügbarkeit der Arbeitsmaterialien und Aktivitäten zeitlich, wenn nötig, anpassen. Neben der Anpassung konnten sie problemlos weitere Dateien in einem Abschnitt hinzufügen.

So wurden, wie in Abbildung 25 zu sehen, sukzessive die Arbeitsmaterialien – Vorlesungs- und Übungsfolien, Übungsaufgaben, Besprechung der Hausübung sowie zusätzliche Hilfsdateien – für die Kursteilnehmer sichtbar gemacht. Das gilt auch für die Aktivitäten, wie in Abbildung 25 die Aktivitäten Hot Questions (*Feedback und Fragen*) und Aufgabe (*Abgabe Übung 3*). Die zeitgemäße Sichtbarkeit dieser Elemente – Arbeitsmaterialien und Aktivitäten – ist notwendig, da eine zeitliche Abfolge in der Veranstaltung vorliegt. Für die Organisation eines Themenabschnitts sind folgende Schritte beschrieben.

Jeden Mittwoch wurde von 13:30–15:10 Uhr die Vorlesung gehalten. An diesem Tag wurden die Vorlesungsfolien kurz davor oder auch nach der Vorlesung vom Dozenten sichtbar gemacht. Gleich zu Beginn jeder Vorlesung (um 13:30 Uhr) tauchte die Hot Questions-Aktivität *Feedback und Fragen* automatisch auf. Diese Uhrzeit ist gut gewählt, da die Kursteilnehmer während der Vorlesung Fragen über die Hot Questions stellen konnten. Dies ist möglich, da viele Kursteilnehmer während der Vorlesung ihren Laptop nutzen und über einen Online-Zugang über die Universität verfügen.

In der nächsten Woche wurden Montags die Übung und Hausübung, die mit den Vorlesungsthemen der letzten Woche zu tun hatten, vorgestellt. Dabei wurden die Übungsfolien, Übungsaufgaben und zusätzliche Dateien zur Übung kurz vor oder nach der Übung sichtbar gemacht. Die Aktivität Aufgabe wurde später nach der Übung im Laufe des selben Tages angezeigt, so dass eifrige Studenten die Hausübung ab dem Tag der Ausgabe hochladen konnten.

Nach einer Woche (ebenfalls am Montag) wurden in der Übungsstunde einige Lösungen der Kursteilnehmer besprochen und Lösungsvorschläge gemacht. Die dazugehörigen Folien wurden im PDF-Format im jeweiligen Themenabschnitt hinzugefügt.

Damit wurden die Schritte innerhalb eines Themenabschnitts beschrieben. Insgesamt wurden kurz vor Beginn der Veranstaltung, bei dem die Kursteilnehmer bereits Zugang zum Moodle-Kurs InfoVis und VA hatten, alle Abschnitte angezeigt. Dabei waren nur die Bilder, das Datum der Vorlesung und der Link *Zurück zum Anfang* sichtbar. Jede Woche wurden die schon erstellten Themenabschnitte mit den ganzen Arbeitsmaterialien und Aktivitäten nach und nach, wie eben beschrieben, für Kursteilnehmer sichtbar gemacht. Die Dozenten und der Tutor konnten jederzeit alle Elemente in allen Abschnitten sehen. Die Dozenten konnten diese Elemente bearbeiten, löschen oder neue Elemente hinzufügen.

Die hier vorgestellte sukzessive Bereitstellung von Inhalten erfolgte aufgrund des organisatorischen Ablaufs der Vorlesung. Dadurch können Kursteilnehmer keine weiteren Übungen im Voraus bearbeiten, sondern müssen sich an die zeitliche Abfolge des Kurses anpassen. Falls mehrere Vorlesungsfolien und Übungen in einer Veranstaltung fertiggestellt sind, wäre es sinnvoll, sie schon frühzeitig bereit zu stellen, so dass eifrige Kursteilnehmer sich im Voraus damit befassen können. Damit können Kursteilnehmer sich kurzzeitig aktiver in einer Veranstaltung einbringen, um so später mehr Zeit für andere Veranstaltungen zu verwenden. Dadurch wird Kursteilnehmern ein größerer Tätigkeitsspielraum ermöglicht. Außerdem ist ein schnelles Feedback zu Lösungsabgaben wünschenswert, da die Kursteilnehmer die Aufgaben noch frisch im Kopf haben. Wird ein Feedback und eine Bewertung erst nach zwei Wochen bereitgestellt, dann können sich die Kursteilnehmer nicht so einfach an die Einzelheiten erinnern, da sie schon mit der übernächsten Hausübung beschäftigt sind.

4.6 Blöcke

Am linken und rechten Rand des Moodle-Kurses wurden verschiedene Blöcke hinzugefügt, die in diesem Abschnitt vorgestellt werden. Dabei wurden die Blöcke zwischen den beiden Rändern nach deren Funktionalität getrennt. Auf der linken Seite befinden sich kommunikative Blöcke und auf der rechten Seite informative Blöcke. Die Trennung nach der Funktionalität der Blöcke gibt dem Kurs eine durchdachte und klare Struktur, in der sich sowohl Dozenten als auch Kursteilnehmer besser orientieren können. Bei einer willkürlichen Anordnung könnte man eine klare Orientierung nicht garantieren.

4.6.1 Kommunikative Blöcke

Auf der linken Seite befinden sich die Blöcke *Message My Teacher (Plugin), Personen, Online-Aktivitäten* und *Mitteilungen.*

In Abbildung 27 ist der Block *Message My Teacher* zu sehen. Dieser Block ist ein Plugin, das im Lernportal Informatik integriert wurde.

Abbildung 27: Message My Teacher

Wie der Name schon aussagt, kann an die Ansprechpartner des Kurses – Dozenten und Tutor – auf eine einfache Weise eine Mitteilung verschickt werden. Im Block sind alle Namen der Ansprechpartner aufgelistet. In Abbildung 27 wurden aus datenschutzrechtlichen Gründen die Namen der Ansprechpartner unkenntlich gemacht. Klickt man auf einen Namen, so gelangt der Kursteilnehmer in das interne Mitteilungssystem (mehr Informationen zum internen Mitteilungssystem befinden sich in Anhang B.5), in dem eine Mitteilung verfasst und an die betreffende Person gesendet werden kann. Dieser Block wurde in dem Kurs InfoVis und VA hinzugefügt, damit die Kursteilnehmer für ihre Mitteilungen den jeweiligen Dozenten direkt per Mausklick auswählen können. Dadurch muss der Kursteilnehmer nicht in der Kontaktliste des Mitteilungssystems suchen, wo auch die Namen der ganzen Kursteilnehmer vorhanden sind. Mit dem Block *Message My Teacher* werden ganz klar nur die Ansprechpartner des Kurses aufgelistet, so dass eine Suche entfällt.

In Abbildung 28 sind die kommunikativen Blöcke *Personen*, *Online-Aktivitäten* und *Mitteilungen* zu sehen.

Im Block *Personen* befindet sich der Link *Teilnehmer/innen*, über den die Dozenten und die Kursteilnehmer auf die Teilnehmerliste gelangen können. Mit Teilnehmer/innen sind alle Beteiligten des Kurses – Dozenten (Kursleiter) und Kursteilnehmer – gemeint. Damit kann sowohl der Dozent auch als der Kursteilnehmer das Profil einer anderen Person des Kurses einsehen und auch darüber eine Mitteilung an die ausgewählte Person senden. Die Dozenten können darüber hinaus eine Nachricht an mehrere Personen senden, die zuvor in der Teilnehmerliste ausgewählt wurden. Weitere Informationen zu diesem Block befinden sich im Anhang B.6.

Abbildung 28: Kommunikative Blöcke des Kurses

Der Block Personen wurde im Moodle-Kurs InfoVis und VA hinzugefügt, damit Kursteilnehmern eine Kommunikation mit allen anderen Kursteilnehmern ermöglicht werden kann. Es kommt oft vor, dass Kursteilnehmer vor oder nach der Vorlesung miteinander sprechen. Zu einem späteren Zeitpunkt nach der Vorlesung möchte ein Kursteilnehmer seinen Gesprächspartner per Email erreichen, hat aber vergessen, nach der Email zu fragen. Über den Block Personen reicht das Kennen des Namens einer Person, um eine Mitteilung an die betreffende Person zu schicken.

Vor allem wenn Kursteilnehmer sich für die Prüfung vorbereiten, ist dieser Block hilfreich, um andere Kursteilnehmer zu erreichen. Auch für andere Anliegen des Kurses können Kursteilnehmer miteinander kommunizieren. Für die Dozenten ist der Block Personen nützlich, da sie über die Teilnehmerliste eine Gruppe von Studenten auswählen können. Diese Auswahl ermöglicht, dass eine Mitteilung nur an diese Gruppe verschickt werden kann.

Der Block *Online-Aktivitäten* zeigt alle Kursteilnehmer an, die in den letzten fünf Minuten aktiv waren. Die Namen der Personen, die in diesem Block aufgelistet sind, sind zugleich auch Links. Über den Link gelangt man auf das Profil der Person. Von der Profilseite kann auch eine Mitteilung an die Person gesendet werden.

Durch diesen Block können Personen angezeigt werden, die sich aktuell mit den Themen des Kurses beschäftigen. Das Wissen, dass andere Kursteilnehmer im virtuellen Kurs arbeiten und somit auch schnell erreichbar sind, kann eventuell einen Kursteilnehmer bei seiner Arbeit motivieren. Ein Kursteilnehmer der zur gleichen Zeit im virtuellen Kurs anwesend ist, kann beispielhaft eine Frage, die er nicht öffentlich über das Forum stellen möchte, nur an einen anwesenden Kursteilnehmer stellen. Das ist genauso wie in einer Vorlesung oder Übung, wo ein Student einen anderen Kommilitonen fragt. Der einzige Unterschied zum Moodle-Kurs ist, dass dies virtuell abläuft. Außerdem können bei anwesenden Kursteilnehmern im Moodle-Kurs Fragen zeitnah beantwortet werden, was bei dringenden Fragen hilfreich ist. Damit fördert dieser Block die Kommunikation zwischen den Kursteilnehmern. Deshalb wurde dieser Block in diesem Kurs hinzugefügt.

Der Block *Mitteilungen* zeigt dem Dozenten und dem Kursteilnehmer Nachrichten von anderen Kursteilnehmern an. Wenn keine Mitteilung vorhanden sind, wird wie in Abbildung 28 der Text *Es liegen keine neue Mitteilungen vor* angezeigt. Unterhalb des Textes ist der Link Mitteilungen platziert, über den das interne Mitteilungssystem erreicht werden kann. Von dort können Nachrichten an andere Personen gesendet werden. Hat ein Kursteilnehmer eine Nachricht erhalten, so wird in diesem Block der Name dieser Person angezeigt. Mit einem Klick auf den Namen dieser Person kann dann im Mitteilungssystem die Nachricht gelesen werden. Damit signalisiert dieser Block neue Nachrichten von anderen Kursteilnehmern des Kurses oder auch von anderen gebuchten Kursen im Lernportal Informatik.

Damit ist der Block Mitteilungen nützlich, da er Mitteilungen von anderen

Personen signalisiert. Dadurch kann eine Mitteilung nicht einfach in Vergessenheit geraten. Wie bei dem Block Online-Aktivitäten beschrieben, kann bei anwesenden Kursteilnehmer zudem zeitnah reagiert werden. Die Kombination dieser Blöcke ist im Moodle-Kurs InfoVis und VA vorhanden, um die Kommunikation der Kursteilnehmer zu fördern. Dieser Austausch kann zusätzlich zur Vertiefung der Themeninhalte, wie auch beim Forum zu Kursinhalten, beitragen.

4.6.2 Informative Blöcke

Am rechten Rand des Kurses befinden sich die informativen Blöcke *Fortschrittsbalken* (Plugin), *Suche in Foren, Neue Nachrichten, Aktuelle Termine und Neue Aktivitäten*, die den Kursteilnehmer über das aktuelle Geschehen im Kurs informieren.

In Abbildung 29 ist der Fortschrittsbalken zu sehen, der als Plugin im Lernportal Informatik integriert wurde. Dieser Balken wurde im Kurs dazu verwendet, um den aktuellen Fortschritt jedes Kursteilnehmers bei den Abgaben der Hausübungen (Aktivitätstyp Aufgabe) anzuzeigen. Jede Box in der Abbildung von links nach rechts repräsentiert die Übungen jeweils von Eins bis Zwölf. Der Fortschrittsbalken verwendet als Farbkodierung die Farben Grün, Rot und Blau. Wird eine Übung rechtzeitig abgegeben, so erscheint die entsprechende Box Grün und innerhalb der Box ist ein Häkchen erkennbar. Das signalisiert dem Kursteilnehmer, dass er die Übung abgegeben hat. Wird die Übung im vorgegebenen Zeitraum nicht abgegeben, dann ist die entsprechende Box Rot und enthält ein **x**, wie in der Abbildung zu sehen. Die blaue Farbe bedeutet, dass die Übung aktuell noch abgegeben werden kann. Wenn der Mauszeiger über eine Box gehalten wird, erscheint ein informativer Text unterhalb des Fortschrittsbalkens, der auch einen direkten Link zum jeweiligen Element enthält.

Abbildung 29: Fortschrittsbalken

Oberhalb des Fortschrittsbalkens ist der Text *JETZT* mit einem ausgefüllten Dreieck zu erkennen. Dieser Text mit dem Symbol zeigt den aktuellen Zeitpunkt an. Alles was vor dem Symbol ist, liegt in der Vergangenheit und alles danach zeigt die Abgaben, die aktuell noch getätigt werden können. Klickt der Kursteilnehmer auf eine Box, dann gelangt er zur entsprechenden Übungsabgabe. Dort kann die Hausübung hochgeladen werden, falls die Abgabe im aktuellen Zeitraum liegt.

In Abbildung 29 erscheint der Text *Abgabe Übung* 12, wenn der Mauszeiger über der letzten Box gehalten wird. Diese Information zeigt, um welche Übung es sich bei dieser Box handelt. Außerdem erscheint der Text *Aufgabe eingereicht x*, was bedeutet, dass keine Abgabe vor Abgabeende getätigt wurde. Das Datum zum Abgabeende wird hinter dem Wort *Erwartet* angegeben.

Da die Ansicht in dieser Abbildung eine Dozenten-Ansicht ist und ein Dozent keine Abgaben macht, erscheinen alle Boxen – und damit alle Übungen – Rot. Bei den Kursteilnehmern, die regelmäßig abgegeben haben, gab es grüne Boxen. Einige Kursteilnehmer, die immer abgegeben haben, hatten am Ende der Übungen einen grünen Fortschrittsbalken. Damit wird dem Kursteilnehmer eine Übersicht über seinen Fortschritt angeboten. Er kann jederzeit und schnell seinen aktuellen Status bei seinen Abgaben einsehen. Hat der Kursteilnehmer zu Beginn nicht viel abgegeben, wird das mit roten Boxen signalisiert. Das kann ihn eventuell auffordern, bei den nächsten Übungen aktiv teilzunehmen. Damit bietet der Block Fortschrittsbalken einen guten Überblick über den Abgabestatus. Dieser Balken kann auch für Aktivitäten wie Tests, Chats, Umfragen und Feedbacks, mit Angabe des Abgabeendes eingesetzt werden, was hier aber nicht gemacht wurde. Da die Abgaben einen hohen Stellenwert im Kurs haben, wurde dies nur für die Abgaben benutzt.

Am Ende des Blocks *Fortschrittsbalken* in Abbildung 29 ist der Button *Teilnehmerüberblick* zu sehen, der nur für Dozenten sichtbar ist. Über diesen Button gelangt der Dozent auf eine neue Seite, in der alle Kursteilnehmer namentlich mit ihren Fortschrittsbalken aufgelistet sind.

In Abbildung 30 wird beispielhaft ein Ausschnitt dieser Seite angezeigt. Die Namen der Personen sowie der letzte Online-Besuch werden jeweils vor jedem Fortschrittsbalken im Moodle-Kurs angezeigt, was aber hier aus datenschutzrechtlichen Gründen in dieser Abbildung weggelassen wurde.

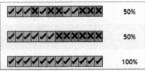

Abbildung 30: Ausschnitt eines Fortschrittsbalken von drei Teilnehmern

In dieser Abbildung zeigen die Fortschrittsbalken den vollständigen Zustand aller Abgaben des Kurses. Damit wird dem Dozent ein Überblick der ganzen Abgaben ermöglicht. Er kann einsehen, ob die Kursteilnehmer aktiv die Hausaufgaben abgegeben haben. Neben jedem Fortschrittsbalken wird der prozentuale Anteil an Abgaben für jeden einzelnen Kursteilnehmer angezeigt.

Bei den beiden oberen Balken in Abbildung 30 haben die beiden oberen Kursteilnehmer fünfzig Prozent der Hausübungen abgegeben; der letzte hat hundert Prozent erlangt. Die Abbildung zeigt nur einen Ausschnitt und repräsentiert somit nicht das Verhalten des gesamten Kurses. Bei der Betrachtung aller Kursteilnehmer können bestimmte Auffälligkeiten bei den Abgaben potenziell auf Probleme hinweisen. Wird beispielsweise bei allen Teilnehmern die gleiche Hausübung als nicht abgegeben markiert, so kann es sein, dass die Hausübung von den Kursteilnehmern als zu schwer empfunden oder nicht gut verstanden wurde. Nach der wahren Ursache müsste der Dozent forschen und die Teilnehmer befragen. Somit kann der Dozent mithilfe des Fortschrittsbalken derartige Auffälligkeiten entdecken. Damit bietet der Fortschrittsbalken Vorteile sowohl für die Kursteilnehmer als auch für die Dozenten.

In Abbildung 31 ist der Block *Suche in Foren* zu sehen.

Abbildung 31: Suche in Foren

Dieser Block wurde im Kurs hinzugefügt, damit die Kursteilnehmer in den Foren nach bestimmten Begriffen suchen können. Wird beispielsweise der Begriff Prüfung im Textfeld eingegeben und auf den Button *Start* geklickt, sucht das Moodle-System nach allen Beiträgen in allen Foren des Kurses. Alle entsprechenden Forenbeiträge werden auf einer neuen Seite angezeigt. Bei dem Begriff Prüfung wurden hier zwei Forenbeiträge angezeigt. Da sich die Kursteilnehmer vor allem im *Forum zu Kursinhalten (Vorlesung & Übung)* ergiebig ausgetauscht haben, ist dieser Block bei der Suche hilfreich. Deshalb wurde der Block *Suche im Foren* im Kurs InfoVis und VA genutzt.

In Abbildung 32 ist der Block Neue Nachrichten zu sehen. Dieser enthält die aktuellsten Themennachrichten des Forums *Ankündigungen*. Da in diesem Forum nur die Dozenten Nachrichten eingeben, sind im Block Neue Nachrichten nur die aktuellsten Nachrichtentitel dieses Forums zu sehen. Das ist ein wichtiger Block, der den Kursteilnehmern die aktuellsten Nachrichten der Dozenten signalisiert. Gelangt der Kursteilnehmer in den Kurs, so ist am Anfang auf der linken Seite dieser Block für ihn sichtbar. Damit kann er eine neue Nachricht, die wichtig und dringend sein kann, nicht einfach übersehen.

Im Block *Neue Nachrichten* (siehe Abbildung 32) sind Themennachrichten über den Feedback-Fragebogen, die Videobotschaft, wichtige Informationen zur Prüfung sowie eine *Viel Erfolg*-Nachricht enthalten.

Abbildung 32: Neue Nachrichten

Alle Themen sind zugleich Links. Über den Link gelangt der Kursteilneh-mer zu der jeweiligen Nachricht im Forum Ankündigungen. Der Dozent kann darüber hinaus über den Link *Neues Thema hinzufügen* ein neues Thema anlegen und dazu eine Nachricht schreiben. Nach dem Anlegen wird das Thema im Block sichtbar und die Nachricht kann im Forum ge-lesen werden. Über den Link *Ältere Beiträge* am Ende des Blocks kön-nen ältere Themen eingesehen werden.

Abbildung 33: Aktuelle Termine und Neue Aktivitäten

In Abbildung 33 sind die beiden Blöcke *Aktuelle Termine* und *Neue Akti-vitäten* zu sehen. In beiden Blöcken sind seit dem letzten Besuch des Moodle-Kurses InfoVis und VA keine neuen Termine oder Aktivitäten zu erkennen.

Falls eine Abgabe für eine Hausübung ansteht, so wurde diese rechtzei-tig vorher im Block *Aktuelle Termine* angezeigt, so dass die Kursteilneh-mer die Abgabe nicht vergessen. In diesem Block wurde auch der Feed-back-Fragebogen bis zum Abschlusstermin angezeigt. Dadurch werden dem Kursteilnehmer alle Termine des Kurses rechtzeitig bekannt gegeben, so dass diese nicht einfach in Vergessenheit geraten. Damit dieser Vorteil dem InfoVis und VA Kurs zugute kommt, wurde dieser Block hinzugefügt.

Im Block *Neue Aktivitäten* werden jegliche Änderungen im Moodle-Kurs wie eine Aktualisierung einer Aktivität, neu hinzugefügte Aktivitäten und Arbeitsmaterialien oder neue Forumsbeiträge mitgeteilt. Jedes Mal, wenn die Vorlesungsfolien oder die Besprechung zur Hausübung als Datei sichtbar wurden, wurde das für die Kursteilnehmer im Block angezeigt. Falls zwischen dem letzten und den aktuellen Besuch der Kursseite neue Aktivitäten im Kurs stattfanden, sind nur diese beim aktuellen Besuch im Block zu sehen. Wenn in diesem Zeitraum nichts passiert ist, wie in Abbildung 33, dann wird dementsprechend der Text *„Nichts Neues seit Ihrem letzten Login"* angezeigt. Somit macht dieser Block die Kursteilnehmer auf neue Aktivitäten des Kurses aufmerksam. Damit sind sie immer auf dem aktuellsten Stand des Kurses.

Damit ist der Kurs InfoVis und VA mit kommunikativen und informativen Blöcken gut ausgerüstet, so dass alle Dozenten und Kursteilnehmer die Möglichkeit haben, sich auszutauschen und immer auf dem aktuellsten Stand der ganzen Aktivitäten des Kurses sind.

4.7 Fazit

Der Moodle-Kurs InfoVis und VA erleichtert die Arbeit sowohl der Ansprechpartner als auch der Kursteilnehmer. Am Anfang der Kursseite werden die Ansprechpartner des Kurses nach ihrem Aufgabengebiet vorgestellt, so dass die Kursteilnehmer den richtigen Ansprechpartner bei unterschiedlichen Anliegen kontaktieren können. Da mehrere Ansprechpartner in diesem Kurs involviert sind, ist die Vorstellung gleich am Anfang der Kursseite hilfreich.

Neben den Ansprechpartnern wurden auch wichtige Informationen zur Vorlesungen am Anfang der Kursseite platziert, so dass sie nicht einfach unbemerkt bleiben (siehe Abschnitt 4.1.1). So wird etwa auf die rechtzeitige Anmeldung des Kurses in TUCaN hingewiesen. Dazu wird ein Link zur Verfügung gestellt, über den die Kursteilnehmer direkt zur TUCaN-Seite gelangen können.

Darüber hinaus wurden alle Lehrinhalte zentral auf einer Kursseite organisiert. Jede Vorlesung mit den dazugehörigen Übungsmaterialien und Aktivitäten wurde als eine Einheit betrachtet. Deshalb wurde jede Vorlesungseinheit separat in einem Themenabschnitt angeordnet. Die Arbeitsmaterialien und Aktivitäten wurden in fast jedem Abschnitt in der gleichen Reihenfolge angeordnet, so dass auch jede Themeneinheit klar strukturiert wurde. Das ist besonders für die Orientierung im Moodle-Kurs hilfreich, da sich die Teilnehmer mithilfe von bekannten Strukturen schneller zurechtfinden können.

Da sich die Vorlesung InfoVis und VA mit Informationsvisualisierung befasst, wurde zu jedem Themenabschnitt ein repräsentatives Bild zu jeder Vorlesungseinheit hinzugefügt. Diese Bilder sind repräsentativ, da sie in den Vorlesungsfolien vorkommen. Damit wird nicht nur eine textuelle Orientierung im Kurs, sondern auch eine visuelle Orientierung angeboten. Die Themenabschnitte können hilfreich bei der Suche nach einem bestimmten Themenabschnitt erscheinen. Anstatt jede Überschrift eines Themenabschnitts zu lesen, kann auch das Bild als Wiedererkennungsmerkmal dienen, um den Abschnitt schneller finden zu können. Durch die Bilder erhält der Kurs zudem eine schönes Erscheinungsbild.

Neben jedem Bild wurde auch das Datum der Vorlesung hinzugefügt, so dass eine zeitliche Orientierung gegeben wird. Damit ist der Termin für jede Vorlesung immer präsent. Das erinnert die Kursteilnehmer an die Vorlesungstermine, so dass sie nicht einfach vergessen werden.

Ferner wird durch die Foren (siehe Abschnitt 4.1.3) und die kommunikativen Blöcke (siehe Abschnitt 4.6.1) die Kommunikation der Teilnehmer gefördert. Außer den Fragen im Forum, die für alle Teilnehmer des Moodle-Kurses sichtbar sind, können Fragen und wichtige Anliegen von jedem Ansprechpartner und Kursteilnehmer persönlich und zielgerichtet an bestimmte Teilnehmer gestellt werden, ohne das andere Teilnehmer involviert werden müssen. Dies ermöglichen vor allem die Blöcke *Message My Teacher* und *Personen*. Bei den Kursteilnehmern kann die Kommunikation mit bestimmten Kursteilnehmern beispielsweise für die Bildung von Lerngruppen oder für Terminvereinbarungen zum gemeinsamen Lernen hilfreich erscheinen. Auch Anliegen, die nur an einen zuständigen Ansprechpartner gerichtet werden sollen, können über den Block *Message My Teacher* erfolgen.

Wichtige Termine, wie die Abgabe der Hausübung, und Aktualisierungen im Kurs, wie neu hinzugefügte oder geänderte Arbeitsmaterialien und Aktivitäten, werden im Moodle-Kurs durch die informativen Blöcke (siehe Abschnitt 4.6.2) angezeigt. Damit bleiben die Teilnehmer auf den aktuellsten Stand des Kurses.

Somit wird den Teilnehmern dieses Moodle-Kurses ein gut strukturierter Kurs angeboten, in dem die Teilnehmer eine visuelle und chronologische Orientierung erhalten. Außerdem erhalten sie ein vielfältiges Angebot zur Kommunikation. Bei jedem Besuch des Moodle-Kurses werden die Teilnehmer über die aktuellsten Neuigkeiten informiert, so dass sie immer auf den aktuellen Stand sind.

Damit wurde ein Design-Konzept erarbeitet, dass nicht nur für den Kurs InfoVis und VA gut ist, sondern auch für andere Vorlesungen mit ähnlichen Strukturen geeignet ist. Wie bereits in Abschnitt 4.1.4 erwähnt, wurde zudem ein Feedback-Fragebogen ausgearbeitet, um so den Moodle-

Kurs InfoVis und VA von den Kursteilnehmern evaluieren zu können. Die Details zu den Inhalten des Feedback-Fragebogens sowie die Ergebnisse der Evaluierung werden in Abschnitt 7 vorgestellt.

5 Das Design von Kursen für Seminare

In diesem Abschnitt wird das Design-Konzept für den Kurs *Aktuelle Trends in Medical Computing* (Medical Computing) [45] vorgestellt. Dieser Kurs wird vom Fachgebiet Graphisch-Interaktive Systeme (GRIS) angeboten. Die Präsenzveranstaltung findet im Gebäude des Fraunhofer Instituts statt. In jedem Sommersemester kann dieses Seminar besucht werden.

Laut Veranstaltungsseite [45] werden unterschiedliche Bereiche der Medizin – etwa Kardiologie, Onkologie, Orthopädie und Chirurgie – betrachtet. Dabei kommen computergestützte Verfahren – etwa Segmentierung, Registrierung, Visualisierung, Simulation, Navigation und Tracking – zum Einsatz. Trends in diesem Gebiet sind aus aktuellen wissenschaftlichen Veröffentlichung zu entnehmen, die vom Veranstalter zur Verfügung gestellt werden. Die Kursteilnehmer befassen sich in diesem Seminar intensiv mit diesen aktuellen Trends. Verschiedene Themen werden an Gruppen von maximal zwei Personen verteilt. Jede Gruppe muss zu ihrem Thema einen Vortrag halten. Dazu sind Vortragsfolien sowie eine schriftliche Ausarbeitung zu verfassen, die bis zum jeweiligen Vortrag bereitgestellt werden müssen.

Das Ziel ist es, einen guten Moodle-Kurs für dieses und ähnliche Seminare zu entwickeln. So wie bei einer Vorlesung eine herzliche Begrüßung wichtig ist (siehe Abschnitt 4), ist diese auch für ein Seminar wichtig. Eine herzliche Begrüßung sorgt in einer Präsenzveranstaltung für eine positive und freundliche Atmosphäre. Das sollte auch in einem guten Moodle-Kurs nicht fehlen. Damit die Begrüßung als erstes gesehen wird, ist diese ganz am Anfang der Seite zu platzieren.

Falls das Fachgebiet des Seminars ein Logo besitzt, ist es sinnvoll, es neben der Begrüßung zu platzieren. Bei den meisten Veranstaltungsseiten wird das Logo des Fachgebiets eingesetzt, so dass Studierende eine Veranstaltung schnell zuordnen können. Dieser Wiedererkennungswert sollte auch im Moodle-Kurs nicht fehlen. Das Hinzufügen eines Logos wird beispielhaft für das Seminar Mecical Computing in Abschnitt 5.1 gezeigt.

In vielen Seminaren werden vom Veranstalter verschiedene Themen und wissenschaftliche Veröffentlichung vorgestellt, mit denen sich die Studierenden auseinander setzen müssen. Studierende bearbeiten einzeln oder in Gruppen ein Thema. Dabei wird eine schriftliche Ausarbeitung und ein Vortrag erwartet. Dafür wird den Studierenden ein bestimmter Zeitraum gewährt. Dieser Ablauf der Seminare muss für den Moodle-Kurs berücksichtigt werden, damit die Teilnehmer hilfreich unterstützt werden können.

Da in einem Seminar durch die Themenvergabe des Veranstalters schriftliche Ausarbeitungen und Vortragsfolien durch die Studierenden entstehen, ist es sinnvoll, zwei Abschnitte im Moodle-Kurs einzufügen. Der erste Abschnitt sollte neben der Begrüßung und dem Logo Aktivitäten und Arbeitsmaterialien, die vom Veranstalter zur Verfügung gestellt werden, enthalten. Im zweiten Abschnitt sollten die Arbeitsergebnisse der Kursteilnehmer enthalten sein. Damit wird eine klare Struktur präsentiert, in der die Teilnehmer sich einfach und schnell orientieren können. Außerdem wird eine sehr lange Kursseite, bei der man viel scrollen muss, vermieden. Die Idee mit den zwei separaten Abschnitten kann für die meisten Seminare verwendet werden, da sie einen ähnlichen Ablauf vorweisen.

Innerhalb der Abschnitte sollten wichtige Elemente zur hilfreichen Unterstützung des Kurses stehen. Im ersten Abschnitt ist auch eine dynamische Kommunikation durch Foren zu ermöglichen, da in einem Seminar unterschiedliche Anliegen der Teilnehmer berücksichtigt werden müssen. Damit die Betreuer des Kurses Nachrichtenankündigungen und organisatorische Fragen mit den Kursteilnehmern besprechen können, sind zwei getrennte Foren einzusetzen. Zusätzlich ist es sinnvoll, ein Forum für Gruppen hinzuzufügen, so dass inhaltliche Fragen zu den Themen gestellt werden können. Dieses Forum sollte für getrennte Gruppen eingestellt werden, so dass Beiträge einer Gruppe nur von den jeweiligen Gruppenmitgliedern und Betreuern eingesehen werden können, da die Gruppen unterschiedliche Themen bearbeiten. Außerdem können inhaltliche und persönliche Anliegen sowie Absprachen einer Gruppe viel offener besprochen werden.

Folien zur Vorstellung der Themen sollten vor Kursbeginn im ersten Abschnitt enthalten sein, damit interessierte Personen die Themen des Kurses frühzeitig erfahren können. Das kann dazu beitragen, den Kurs zu belegen.

Wissenschaftliche Veröffentlichungen sowie Vorlagen zur Ausarbeitung sollten als Verzeichnissen hinzugefügt werden, damit der erste Abschnitt nicht durch zahlreiche Dateien überladen wirkt. Ansonsten wird der Überblick erschwert. Auch diese Arbeitsmaterialien sollten zu Kursbeginn verfügbar sein, so das interessierte Personen mehr Informationen zu den Themen erhalten können.

Im ersten Abschnitt ist es auch wichtig, eine Gruppen- und Wunschthemenanmeldung zu ermöglichen, bei der eine automatisierte und gerechte Verteilung der Themen durchgeführt werden kann. Erst nach Abschluss der Anmeldung stehen den Gruppen bestimmte Aktivitäten, wie das Forum für Gruppen, zur Verfügung. Die Anmeldung sollte erst nach der ersten Präsenzveranstaltung ermöglicht werden, damit nur wirklich interessierte Studenten teilnehmen. Eine Gruppen- und Wunschthemenanmeldung wird beispielhaft für das Seminar Medical Computing in

Abschnitt 5.1.3 vorgestellt.

Wichtige Hinweise und Informationen zum Kurs, wie die Anmeldung des Seminars im TUCaN, sollten im Moodle-Kurs enthalten sein, so dass sie nicht einfach in Vergessenheit geraten.

Im zweiten Abschnitt – der Arbeitsergebnisse der Kursteilnehmer – sollte es Kursteilnehmern ermöglicht werden, ihre Ausarbeitung und ihre Vortragsfolien separat in einer Aufgaben-Aktivität hochladen zu können. Das ist besonders wichtig, da bei einer frühzeitigen Abgabe Verbesserungsvorschläge seitens der Betreuer gegeben werden können. Durch die Trennung der Aufgaben-Aktivitäten zwischen Ausarbeitung und Vortragsfolien wird eine bessere Übersicht gegeben. Die Kursteilnehmer wissen damit, wo sie die Ausarbeitung hochladen und Feedback erhalten können. Damit kommen Dateien nicht durcheinander, was für die Betreuer wichtig ist, da sie Verbesserungsvorschläge und Bewertungen abgeben.

Nach jedem Vortrag sollte die Ausarbeitung und die Vortragsfolien einer Gruppe separat in zwei Verzeichnisse hinzugefügt werden, damit allen Teilnehmern die Arbeitsergebnisse der Gruppen einsehbar sind. Auch hier dient die Trennung der Verzeichnisse zur besseren Übersicht.

Wie die Elemente in den beiden Abschnitten sinnvoll anzuordnen sind, wird beispielhaft für das Seminar Medical Computing in Abschnitt 5.1 und 5.2 gezeigt.

Neben den beiden Abschnitten ist auch eine geeignete Auswahl an kommunikativen und informativen Blöcken wichtig. Vor allem die Kommunikation zwischen Betreuern und Kursteilnehmern ist wichtig, da die Betreuer für bestimmte Gruppen zuständig sind. Bei Fragen zum Inhalt, zur Ausarbeitung und zu den Vortragsfolien sollten Studierende direkt den zuständigen Betreuer ansprechen können.

Die informativen Blöcke machen auf aktuelle Neuigkeiten und Änderungen des Kurses aufmerksam, so dass die Kursteilnehmer auf dem aktuellen Stand des Kurses bleiben. Dafür ist der Block *Kalender* sehr hilfreich. Der Kalender zeigt rechtzeitig die Termine der Vorträge an. Das signalisiert den Teilnehmern, dass zu einem bestimmten Termin ein Vortrag gehalten wird, und erinnert auch an die rechtzeitige Abgabe der Ausarbeitung und der Vortragsfolien einer Gruppe. Das ist hilfreich, da in den zwei Aufgaben-Aktivitäten zur Ausarbeitung und zu den Vortragsfolien nur ein Abgabetermin eingestellt werden kann. Damit kann bei wöchentlichen Vortragsterminen nur maximal die letzte Gruppe automatisch an ihren Abgabetermin erinnert werden. Deshalb ist die Erinnerung für alle Gruppen durch den Einsatz des Kalenders nicht nur sinnvoll, sondern auch notwendig.

Für ein Seminar werden weitere sinnvolle Blöcke in Abschnitt 5.3 vorgestellt.

In diesem Abschnitt wird ein durchdachtes Design-Konzept für den Moodle-Kurs *Aktuelle Trends in Medical Computing* (Medical Computing) vorgestellt. Dieses Konzept kann dem Veranstalter dieses Seminars vorgestellt werden. Der hier erstellte Moodle-Kurs Medical Computing kann im Lernportal Informatik [15] auf Wunsch des Veranstalters integriert werden.

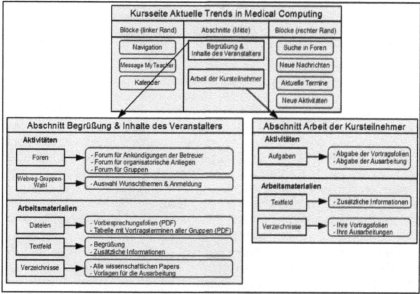

Abbildung 34: Diagramm Aktuelle Trends in Medical Computing

Abbildung 34 zeigt ein Diagramm, in dem die Moodle-Kursseite von Medical Computing schematisch dargestellt wird. Damit wird ein Gesamtüberblick über die Abschnitte und Blöcke des Moodle-Kurses vermittelt. Ganz oben im Diagramm ist zu erkennen, dass am linken Rand der Kursseite die Blöcke *Navigation*, *Message My Teacher* und *Kalender* in dieser Reihenfolge angeordnet sind. Am rechten Rand sind die informativen Blöcke *Suche in Foren*, *Neue Nachrichten*, *Aktuelle Termine* und *Neue Aktivitäten* ebenfalls in dieser Reihenfolge platziert. Der hilfreiche Einsatz dieser Blöcke im Kurs Medical Computing wird in Abschnitt 5.3 vorgestellt.

Die Besonderheit an diesem Moodle-Kurs ist, dass es insgesamt zwei Abschnitte gibt. Der erste Abschnitt, der sich ganz oben auf der Kursseite befindet, enthält eine Begrüßung sowie Inhalte als Aktivitäten und Arbeitsmaterialien, die vom Veranstalter bereitgestellt werden. Diese werden von den Kursteilnehmern benötigt, um ihre Arbeit im Seminar bewerkstelligen zu können. Das Diagramm aus Abbildung 34 zeigt im Block

Abschnitt Begrüßung & Inhalte des Veranstalters die Aktivitäten und Arbeitsmaterialien des ersten Abschnitts im Moodle-Kurs. Als Aktivitäten werden drei Foren – *Forum für Ankündigungen der Betreuer*, *Forum für organisatorische Anliegen* und *Forum für Gruppen* – und eine *Webreg-Gruppenwahl* zur Verfügung gestellt. Der Einsatz dieser drei Foren wird in Abschnitt 5.1.1 erläutert. Die Webreg-Gruppenwahl-Aktivität ist hilfreich, um eine Gruppenanmeldung sowie eine Auswahl von Wunschthemen nach Priorität zu ermöglichen. Diese Aktivität ist ein für das Lernportal Informatik [15] entwickelte Plugin. Die Funktionsweise dieses Plugins wird in Abschnitt 5.1.3 vorgestellt.

Neben den Aktivitäten sind im Abschnitt der *Begrüßung & Inhalte des Veranstalters* (siehe Diagramm in Abbildung 34) auch Arbeitsmaterialien enthalten, wie etwa die PDF-Dateien *Vorbesprechungsfolien* und *Tabelle mit Vortragsterminen aller Gruppen*. Bei den Vorbesprechungsfolien werden die Themen des Seminars vorgestellt; in der Tabelle werden die Vortragstermine aller Gruppen angezeigt. Darüber hinaus werden noch zwei Verzeichnisse – *Alle wissenschaftlichen Papers* und *Vorlagen für die Ausarbeitung* – zur Verfügung gestellt. Das erste Verzeichnis enthält wissenschaftliche Veröffentlichung als PDFs und das zweite Verzeichnis enthält Vorlagen für die drei Formate, in denen die Ausarbeitung geschrieben werden kann. Nähere Informationen zu den Verzeichnissen sind in Abschnitt 5.2.1 enthalten.

Am Anfang des ersten Abschnitts wurden ein Textfeld für die Begrüßung des Veranstalters sowie ein Textfeld für wichtige Informationen des Kurses eingefügt. Diese Textfelder werden in Abschnitt 5.1 näher erläutert. Es wird unter anderem erwähnt, warum es wichtig ist, eine Begrüßung im Moodle-Kurs zu haben. Außerdem wird im Abschnitt 5.1 die Reihenfolge aller Aktivitäten und Arbeitsmaterialien des ersten Abschnitts *Begrüßung & Inhalte des Veranstalters* angezeigt.

Im zweiten Abschnitt des Kurses wird die Arbeit der Kursteilnehmer präsentiert. Die dazugehörigen Aktivitäten und Arbeitsmaterialien sind im Block *Abschnitt der Kursteilnehmer* aus Abbildung 34 zu sehen. In diesem Abschnitt sind zwei Aufgaben-Aktivitäten vorhanden, um eine Ausarbeitung und Präsentationsfolien abgeben zu können. Wie das genau umgesetzt wird, ist in Abschnitt 5.2.1 erläutert. Darüber hinaus wurden zwei Verzeichnisse – *Ihre Vortragsfolien* und *Ihre Ausarbeitungen* – hinzugefügt, in denen die Vortragsfolien und die Ausarbeitung einer Gruppe nach ihrem Vortrag hinzugefügt werden. Damit wird allen Teilnehmern Einsicht in die Arbeit der Vortragsgruppen ermöglicht. Am Anfang dieses Abschnitts wurde ein Textfeld platziert, in dem erklärt wird, was der Sinn und Zweck der Abgaben und der Verzeichnisse sind. Dadurch ist für die Kursteilnehmer besser zu erkennen, dass der zweite Abschnitt extra für ihre eigenen Arbeitsergebnisse gedacht ist.

5.1 Begrüßung in Moodle-Kurs Medical Computing

So wie im Moodle-Kurs InfoVis und VA (aus Abschnitt 4) eine Begrüßung vorhanden ist, so ist ebenfalls eine Begrüßung im Moodle-Kurs *Aktuelle Trends in Medical Computing* (Medical Computing) vorhanden. In einer Präsenzveranstaltung – wie hier im Seminar Medical Computing – werden zu Beginn die Kursteilnehmer von den Dozenten oder den Betreuern begrüßt. Das sorgt für eine angenehme Atmosphäre, die auch in einem virtuellen Kurs nicht fehlen sollte.

Bevor eine Präsenzveranstaltung besucht wird, informieren sich die meisten Studenten online über eine Veranstaltung. Stünde der Moodle-Kurs Medical Computing im Lernportal Informatik zur Verfügung, so wäre er auf der Kursliste zu sehen. Auf dieser Kursliste können Informationen über einen Kurs eingesehen werden, wie in Abschnitt 4.1 erläutert. Dabei wären die Inhalte des Seminars, die auf der Veranstaltungsseite [45] kurz vorgestellt werden, auch im Lernportal vorhanden. Durch die Kursliste können auf einer Seite unterschiedliche Kurse und deren dazugehörigen Informationen schnell eingesehen werden.

Falls ein Student Interesse zeigt, kann er sich zu dem Kurs anmelden. Dabei sollte kein Kennwort verlangt werden, damit vor Beginn des Seminars weitere Informationen – etwa Arbeitsmaterialien – eingesehen werden können.

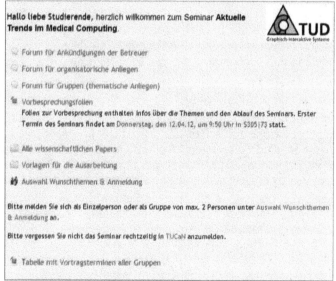

Abbildung 35: Begrüßung im Moodle-Kurs Medical Computing

In Abbildung 35 ist die herzliche Begrüßung: *„Hallo liebe Kursteilnehmer, herzlich willkommen zum Seminar Aktuelle Trends in Medical Compu-*

ting" zu erkennen. Diese Begrüßung sowie die untenstehenden Arbeits-materialien und Aktivitäten sind am Anfang der Moodle-Kursseite im ersten Abschnitt enthalten. Damit wird eine angenehme und freundliche Atmosphäre erzeugt. Das ist für einen virtuellen Kurs ein wichtiger Faktor. Der virtuelle Kurs bietet mehr als nur starre Informationen an, so dass das Lerngeschehen im Kurs hilfreich unterstützt und gefördert werden kann.

Diese Details können zur Entscheidung der Studierenden beitragen, den Kurs zu besuchen. Entscheidet sich der Student nicht für diesen Kurs, so kann er sich von diesem problemlos abmelden. Neben der Begrüßung wurde das Logo des Fachgebiets *Graphisch-Interaktive Systeme* (GRIS) platziert. Damit identifiziert sich der Moodle-Kurs mit dem Fachgebiet, so dass der Kurs von den Teilnehmer schnell zugeordnet werden kann. Die Kursteilnehmer wissen, dass das Seminar dem Fachgebiet GRIS angehört.

Insgesamt besteht der Moodle-Kurs Medical Computing aus zwei Abschnitten. Der erste Abschnitt enthält die Begrüßung, alle bereitgestellten Foren und Arbeitsmaterialien sowie eine Gruppenanmeldung, bei der zugleich Wunschthemen als Favoriten angegeben werden können. Damit enthält der erste Abschnitt Arbeitsmaterialien und Aktivitäten von den Betreuern des Seminars, mit denen die Arbeit der Kursteilnehmer hilfreich unterstützt werden kann.

Im zweiten Abschnitt werden die Arbeitsergebnisse der Kursteilnehmer präsentiert. Hinzugefügte Aktivitäten und Arbeitsmaterialien, die erst in Abschnitt 5.2 vorgestellt werden, haben dies ermöglicht.

In den folgenden Abschnitten 5.1.1 bis 5.1.3 wird der Inhalt des ersten Abschnitts vorgestellt.

5.1.1 Bereitgestellte Foren

Auch in einem Seminar können viele Fragen entstehen. Damit die Kursteilnehmer bei organisatorischen und thematischen Anliegen unterstützt werden können, sind Foren als hilfreiche Aktivitäten gut einsetzbar. In einem Forum können wichtige Fragen beantwortet oder Probleme gelöst werden. Erst in einer Diskussion lassen sich manche Aspekte klarstellen.

Im Moodle-Kurs Medical Computing wurden drei Foren – *Forum für Ankündigungen der Betreuer, Forum für organisatorische Anliegen* und *Forum für Gruppen (thematische Anliegen)* – eingerichtet. In Abbildung 35 sind die Foren zu sehen. Das erste Forum erlaubt es nur den Betreuern des Kurses, wichtige Nachrichten und Ankündigungen zu veröffentlichen. Kursteilnehmer können in diesem Forum keine Beiträge verfassen. Bei der Namensgebung dieses Forums wurde nicht das Wort Ansprechpartner, wie im Moodle-Kurs InfoVis VA (in Abschnitt 4), gewählt, da die sich die Veranstalter bei der Themenvergabe vom Sommersemester 2012

[44] als Betreuer bezeichnen. Damit die Kursteilnehmer nicht irritiert werden, wurde dieser Begriff auch für den Moodle-Kurs gewählt.

Im *Forum für organisatorische Anliegen* können alle Teilnehmer – sowohl Betreuer als auch Kursteilnehmer – ihre organisatorische Anliegen mitteilen. In so einem Forum könnten etwa Raumänderungen, Probleme mit der Anmeldung in TUCaN oder andere organisatorische Fragen gestellt werden.

In diesem Seminar bekommen die Gruppen unterschiedliche Themen, mit denen sie sich befassen. Dabei wird von jeder Gruppe eine Ausarbeitung und das Erstellen von Vortragsfolien erwartet. Schließlich müssen die Kursteilnehmer einen Vortrag zu ihrem Thema halten. Die einzelnen Betreuer sind nicht für alle Gruppen verantwortlich, sondern betreuen Gruppen zum eigenen Themengebiet. Auch wenn sich einige Themen tangieren, hat jede Gruppe einen unterschiedlichen Aspekt zu betrachten. Damit werden in diesen Seminar fast immer Fragen oder Probleme innerhalb der Gruppe und mit dem jeweiligen Betreuer besprochen. Daher ist ein drittes Forum notwendig, bei dem die Beiträge einer Gruppe nicht von den anderen Gruppen eingesehen werden können. Damit können auch Fragen gestellt werden, die nur der eigenen Gruppe und dem dazugehörigen Betreuer mitgeteilt werden sollen. Die Gruppen können somit auch viel offener Fragen stellen, ohne dabei das Gefühl zu haben, dass sie sich eventuell vor anderen Gruppen blamieren.

Das dritte Forum – *Forum für Gruppen (thematische Anliegen)* aus Abbildung 36 – erfüllt diese Anforderungen. In diesem Forum kann jeder Kursteilnehmer nur Beiträge der eigenen Gruppe einsehen.

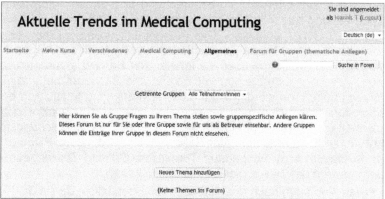

Abbildung 36: Forum für Gruppen (thematische Anliegen)

Dies wird jeder Gruppe explizit im Beschreibungstext dieses Forums, wie in Abbildung 36 zu sehen, mitgeteilt. Die Betreuer hingegen können alle Beiträge der Gruppe einsehen, was hilfreich bei der Übersicht von Gruppen ist. Da in diesem Kurs nur ein Forum genutzt wird, in dem getrennte Gruppen – unterschiedliche Gruppen, die sich in Forum nicht sehen – existieren, ist dieses Forum für Betreuer einfacher zu nutzen und zu überblicken.

In Abbildung 36 wird die Sicht eines Dozenten oder Betreuers angezeigt. Oberhalb des Beschreibungstexts können nur die Betreuer eine bestimmte Gruppe oder alle Kursteilnehmer auswählen. Je nachdem welche Gruppe ausgewählt wird, erscheinen die dazugehörigen Beiträge dieser Gruppe.

Damit ermöglichen die Einstellungen der Forums-Aktivität – getrennte Gruppen zu wählen – die Beiträge unter den Betreuern (bei mindestens zwei Betreuern) zu teilen. Außer thematischen Anliegen können Kursteilnehmer auch andere Fragen an ihre Betreuer stellen, ohne das Studierende anderer Gruppen involviert werden müssen.

5.1.2 Bereitgestellte Materialien

Neben der Begrüßung und den Foren wurden eine PDF-Datei *Vorbesprechungsfolien* sowie zwei Verzeichnisse – *Alle wissenschaftlichen Papers* und *Vorlagen für die Ausarbeitung* (siehe Abbildung 35) – mit wichtigen Arbeitsmaterialien hinzugefügt.

Beim ersten Termin des Seminars findet eine Vorbesprechung statt. Jeder Betreuer stellt seine Themen mithilfe von Folien vor, die während des Seminars angezeigt werden. Die Studierenden können während dieser Vorstellungen die Themen, die sie interessieren, notieren. Außerdem können die Studierenden mit anderen Kommilitonen Gruppen bilden. In den Präsentationsfolien der Vorbesprechung sind zudem Informationen zur Bearbeitung des Vortrags, der Vortragsfolien und der Ausarbeitung der Kursteilnehmer enthalten. Die Präsentationsfolien sollten vor der Vorbesprechung im Moodle-Kurs vorhanden sein, damit den Kursteilnehmern mehr Informationen über die Inhalte des Seminars zur Verfügung stehen. Das kann ihnen schon vor Beginn des Seminars bei ihrer Entscheidung helfen, ob sie den Kurs Medical Computing tatsächlich besuchen wollen. Damit der erste Termin der Vorbesprechung nicht in Vergessenheit gerät, wurde unterhalb der PDF-Datei *Vorbesprechungsfolie*, in Abbildung 35 zu erkennen, der Beschreibungstext dieses PDFs angezeigt. In diesem wird der genaue Termin mit Ort und Zeit angegeben. Außerdem wird der Zweck dieser Folien kurz erwähnt.

Die Folien sind auch nach der Vorbesprechung nützlich, da sie die Kursteilnehmer an die Themen und das was dazu gesagt wurde, erinnern. Das hilft ihnen bei der Auswahl von Wunschthemen. Jeder Kursteilnehmer oder jede Gruppe kann bis zu drei Favoriten angeben. Diese Wunschthemen sowie die Anmeldung als Gruppe werden per Email an den Veranstalter innerhalb einer Woche gesendet, der sich um die Verteilung der Themen zu Gruppen kümmert. Das Lernportal Informatik [15] bietet dazu eine internes Plugin – die *Webreg-Gruppenwahl*-Aktivität –, mit der zugleich Wunsch- themen mit Favoriten und Nieten sowie eine Anmeldung als Gruppe erfolgen kann. Ein Optimierungsverfahren ordnet unter Berücksichtigung der Präferenzen der Kursteilnehmer die Themen zu den Gruppen. In Abschnitt 5.1.3 wird die *Webreg-Gruppenwahl*-Aktivität näher vorgestellt.

Wird auf das Verzeichnis *Alle wissenschaftlichen Papers* geklickt, dann erscheint auf einer neuen Seite der Inhalt dieses Verzeichnisses, wie in Abbildung 37 zu sehen. In dieser Abbildung sind ein Beschreibungstext, alle Papers im PDF-Format und ein ZIP-Ordner zu sehen. Im Beschreibungstext wird erwähnt, dass alle Papers zugleich Themen sind, die von 1 bis 10 durchnummeriert wurden. Zu jedem Paper wurde am Anfang des Namens eine Nummer – die Themennummer – vergeben, so dass bei der Zuordnung eines Themas zu einer bestimmten Gruppe diese Gruppe die Themennummer als Gruppennummer erhält. Damit sind Gruppen- und Themennummern identisch.

Anhand der Nummern wird den Gruppen bekannt gegeben, welches Thema sie erhalten haben. Darüber hinaus vereinfacht die Nummer die Arbeit der Betreuer. So kann der Betreuer die Beiträge seiner Gruppen im Forum anhand der Gruppennummer auswählen. Er sieht dann nur die Beiträge der ausgewählten Gruppe, wie in Abschnitt 5.1.1 erläutert.

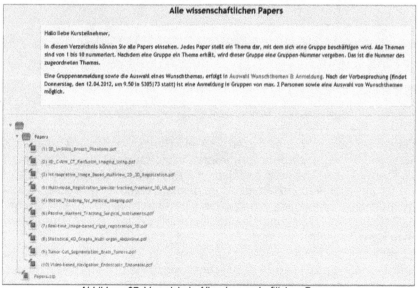

Abbildung 37: Verzeichnis Alle wissenschaftlichen Papers

Außerdem wird im Beschreibungstext (in Abbildung 37) bekannt gegeben, dass eine Gruppenanmeldung sowie die Angabe von Wunschthemen nach der Vorbesprechung erfolgen kann. Dabei wurde, wie auch beim Beschreibungstext der PDF-Datei *Vorbesprechungsfolien*, der genaue Termin der Vorbesprechung mit Ort und Zeit angegeben, damit das nicht in Vergessenheit gerät. Für die Anmeldung wurde ca. eine Woche Bedenkzeit gegeben.

In Abbildung 37 ist die Verzeichnisstruktur gut erkennbar. Alle Teilnehmer können im Unterverzeichnis *Papers* alle Themen in PDF-Format sehen. Neben der Themennummer wird der Name eines Themas angezeigt. Die Teilnehmer können dabei alle für sie interessanten Themen herunterladen. Falls ein Kursteilnehmer alle PDFs herunterladen möchte, wurde das Archiv *Papers.zip* mit allen Papers zur Verfügung gestellt, um einmalig einen Download durchführen zu können. Dadurch werden unnötige Klicks vermieden.

Das Verzeichnis *Vorlagen für die Ausarbeitung* (in Abbildung 35 zu sehen) enthält zwei Vorlagen unterschiedlichen Dateityps. Die Vorlage für die Ausarbeitung wird als LaTeX-Datei sowie als Word- und OpenOffice-Datei zur Verfügung gestellt. In Abbildung 38 ist das Verzeichnis mit den Vorlagen zu sehen. Durch den Beschreibungstext werden die Kursteilnehmer darauf hingewiesen, diese Vorlagen zu nutzen.

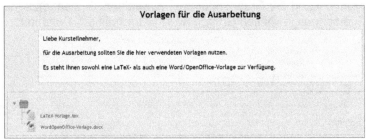
Abbildung 38: Verzeichnis Vorlagen für die Ausarbeitung

Durch die beiden Verzeichnisse – *Alle wissenschaftlichen Papers* und *Vorlagen für die Ausarbeitung* – wurden alle wichtigen Arbeitsmaterialien des Veranstalters in einem Abschnitt platziert und zur Verfügung gestellt. Damit wird viel Platz im Moodle-Kurs gespart. Dadurch wird eine zu lange Kursseite vermieden, bei der die Teilnehmer viel scrollen müssen. Außerdem sieht alles kompakt und übersichtlich aus. Der Kurs hat damit eine klare Struktur.

Zudem sind die Hinweise wie etwa bei der PDF-Datei *Vorbesprechungsfolien*, sowie die Hinweise der Beschreibungstexte in den Foren und den Verzeichnissen, wie in Abbildung 38 zu sehen, hilfreich für die Kursteilnehmer.

Diese Hinweise geben den Zweck des Arbeitsmaterials und der Aktivität an, warum gerade dieses Forum oder dieses Verzeichnis eingesetzt wurde. Außerdem wurden bei den Hinweisen zu den Vorbesprechungsfolien und im Verzeichnis *Alle wissenschaftlichen Papers* auf einen wichtigen Termin – den ersten Termin der Vorbesprechung – hingewiesen, damit dieser nicht einfach in Vergessenheit gerät.

Ohne den Einsatz von Verzeichnissen könnten auch alle einzelnen Papers in Themenabschnitte als logische Einheiten angeordnet werden, die jedoch nur Arbeitsmaterialien und eventuell zusätzliche Informationen beinhalten würden. Dadurch hätte jedoch der Moodle-Kurs eine größere Länge, ohne einen zusätzlichen Mehrwert zu erhalten.

Nachdem die Wunschthemen und Anmeldungen (siehe Abschnitt 5.1.3) aller Gruppen und Einzelpersonen festgelegt wurden, wäre es sinnvoll, die Vortragstermine mit den Namen der Vortragenden in einer PDF-Datei für alle Kursteilnehmer bereitzustellen. Damit erhalten die Kursteilnehmer einen Gesamtüberblick über den Programmverlauf des Seminars. Die Vortragstermine erinnern zudem an die rechtzeitige Abgabe der Vortragsfolien und der Ausarbeitungen.

Im nächsten Abschnitt wird der Vorgang beschrieben, wie Wunschthemen und eine Gruppenanmeldung im Moodle-Kurs Medical Computing erfolgen können. Dabei wird intensiv auf die *Webreg-Gruppenwahl*-Aktivität (Plugin des Lernportals Informatik) eingegangen. Diese Aktivität ermöglicht es, neben einer Gruppenanmeldung Themen nach Favoriten und Nieten zu präferieren.

5.1.3 Wunschthemen & Anmeldung

Für den Vortrag und die Ausarbeitung kann eine Einzelperson oder eine Gruppe von maximal zwei Personen drei Wunschthemen äußern. Die Themen werden beim ersten Termin des Seminars – in der Vorbesprechung – vorgestellt. Nach der Vorbesprechung haben die Teilnehmer etwa eine Woche Zeit sich Gedanken zu machen, welches Thema sie gerne bearbeiten würden. Dabei ist die Angabe eines Erst-, Zweit- und Drittwunsches als Favoriten vom Veranstalter erwünscht. Diese Wünsche wurden von den Kursteilnehmern per Email an den Veranstalter geschickt. Auf Basis dieser Mitteilungen wurden die Themen an die Gruppen oder Einzelperson vergeben.

Für das Lernportal Informatik wurde ein eigenes Plugin entwickelt, um eine Gruppenanmeldung sowie eine Auswahl von Wunschthemen zu ermöglichen. Diese Aktivität nennt sich *Webreg-Gruppenwahl*. In Abbildung 35 (siehe Abschnitt 5.1) ist die *Webreg-Gruppenwahl*-Aktivität mit den Namen *Auswahl Wunschthemen & Anmeldung* zu sehen. Dieser Name wurde bewusst so gewählt, damit die Kursteilnehmer erkennen können, wo die Anmeldung und die Wunschthemen im Moodle-Kurs angegeben werden können. Unterhalb dieser Aktivität wurde ein Textfeld hinzugefügt, in dem die Kursteilnehmer gebeten werden, sich anzumelden und Wunschthemen anzugeben.

Klickt ein Teilnehmer auf diese Aktivität, erscheint die Seite aus Abbildung 39, in der die Favoriten, Nieten und die Benutzernamen für eine Gruppenanmeldung angegeben werden können.

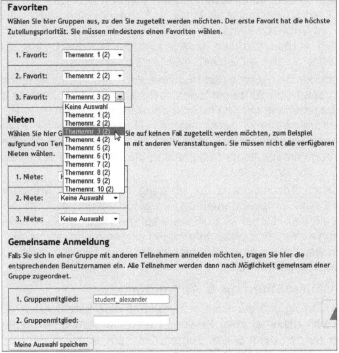

Abbildung 39: Webreg-Gruppenwahl-Aktivität

Die Anzahl an Favoriten und Nieten sowie die Gruppengröße sind in den Einstellungen dieser Aktivität einstellbar. Außerdem kann ein Zeitraum festgelegt werden, in dem die Wunschthemen und die Anmeldung erfolgen sollen. Nach der Vorbesprechung wird in der nächsten Woche die Themenvergabe bekannt gegeben, so dass der Anmeldeschluss einen Tag vor der Themenvergabe erfolgen sollte. Dadurch kann die Gruppenanmeldung und die Themenvergabe rechtzeitig am nächsten Tag während des Seminars bekannt gegeben. Nach Anmeldeschluss aktiviert der zuständige Betreuer per Mausklick das Optimierungsverfahren, einen Max-Flow-Algorithmus, das in Kürze die Themen, unter Berücksichtigung der Favoriten und Nieten, an die Gruppen und Einzelperson vergibt.

In Abbildung 39 ist die *Webreg-Gruppenwahl*-Aktivität zu sehen, in der die Favoriten und Nieten ausgewählt werden können. Ganz unten in der Abbildung befinden sich zusätzlich zwei Felder, in denen die Namen der Gruppenmitglieder eingetragen werden können. Durch den Beschreibungstext zu den Favoriten wird der Kursteilnehmer gebeten, die Gruppen auszuwählen, zudenen er angehören möchte. Da im Seminar Medical Computing jeder Gruppe oder auch Einzelperson ein Thema vergeben wird, wurde für die Favoriten und Nieten in den Einstellungen die Themennummern angegeben. So wurden im Sommersemester 2012 den Kursteilnehmern zehn Themen vorgestellt. Deshalb wurden beispielhaft im Moodle-Kurs auch zehn Themennummern gewählt. Jede Nummer repräsentiert ein Thema.

Diese Nummern sind auch im Verzeichnis *Alle wissenschaftlichen Papers* im Namen jeder der zehn PDF-Dateien vor dem Themenname vorangestellt (siehe Abschnitt 5.1.2). Durch die Nummern entsteht eine einfache Zuordnung zwischen Thema und Gruppe. Das vereinfacht die Auswahl in der *Webreg-Gruppenwahl*-Aktivität, da die Themennamen ansonsten zu lang wären. Somit kann ein Kursteilnehmer im Verzeichnis *Alle wissenschaftlichen Papers* die Nummern der Wunschthemen notieren und in den Favoriten nach Priorität – Erst-, Zweit- und Drittwunsch – auswählen. Hinter jeden Themennummer steht in der Auswahloption, wie in Favorit 3 zu sehen (in Abbildung 39), eine 2 in Klammern. Das signalisiert, dass zu jeder Themennummer maximal zwei Personen angemeldet werden können.

Falls vom Veranstalter erwünscht, können auch Nieten ausgewählt werden. In Abbildung 39 wurden zur Präsentation der *Webreg-Gruppenwahl*-Aktivität zusätzlich drei Auswahlfelder für Nieten dargestellt. Falls keine, mehr oder weniger Nieten erwünscht sind, so kann das über die Einstellungen geändert werden.

Nachdem die Auswahl in den Checkboxen Favoriten und Nieten ausgewählt und die Gruppenmitglieder (mindestens eine Person) eingetragen wurden, kann die Auswahl über den Button *Meine Auswahl speichern* gespeichert werden.

In Abbildung 40 ist die gespeicherte Auswahl – nachdem der Button *Meine Auswahl speichern* aus Abbildung 39 betätigt wurde – eines Studenten zu sehen.

Ganz oben in der Abbildung 40 erscheint der Text *Ihre Auswahl wurde gespeichert*. Damit wird dem Kursteilnehmer die erfolgreiche Anmeldung mit seinen Favoriten und Nieten signalisiert. Zusätzlich wird der Beschreibungstext für die *Webreg-Gruppenwahl-Aktivität* angezeigt, die auch auf der Seite der Auswahl (Favoriten, Nieten und Gemeinsame Anmeldung) zu sehen ist, jedoch in Abbildung 39 aus Platzgründen nicht mehr enthalten war. Der Teststudent Alexander hat als Einzelperson die Themennummern 8, 9 und 10 nach Priorität favorisiert. Als Nieten hat er die Themennummern 1, 2 und 3 ausgewählt.

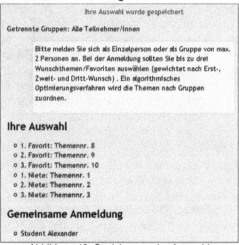

Ihre Auswahl wurde gespeichert

Getrennte Gruppen: Alle Teilnehmer/innen

Bitte melden Sie sich als Einzelperson oder als Gruppe von max. 2 Personen an. Bei der Anmeldung sollten Sie bis zu drei Wunschthemen/Favoriten auswählen (gewichtet nach Erst-, Zweit- und Dritt-Wunsch). Ein algorithmisches Optimierungsverfahren wird die Themen nach Gruppen zuordnen.

Ihre Auswahl

- 1. Favorit: Themennr. 8
- 2. Favorit: Themennr. 9
- 3. Favorit: Themennr. 10
- 1. Niete: Themennr. 1
- 2. Niete: Themennr. 2
- 3. Niete: Themennr. 3

Gemeinsame Anmeldung

- Student Alexander

Abbildung 40: Speicherung der Auswahl

Da er kein weiteres Gruppenmitglied eingetragen hatte, wurde seine Auswahl, wie in Abbildung 40 zu sehen, gespeichert.

Antworten

Gruppe	1. Favorit	2. Favorit	3. Favorit	Nieten	
Themennr. 1	3	0	0	1	Details anzeigen
Themennr. 2	0	3	0	1	Details anzeigen
Themennr. 3	0	0	3	1	Details anzeigen
Themennr. 4	2	0	0	0	Details anzeigen
Themennr. 5	0	2	0	0	Details anzeigen
Themennr. 6	0	0	2	0	Details anzeigen
Themennr. 7	1	0	0	0	Details anzeigen
Themennr. 8	1	1	0	1	Details anzeigen
Themennr. 9	0	1	1	1	Details anzeigen
Themennr. 10	0	0	1	1	Details anzeigen

Abbildung 41: Antworten der Kursteilnehmer

Nachdem alle Kursteilnehmer ihre Anmeldung auf die eben beschriebenen Vorgänge – Auswahl und Speicherung – durchgeführt haben, kann ein Betreuer alle Antworten der Kursteilnehmer mit ihren Favoriten und Nieten einsehen. In Abbildung 41 ist eine Übersicht aller Antworten der Kursteilnehmer bezüglich ihrer Auswahl an Favoriten und Nieten zu sehen. In der ersten Spalte *Gruppe* sind alle Themennummern aufgelistet. In den Spalten 1., 2. und 3. *Favorit* sowie *Nieten* sind Eintragungen zu erkennen. Die Nummern innerhalb dieser Spalten zeigt die Anzahl der Gruppen an (einschließlich Einzelpersonen), die sich für einen Favorit oder eine Niete entschieden haben. So wurde die Themennr. 1 von drei Gruppen als 1. Favorit gewählt. Die Themennr. 8 wurde von einer Gruppe als 1. Favorit gewählt. Möchte der Kursteilnehmer Details über eine bestimmte Themennummer erhalten, so kann er auf die jeweilige Zeile *Details anzeigen* klicken. Wird das für die Themennr. 8 angeklickt, so erscheint auf der gleichen Seite weiter unten folgende Abbildung 42.

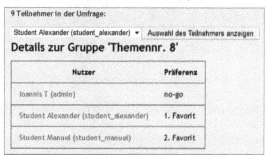

Abbildung 42: Details anzeigen bei Themennr. 8

Bei den Details zu einer bestimmten Themennummer werden die Personen aufgelistet, die diese Nummer in ihrer Auswahl berücksichtigt haben. So ist für *Ioannis T* die Themennr. 8 eine Niete (*ein no-go*), für den Student Alexander jedoch der 1. Favorit und für Student Manuel der 2. Favorit. Mit dieser Anzeige aus Abbildung 41 und 42 bekommen die Betreuer einen Gesamtüberblick. Sie können sehen, welche Themen beliebt oder unbeliebt sind. Konzentrieren sich sehr viele Gruppen auf ein bestimmtes Thema, kann eventuell die Auswahl an Themen erweitert oder geändert werden und eine erneute Auswahl stattfinden.

In Abbildung 42 steht ganz oben die Anzahl der Kursteilnehmer, die sich an der Auswahl der Favoriten und Nieten beteiligt haben. Gleich darunter ist eine Auswahlliste platziert, mit der eine Person ausgewählt werden kann. Mit dem danebenstehenden Button *Auswahl des Teilnehmers anzeigen* kann die Auswahl dieser Person (und ihres Gruppenmitglieds, falls eines angegeben wurde) eingesehen werden.

Statt der Abbildung 42 wird auf der gleichen Seite – unterhalb des Gesamtüberblicks (in Abbildung 41) - die Auswahl des *Studenten Alexander*, in Abbildung 43 zu sehen, angezeigt. Diese Details können auch per Mausklick auf den Namen der Person aus Abbildung 42 angezeigt werden. Damit stehen den Betreuern grobe und feine Detailansichten zur Verfügung. Auch Gruppen mit maximal zwei Personen können eingesehen werden. Damit ermöglicht die Webreg-Gruppenwahl-Aktivität eine gute Gesamtübersicht aller Gruppen und Einzelpersonen.

Details zum Teilnehmer 'Student Alexander'

Gruppe	Präferenz
Themennr. 1	no-go
Themennr. 2	no-go
Themennr. 3	no-go
Themennr. 8	1. Favorit
Themennr. 9	2. Favorit
Themennr. 10	3. Favorit

Benutzerprofil aufrufen...

Abbildung 43: Details zum Teilnehmer

Damit das Optimierungsverfahren die Themen, unter Berücksichtigung der Favoriten und Nieten, an die Gruppen zufällig zuordnen kann, muss ein Betreuer in den Einstellungen dieser Aktivität per Mausklick die *Zuweisung ausführen*.

Nach dieser Ausführung wurden die Kursteilnehmer als Gruppen oder als Einzelperson zugeteilt. Sobald dies geschieht, ist die Anmeldung gestoppt – auch wenn der Zeitraum für den Anmeldeschluss noch nicht erreicht wurde –, da die Zuteilung erfolgt ist. Die Zuteilung kann auch rückgängig gemacht werden, indem in den Einstellungen die *Zuweisung zurückgesetzt* wird. Dabei bleiben die Anmeldungsdaten mit den Favoriten und Nieten der Kursteilnehmer erhalten. Die Zurücksetzung ermöglicht es den Betreuern, Änderungen vorzunehmen, wie etwa Themen zu entfernen oder hinzuzufügen. Durch eine erneute Ausführung der Zuweisung erhält jede Gruppe oder Einzelperson zufällig, unter Berücksichtigung ihrer Präferenzen, ein Thema. Die *Webreg-Gruppenwahl*-Aktivität erlaubt die Gruppenzuordnung per *CSV-Export* in den Einstellungen als Excel-Tabelle herunterzuladen. Diese kann in Excel bearbeitet und reimportiert werden.

Nachdem die Themen zugewiesen wurden, muss in den Einstellungen der *Webreg-Gruppenwahl* eine *Gruppeneintragung* durchgeführt werden. Das bedeutet, dass jede Gruppe im Moodle-Kurs (auch Einzelpersonen) durch die Themennummer repräsentiert wird. Für das Moodle-System sind somit die Gruppen im Kurs festgelegt. Ab diesem Moment kann das *Forum für Gruppen* von den Gruppen getrennt benutzt werden. Vor der Gruppeneintragung können Aktivitäten, die für getrennte Gruppen vorgesehen sind, nicht genutzt werden.

Auch nach einer Gruppeneintragung ist eine Zurücksetzung möglich, um

Änderungen nachträglich durchführen zu können. Wenn eine Gruppeneintragung erneut aufgerufen wird, dann überschreibt die Aktivität die alte Gruppeneintragung. Dabei kann es zu doppelten Zuweisungen kommen, die manuell korrigiert werden müssen. Deshalb ist es wichtig, dass in einem Moodle-Kurs nur ein Betreuer für die Webreg-Gruppenwahl-Aktivität zuständig ist. Falls Gruppenmitglieder ihre Gruppe tauschen wollen, kann dies in den Kurseinstellungen bei den Gruppen manuell geändert werden, ohne eine erneute Gruppeneintragung durchzuführen. Wichtig ist, dass nur ein Betreuer für die Aktivität Webreg-Gruppenwahl zuständig ist, da mehrere Personen eventuell Zuweisungen und Zurücksetzungen mehrfach ausführen, was zu einem Durcheinander führen kann.

5.2 Arbeit der Kursteilnehmer

Die Aktivitäten der Kursteilnehmer sowie ihre fertiggestellte Arbeit werden in einem extra Abschnitt platziert, wie in Abbildung 44 zu sehen ist.

Wie schon in Abschnitt 5.1 erwähnt, enthält der Moodle-Kurs Medical Computing zwei Abschnitte. Der erste Abschnitt enthält Arbeitsmaterialien – Vorbesprechungsfolien, Papers, Vorlagen und Vortragstermine –, die vom Veranstalter zur Verfügung gestellt wurden. Durch diese Materialien erhalten die Kursteilnehmer hilfreiche Informationen, um das Seminar erfolgreich abschließen zu können. Darüber hinaus wurden Foren eingerichtet, um Ankündigungen der Betreuer und organisatorische Anliegen besprechen zu können. Im *Forum für Gruppen* wird zusätzlich die Kommunikation zwischen Gruppenmitglieder sowie zwischen Gruppen und Betreuer gefördert. Damit können die Gruppen sowohl ihre thematischen als auch ihre persönlichen Anliegen mit ihrem jeweiligen Betreuer besprechen.

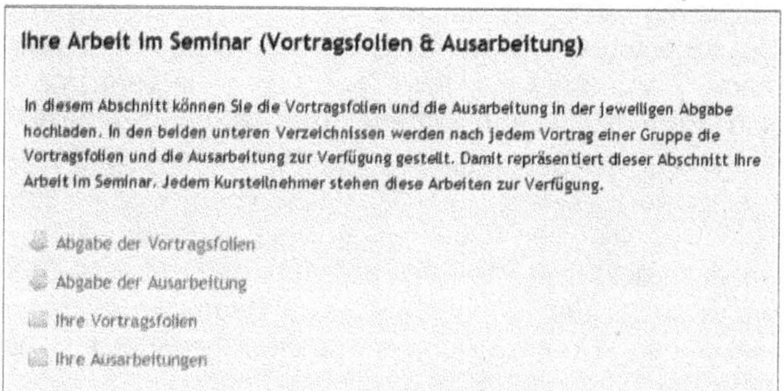

Ihre Arbeit im Seminar (Vortragsfolien & Ausarbeitung)

In diesem Abschnitt können Sie die Vortragsfolien und die Ausarbeitung in der jeweiligen Abgabe hochladen. In den beiden unteren Verzeichnissen werden nach jedem Vortrag einer Gruppe die Vortragsfolien und die Ausarbeitung zur Verfügung gestellt. Damit repräsentiert dieser Abschnitt Ihre Arbeit im Seminar. Jedem Kursteilnehmer stehen diese Arbeiten zur Verfügung.

Abgabe der Vortragsfolien

Abgabe der Ausarbeitung

Ihre Vortragsfolien

Ihre Ausarbeitungen

Abbildung 44: Zweiter Abschnitt des Moodle-Kurses Medical Computing

Im zweiten Abschnitt *Ihre Arbeit im Seminar (Vortragsfolien & Ausarbeitung)* in Abbildung 44 wird, wie schon der Name des Abschnitts verrät, die Arbeit der Kursteilnehmer präsentiert. Gleich zu Beginn des Abschnitts wurde ein einführender Text hinzugefügt. In diesem werden die Aktivitäten und Arbeitsmaterialien des Abschnitts sowie der Zweck erläutert. Dabei wird erklärt, dass die Vortragsfolien und die Ausarbeitung in der jeweiligen Abgabe hochgeladen werden können. Unterhalb der Abgaben stehen zudem zwei Verzeichnisse zur Verfügung, in die die jeweiligen Materialien der Kursteilnehmer nach jedem Vortrag hinzugefügt werden. Die Inhalte dieser Verzeichnisse können von jedem Teilnehmer des Kurses eingesehen und heruntergeladen werden.

5.2.1 Einsatz von Aufgaben & Verzeichnissen

Nachdem die Themen an die Gruppen zugeteilt wurden (siehe Abschnitt 5.1.3), erhalten die Gruppen eine Vorbereitungszeit. Im Sommersemester 2012 gab es für zehn Vorträge eine Vorbereitungszeit von ca. anderthalb Monaten. Nach dieser Zeit wird jede Woche ein Thema vorgetragen. Spätestens einen Tag vor dem eigenen Vortrag sollte eine Gruppe ihre Vortragsfolien und ihre Ausarbeitung in der jeweiligen Aufgabe, wie in Abbildung 44 in Abschnitt 5.2 zu sehen, hochladen. Bei der Aufgaben-Aktivität kann nur ein Abgabetermin in den Einstellungen angegeben werden. Deshalb muss der Termin des letzten Vortrags oder auch ein späteres Datum als Abgabetermin gewählt werden, damit auch die letzte Gruppe ihre Arbeitsergebnisse einreichen kann. In einer zukünftigen Moodle-Version wäre es eventuell möglich, Gruppen in einer Aufgaben-Aktivität mehrere Abgabetermine zuzuordnen. Infolgedessen ist es notwendig auf die Abgabe anderweitig hinzuweisen. Dazu kann in den Einstellungen dieser Aktivität ein Beschreibungstext verfasst werden. In diesem Text sollte beschrieben werden, dass die Gruppen einen Tag vor ihrem Vortrag ihre Abgaben – Vortragsfolien und Ausarbeitung – einreichen müssen.

Wird in Abbildung 44 auf die Aufgaben-Aktivität *Abgabe der Vortragsfolien geklickt*, so erscheint eine neue Seite, in der die Abgabe eingereicht werden kann. Ganz oben auf dieser Seite wird die verfasste Beschreibung, die in den Einstellungen vorgenommen wurde, angezeigt.

In Abbildung 45 ist der Beschreibungstext der Aufgaben-Aktivität *Abgabe der Vortragsfolien* zu sehen. Den Kursteilnehmern wird mitgeteilt, dass sie hier ihre Vortragsfolien vor ihrem Vortrag hochladen können. Allerdings wird ausdrücklich – mit roter Schrift – der folgende Satz betont: *„Wir bitten Sie, bis spätestens einen Tag vor Ihrem Vortrag die Vortragsfolien hochzuladen“*. Damit soll dieser Aspekt nicht einfach in Vergessenheit geraten.

Wird die Abgabe frühzeitig hochgeladen, kann ein Feedback seitens der Betreuer angeboten werden. Zudem wird auch erwähnt, dass eine hochgeladene Datei mehrmals bearbeitet werden kann. Dieser Hinweis ist wichtig, damit die Kursteilnehmer auch eine vorläufige Fassung hochladen können.

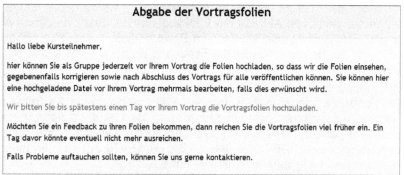

Abbildung 45: Beschreibungstext in Abgabe der Vortragsfolien

Nach einem Feedback seitens der Betreuer kann die Datei erneut hochgeladen oder bearbeitet werden. Damit das technisch realisiert werden kann, wurden in den Einstellungen dieser Aktivität (siehe Anhang A.6) Abgabekommentare für Kursteilnehmer zugelassen.

Abbildung 46: Abgabekommentare in Abgabe der Vortragsfolien

Bei einer frühzeitigen Abgabe kann die Gruppe einen Kommentar hinzufügen, in dem sie ihren Betreuer um ein Feedback bitten. So könnte, wie in Abbildung 46 zu sehen, ein Kursteilnehmer zusätzlich zu den hochgeladenen Vortragsfolien *Präsentation.pdf* einen Kommentar hinzufügen. Er bittet seinen Betreuer um ein Feedback, ob alles in Ordnung ist mit den Folien. Damit der Betreuer über die getätigte Abgabe informiert wird, ist in den Einstellungen der Aufgaben-Aktivität die Einstellung *Mitteilungen an bewertende Personen senden* zu aktivieren. Diese Aktivierung ist erforderlich, damit die Betreuer rechtzeitig agieren können.

Außerdem ist in Abbildung 46 der Button *Meine Lösung bearbeiten* zu erkennen. Falls der Betreuer Verbesserungsvorschläge anbietet, kann der Kursteilnehmer oder die Gruppe über einen Klick über den Button die hochgeladene Datei bearbeiten oder erneut einreichen.

Damit der Betreuer ein Feedback abgeben kann, wurde in den Einstellungen der Aufgaben-Aktivität die Funktion von *Feedback als Kommentar* und *Feedbackdateien* aktiviert. Im Bewertungsfenster (siehe Anhang A.6) kann der Betreuer sowohl ein Feedback als auch eine Feedbackdatei hinzufügen.

So könnte beispielhaft, wie in Abbildung 47 zu sehen, ein Feedback und eine Feedbackdatei aussehen. In diesem Szenario schreibt der Betreuer Thomas an Fabian und sein Gruppenmitglied Manuel, dass die Vortragsfolien sehr gut sind. Das einzige was fehlt ist eine Quellenangabe. Dazu stellt Thomas eine PDF-Datei *BeispielQuellenangabe.pdf* zur Verfügung, um ihnen eine beispielhafte Quellenangabe zu zeigen.

Fügt die Gruppe die Folie mit der Quellenangabe in den Vortragsfolien hinzu, so können sie anschließend die bearbeitete Datei über den Button *Meine Lösung bearbeiten* (in Abbildung 46 zu sehen) erneut einreichen.

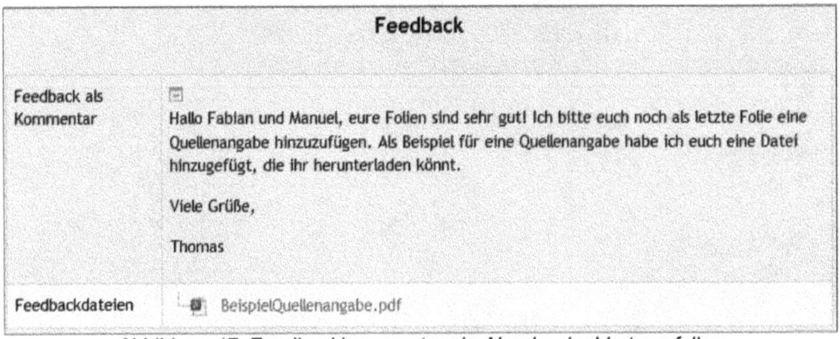

Feedback	
Feedback als Kommentar	Hallo Fabian und Manuel, eure Folien sind sehr gut! Ich bitte euch noch als letzte Folie eine Quellenangabe hinzuzufügen. Als Beispiel für eine Quellenangabe habe ich euch eine Datei hinzugefügt, die ihr herunterladen könnt. Viele Grüße, Thomas
Feedbackdateien	BeispielQuellenangabe.pdf

Abbildung 47: Feedbackkommentare in Abgabe der Vortragsfolien

Auch die Gruppen werden per Email benachrichtigt, wenn ein Feedback als Kommentar hinzugefügt wurde. In den Einstellungen für Feedbacks (im Block *Einstellungen* unter *Mein Profil* über dem Link *Mitteilungen* zu finden) ist der Eintrag E-Mail bei *Feedback-Mitteilungen* sowohl für *online* in Moodle als auch *offline* aktiviert.

Diese beschriebenen Vorgänge in der Aktivität *Abgabe der Vortragsfolien* sowie die hier technischen Einstellungen für Kommentare und Feedbacks, wurden analog in der Aufgaben-Aktivität *Abgabe der Ausarbeitungen* übernommen.

Nachdem eine Gruppe ihre endgültige Abgabe getätigt hat (spätestens einen Tag vor dem Vortrag), kann der zuständige Betreuer der Gruppe die Folien und die Ausarbeitung kurz vor dem Vortrag oder auch nach dem Vortrag in die jeweiligen Verzeichnisse – *Ihre Vortragsfolien* und *Ihre Ausarbeitungen* – hinzufügen. Damit werden jede Woche (ab dem ersten Vortrag) sukzessive die Verzeichnisse mit den Arbeitsergebnissen der Gruppen aufgefüllt. Die Betreuer sollten bei der Namensgebung der Dateien auf den Namen der Datei achten. Es wäre sinnvoll, wenn der Name des Themenvortrags und/oder die Gruppen-/Themen-Nummer enthalten ist (wie in Abschnitt 5.2.1 vorgestellt), so dass eine Zuordnung vereinfacht wird. Die Kursteilnehmer möchten eventuell nur ein oder zwei Vorträge oder Ausarbeitungen herunterladen. Durch die Struktur der Verzeichnisse wird das möglich gemacht. Außerdem sollte in beiden Verzeichnissen eine ZIP-Datei mit allen Vortragsfolien und Ausarbeitungen enthalten sein, die nach jedem Vortrag aktualisiert werden sollte. Das ermöglicht interessierten Teilnehmern, alle Materialien mit einem Klick herunterzuladen.

5.3 Blöcke

Im Moodle-Kurs Medical Computing wurden am linken und rechten Seitenrand Blöcke hinzugefügt, die die Arbeit erleichtern sollen. Den Kursteilnehmern wird ein Moodle-Kurs angeboten, in dem sie über aktuelle Termine und neue Aktivitäten des Kurses auf den neuesten Stand gebracht werden. Neben diesen Informationen wird auch die Kommunikation zwischen Kursteilnehmern und Betreuern unterstützt.

Am linken Seitenrand wurden die Blöcke *Message My Teacher* und *Kalender* platziert. Damit steht sowohl ein kommunikativer als auch informativer Block zur Verfügung. Auf der rechten Seite befinden sich die informativen Blöcke *Suche in Foren, Neue Nachrichten, Aktuelle Termine* und *Neue Aktivitäten,* die über den aktuellen Stand des Kurses informieren.

5.3.1 Linker Seitenrand

Jede Gruppe oder auch Einzelperson im Seminar Medical Computing erhält ein Thema, mit dem sie sich intensiv und eigenständig beschäftigt. Wie in Abschnitt 5 erwähnt, sind Vortragsfolien sowie eine schriftliche Ausarbeitung zu verfassen, die bis zum jeweiligen Vortrag bereitgestellt werden müssen. Um zunächst Einblick in das Thema zu bekommen, ist das Lesen des Papers – was auch das Thema der Ausarbeitung und des Vortrag ist – wichtig. Dazu sollte auch Sekundärliteratur herangezogen werden, damit die Kursteilnehmer das Thema besser verstehen und vertiefen können. Bei diesem Vorgang entstehen häufig Fragen zum Paper oder beim Bearbeiten der Vortragsfolien und der Ausarbeitung. In solchen Fällen ist der Betreuer der Gruppe zuständig. Damit dieser auch per Mausklick kontaktiert werden kann, wurde der Block *Message My Teacher,* der auch im Moodle-Kurs InfoVis und VA zum Einsatz kam (siehe Abschnitt 4.6.1), hinzugefügt.

Neben den verfügbaren Foren (siehe Abschnitt 5.1.1) wurde dieser Block als zusätzliche kommunikative Möglichkeit zur Verfügung gestellt. Vor allem zu Beginn des Kurses, wo noch keine Gruppen gebildet wurden, können Fragen konkret und direkt an einen Betreuer gestellt werden, ohne andere Teilnehmer zu involvieren. Das *Forum für Gruppen (thematische Anliegen)* kann erst nach der Gruppenzuweisung (siehe Abschnitt 5.1.3) genutzt werden, da es für getrennte Gruppen vorgesehen wurde. Im Forum für organisatorische Anliegen können Fragen öffentlich gestellt werden. Damit bietet der Block *Message My Teacher* eine hilfreiche kommunikative Unterstützung an.

In diesem Block sind alle Namen der Betreuer aufgelistet. Klickt ein Teilnehmer auf einen Namen, so gelangt er in das interne Mitteilungssystem von Moodle. In diesem System kann eine Nachricht verfasst und gesendet werden. Diese Nachricht erhält der Betreuer sowohl in Moodle als auch bei seiner privaten Email-Adresse, die er beim Anlegen seines Profils hinterlegt hat. Der Kursteilnehmer muss damit keine Email-Adresse eingeben, so dass eine mühsame Suche danach entfällt.

Nach einer Vorbereitungszeit hält jede Woche eine Gruppe oder eine Einzelperson einen Vortrag. Für den Veranstalter des Seminars und für die Vortragenden ist eine regelmäßige Teilnahme aller Kursteilnehmer erwünscht. Ein Vortrag mit einer sehr geringen Teilnehmeranzahl ist für die Vortragenden eher demotivierend, da viel Arbeit in die Ausarbeitung und den Vortrag gesteckt wurden. Damit die Vorträge nicht einfach in Vergessenheit geraten, wurde der Block Kalender hinzugefügt. In diesen Block, wie in Abbildung 48 zu sehen, sollte der Veranstalter alle Vortragstermine hinzufügen.

Abbildung 48: Kalender mit Terminen

In Abbildung 48 sind für den Monat Mai drei Termine – jeweils Donnerstags der 16., 23. und der 30. Mai – anhand der farblichen Markierung zu erkennen. Gelangt der Mauszeiger auf einen dieser Termine, wie hier der 30. Mai, so erscheint ein Fenster mit dem Datum und dem Namen des Termins. Als Name sollte das Vortragsthema ausgewählt werden, so dass die Kursteilnehmer auf das Thema des zukünftigen Termins aufmerksam gemacht werden können. Vergangene Themen können gleichermaßen eingesehen werden. Über das angezeigte Vortragsthema – in Abbildung 48 *Vortrag: Statistical 4D Graphs for Multi – organ Abdominal Segmentation* – was zugleich auch einen Link darstellt, gelangt ein Teilnehmer auf eine neue Seite.

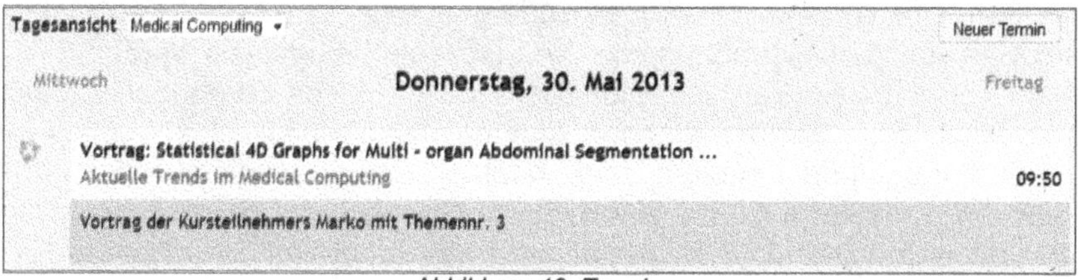

Tagesansicht Medical Computing ▾		Neuer Termin
Mittwoch	**Donnerstag, 30. Mai 2013**	Freitag
☼ **Vortrag: Statistical 4D Graphs for Multi - organ Abdominal Segmentation …** Aktuelle Trends im Medical Computing		09:50
Vortrag der Kursteilnehmers Marko mit Themennr. 3		

Abbildung 49: Termin

Diese Seite zeigt den Termin in der Tagesansicht an, wie in Abbildung 49 zu sehen. Falls mehrere Termine am gleichen Tag vorhanden sind, sind auf dieser Seite einzusehen. Zu jedem Termin kann auch eine Beschreibung hinzugefügt werden, etwa wichtige Details zum Termin. In Abbildung 49 wird unterhalb des Vortragsnamens der Name des Vortragenden – der Kursteilnehmer *Marko* – sowie die Themennummer, was auch die Gruppennummer darstellt, angegeben. Wenn der Vortrag in einem anderen Raum stattfinden sollte, dann kann das hier angegeben werden.

Alle Vortragstermine sind für jeden Kursteilnehmer sichtbar. Damit wissen alle Kursteilnehmer, wann und wo ein Vortrag stattfindet, wer diesen hält und was für ein Thema vorgestellt wird. Alle Vortragstermine, die im Kalender notiert sind, werden zudem 21 Tage vorher im Block *Aktuelle Termine* angezeigt (siehe hierzu Abbildung 50 in Abschnitt 5.3.2). Die Anzahl der Tage, die die Termine im Voraus anzeigen, kann im Block *Aktuelle Termine* eingestellt werden. Damit wird zusätzlich auf die aktuellen Vorträge aufmerksam gemacht. Außerdem werden die Gruppen, die demnächst ihren Vortrag halten sollen, rechtzeitig daran erinnert, ihre Vortragsfolien und ihre Ausarbeitung in den jeweiligen Aufgaben-Aktivitäten *Abgabe der Vortragsfolien* und *Abgabe der Ausarbeitung* hochzuladen. Da in diesen beiden Aufgaben-Aktivitäten nicht mehr als ein Abgabetermin eingestellt werden kann, können logischerweise nicht auf mehrere Abgabetermine – mit Ausnahme des einen Abgabedatums – aufmerksam gemacht werden. Deshalb stellt der Kalender eine gute Lösung dar, um gleichzeitig auf die Abgaben jeder Gruppe oder Einzelperson aufmerksam zu machen.

Darüber hinaus kann ein Kursteilnehmer persönliche Termine, wie etwa ein Treffen mit dem Betreuer, im Kalender erstellen. Dieser Termin wird auch im Block *Aktuelle Termine* angezeigt. Damit erinnert der Moodle-Kurs ebenfalls an persönliche Termine, die nur für den Ersteller dieser Termine zu sehen sind. Deshalb werden diese Termine *persönliche Termine* genannt. Da die meisten Kursteilnehmer in einem Semester mehrere Kurse besuchen, ist ein Kalender, in dem wichtige Termine festgehalten werden können, eine hilfreiche Gedächtnisstütze.

Im Kalender von Moodle können zudem globale Termine und Gruppentermine von Administratoren oder von Dozenten eingestellt werden. Globale Termine sind Termine, die in jedem Kurs eines Lernportals zu sehen sind. Bei Gruppenterminen können Termine für eine bestimmte Gruppe vorgesehen werden, ohne dass andere Teilnehmer oder Gruppen involviert werden. Alle Arten von Terminen sind im Block *Kalender* zu sehen. Möchte ein Teilnehmer nicht alle Arten von Terminen im Kalender anzeigen lassen, so kann er jede Art einzeln per Mausklick verbergen. In Abbildung 48 ist noch unterhalb des erscheinenden Terminfensters die Funktion *Persönliche Termine verbergen* zu erkennen. Klickt der Teilnehmer auf diesen Link, so werden alle Termine dieser Art nicht mehr im Kalender angezeigt. Das davorstehende geöffnete Auge wird nach dem Klick als Auge mit geschlossenem Augenlid repräsentiert und der Text der Funktion wird zu *Persönliche Termine anzeigen*. Ein Klicken auf die geänderte Funktion macht alle persönliche Termine wieder sichtbar. Damit werden beim Verbergen der Termine die Termine nicht gelöscht, sondern nur unsichtbar gemacht. Durch diese Optionen kann der Überblick bei vielen Terminen oder auch bei uninteressanten Arten von Terminen einfach unsichtbar gemacht werden.

Neben den beiden Blöcken *Message My Teacher* und *Kalender* werden die Blöcke *Navigation* und *Einstellungen* beim Anlegen des Moodle-Kurses automatisch hinzugefügt. Diese nehmen viel Platz weg, so dass eventuell die interessanten und häufig genutzten Blöcke tief auf der Seite platziert werden. Da sie wichtige Funktionen anbieten – wie etwa in andere Kurse, in das interne Mitteilungssystem oder auf die Profilseite zu gelangen – sollten diese nicht entfernt werden. Der Veranstalter des Seminars oder auch die Verantwortlichen des Lernportals sollten die Kursteilnehmer auf die Funktion der Blöcke aufmerksam machen. Jeder Block kann zugeklappt oder auf dem linken Seitenrand zugeklappt angeheftet werden. In Abbildung 48 sind im Block *Kalender* – repräsentativ für alle Blöcke – neben dem Wort Kalender zwei Symbole zu erkennen. Durch ein Klick auf das Symbol ▭ klappt der Inhalt des Blocks zu. Wird auf das Symbol ▧ geklickt, so wird der Block zugeklappt am linken Seitenrand angeheftet. Dann ist nur noch der Name am linken Seitenrand zu sehen. Wenn der Mauszeiger auf den Namen bewegt wird, erscheint der Inhalt des Blocks. Durch diese beiden Optionen und durch die Wahl eines passenden Designs, wie schon in Abschnitt 2.4 erwähnt, können für die Teilnehmer die Blöcke auswählen, die sie zuklappen möchten. Dadurch lassen sich die interessanten, häufig genutzten und wichtigen Blöcke vollständig anzeigen, was zudem Platz spart und der Übersicht dient.

5.3.2 Rechter Seitenrand

Am rechten Seitenrand wurden die informativen Blöcke *Aktuelle Termine, Neue Aktivitäten, Neue Nachrichten* und *Suche in Foren* eingesetzt. Durch diese Blöcke werden die Kursteilnehmer über den aktuellen Stand des Kurses informiert. Das ist in diesem Kurs *Aktuelle Trends in Medical Computing* wichtig, da Vortragstermine und Aktualisierungen, wie neu hinzugefügte Folien, angezeigt werden (siehe Abschnitt 5.2.1). Damit sind insbesonders die Blöcke Aktuelle Termine und Aktuelle Aktivitäten von großer Bedeutung, da sie die Kursteilnehmer an ihre Abgaben, den Vortragsterminen und den neu hinzugefügten Arbeitsmaterialien der Kursteilnehmer erinnern.

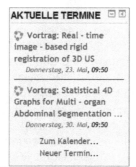

Abbildung 50: Block Aktuelle Termine in Medical Computing

In Abbildung 50 ist der Block *Aktuelle Termine* aus dem Moodle-Kurs Medical Computing zu sehen. Wie im Abschnitt 5.3.1 erläutert, wurden Vortragstermine im Block *Kalender* hinzugefügt. Die Vortragstermine werden 21 Tage vorher im Block *Aktuelle Termine* angezeigt. In der Abbildung werden zwei Vortragstermine angezeigt. Dabei werden die Namen der Termine – *Vortrag: Real–time image-based rigid registration of 3D US* und *Vortrag: Statistical 4D Graphs for Multi–organ Abdominal Segmentation* – und das genaue Datum angegeben. Damit wurden beim Namen die Vortragsthemen ausgewählt, so dass alle Kursteilnehmer vor dem Besuch des nächsten Vortrags über das Vortragsthema Bescheid wissen. Zudem erinnert es die Vortragenden an die rechtzeitige Abgabe ihrer Vortragsfolien und ihrer Ausarbeitung.

Möchte ein Betreuer oder Kursteilnehmer weitere Informationen zu einem bestimmten Vortragstermin einsehen, so kann er auf das Vortragsthema klicken. Dadurch gelangt der Teilnehmer auf die Kalenderseite, wie in Abbildung 49 zu sehen. Auf dieser Seite werden die Namen der Gruppe oder einer Einzelperson sowie die Gruppen- bzw. die Themennummer angegeben. Neben diesen Informationen kann ein Veranstalter noch andere Informationen wie etwa inhaltliche Aspekte des Vortrags oder auch Raumänderungen angeben. Möchte ein Teilnehmer Details zu späteren Vortragsterminen einsehen, so gelangt er zu diesen Terminen über den Link *Zum Kalender*. Über den Link *Neuer Termin* können Kursteilnehmer persönliche Termine anlegen. Die Betreuer können darüber hinaus Termine für den Kurs und für die Gruppen erstellen. Damit ist der Block *Aktuelle Termine* nicht nur für Erinnerungen – wie Abgaben, Vortragstermine, persönliche Termine – hilfreich, sondern ermöglicht sowohl Kursteilnehmern als auch Betreuern einen direkten Zugang zum Kalender.

In Abbildung 51 ist der Block *Neue Aktivitäten* zu sehen. Aktuell wird im Block angezeigt, dass die Verzeichnisse *Ihre Vortragsfolien* und *Ihre Ausarbeitungen* aktualisiert wurden. Wenn die Vortragsfolien und die Ausarbeitungen einer Gruppe oder Einzelperson in den jeweiligen Verzeichnissen hinzugefügt wurden, erscheint im Block *Neue Aktivitäten* die Nachricht, dass diese Verzeichnisse aktualisiert wurden. Auch andere Änderungen, wie eine Umbenennung einer Datei oder eine aktualisierte Fassung einer Datei, kann damit angezeigt werden. Damit wird den Kursteilnehmer signalisiert, dass eine Änderung stattgefunden hat.

Die angegebenen Verzeichnisse in Abbildung 51 sind auch Links, über denen ein Teilnehmer zum jeweiligen Verzeichnis gelangen kann. Wenn die aktuellen Arbeitsmaterialien der Kursteilnehmer hinzugefügt wurden, dann können diese direkt im jeweiligen Verzeichnis heruntergeladen werden.

Abbildung 51: Block Neue Aktivitäten in Medical Computing

Darüber hinaus ist der Block *Neue Aktivitäten* auch für Betreuer hilfreich. Wenn eine Gruppe ihre Arbeitsmaterialien in den Aufgaben-Aktivitäten *Abgabe der Vortragsfolien* und *Abgabe der Ausarbeitung* hochlädt, dann wird das im Block nur für die Betreuer angezeigt. Ein Betreuer kann die

Arbeitsmaterialien sofort herunterladen und einsehen. Damit erinnert der Block den Betreuer zusätzlich an rechtzeitige oder auch verspätete Abgaben. Werden die Arbeitsmaterialien früher abgegeben, so kann der Betreuer rechtzeitig Verbesserungsvorschläge anbieten. Damit ist der Block *Neue Aktivitäten* für alle Teilnehmer des Moodle-Kurses Medical Computing hilfreich.

Die Block *Neue Nachrichten* sollte auf gar keinen Fall fehlen, da aktuell wichtige und dringende Nachrichten der Betreuer (aus dem *Forum für Ankündigungen der Betreuer*) in diesem Block angezeigt werden können. Der Block *Suche in Foren* erleichtert die Suche in den Foren des Kurses nach einem bestimmten Suchbegriff. Da in diesem Kurs drei Foren eingerichtet wurden, wurde der Block *Suche in Foren* als Unterstützung hinzugefügt.

Mehr Informationen zum Block *Neue Nachrichten* sind in den Abschnitten 3.1 und 4.6.2 zu entnehmen. Im Anhang B.4 sind weitere Informationen zum Block *Suche in Forum* einzusehen.

5.4 Fazit

Der Moodle-Kurs *Medical Computing* hat eine Besonderheit in seiner Struktur. Die Lehrinhalte des Kurses und die Arbeit der Kursteilnehmer wurden in zwei getrennte Abschnitte angeordnet. Alle Arbeitsmaterialien vom Veranstalter, Foren, die Gruppenanmeldung sowie die Angabe von Wunschthemen wurden im ersten Abschnitt (siehe Abschnitt 5.1) hinzugefügt.

Im zweiten Abschnitt (siehe Abschnitt 5.2) wurde die Abgabe von Ausarbeitungen und Präsentationsfolien ermöglicht. Außerdem wird die Arbeit der Kursteilnehmer – Ausarbeitung und Präsentationsfolien – nach jeder Präsentation in den beiden Verzeichnissen hinzugefügt, so dass jeder Teilnehmer auf diese Arbeit zugreifen kann. Durch diese Abschnitte gibt es eine klare Trennung zwischen Bereitstellung von Arbeitsmaterialien und Aktivitäten seitens des Veranstalter und Bereitstellung der Arbeitsergebnisse seitens der Kursteilnehmer. Dadurch erhalten alle Teilnehmer einen einfachen und schnellen Überblick über den Moodle-Kurs. Das ermöglicht zudem einen schnellen Zugriff auf die wichtigsten Arbeitsmaterialien und Aktivitäten des Kurses. Damit wird ein durchdachtes und klares Design-Konzept für diesen Kurs zur Verfügung gestellt.

Da hier jeweils nur eine Abgabe für Ausarbeitung und für Präsentationsfolien für alle Gruppen – mit maximal zwei Personen – vorgesehen wurde, wurde der Block Kalender hinzugefügt. Der Kalender soll die Kursteilnehmer sowohl an die rechtzeitige Abgabe der Ausarbeitungen und der Folien als auch an die Vortragstermine erinnern. Bei den Abgaben ist, wie bereits in Abschnitt 5.2.1 erwähnt, nur ein Abgabetermin einstellbar, so dass nur dieser Termin im Block *Aktuelle Termine* erschienen wäre. Deshalb wurden alle Termine für alle Gruppen zusätzlich im Kalender festgehalten, so dass diese im Block *Kalender* und *Aktuelle Termine* angezeigt werden. Damit wird jede Gruppe rechtzeitig informiert.

Außerdem wird durch die *Webreg-Gruppenwahl*-Aktivität gleichzeitig die Bildung von Gruppen und die Angabe von Wunschthemen, wie in Abschnitt 5.1.3 vorgestellt, ermöglicht. Damit werden Wunschthemen gerecht auf Basis der Wünsche der Teilnehmer verteilt.

Darüber hinaus sind kommunikative Grundelemente wie die Foren und der Block *Message My Teacher* vorhanden. Dadurch kann die Kommunikation der Teilnehmer gefördert werden. Wichtige Anliegen können ausgetauscht und in Zusammenarbeit bearbeitet werden.

Damit erhalten die Teilnehmer des Moodle-Kurses *Medical Computing* einen Kurs mit einem durchdachten Design-Konzept. Durch die hier aufgebaute Struktur wird ein guter und schneller Überblick über die Inhalte des Moodle-Kurses angeboten. Zusätzlich werden Kursteilnehmer rechtzeitig an ihre Abgaben und die Vortragstermine erinnert, so dass diese nicht einfach in Vergessenheit geraten. Die Betreuer des Kurses können auch die Gruppen im Moodle-Kurs bewerten. Somit können alle Teilnehmer diese Vorzüge dieses Moodle-Kurses erfahren.

6 Das Design von Kursen für Praktika

In diesem Abschnitt wird das Design-Konzept für den Kurs *Entwurf eingebetteter Systeme (EeS)* [37] vorgestellt. Dieser Kurs gehört zum Fachgebiet Computer Microsystems und befasst sich, wie der Name des Kurses schon verrät, mit eingebetteten Systemen. Laut Veranstaltungsseite [37] sollen die Kursteilnehmer in diesem Kurs den Umgang mit „Entwurfswerkzeugen für die Simulation und Synthese von VHDL-Beschreibungen" erlernen. Unter Verwendung von VHDL und C sowie dem Einsatz von technischen Geräten wird während des Praktikums schrittweise ein Spiel implementiert, dass auf einem Oszilloskop gespielt werden kann. In dem Spiel geht es um ein Raumschiff, dass von Asteroiden bedroht wird. Das Raumschiff kann dabei ausweichen und Asteroiden abschießen.

An diesem Praktikum können bis zu acht Gruppen mit jeweils maximal drei Personen teilnehmen. Damit die Kursteilnehmer das Spiel implementieren und auf dem Oszilloskop testen können, ist die Arbeit in einem Raum des Veranstalters – in dem die technischen Geräte zur Verfügung stehen – notwendig. Während des Praktikums werden fünf Übungen vorgestellt, die die Gruppen schrittweise zum Ziel ihrer Aufgabe führen.

Das Ziel ist es, einen guten Moodle-Kurs für Praktika zu entwickeln. Dabei ist der Ablauf der Veranstaltung sowie die Arbeit der Teilnehmer zu berücksichtigen. Wie schon in Abschnitt 4 und 5 erläutert, ist auch im Moodle-Kurs für Praktika eine herzliche Begrüßung wichtig. Eine herzliche Begrüßung sorgt für eine positive und freundliche Atmosphäre, bei der sich die Kursteilnehmer wohlfühlen können. Damit die Begrüßung gut zu sehen ist, sollte sie ganz am Anfang der Kursseite im ersten Abschnitt stehen.

In einem Praktikum, in dem Gruppen arbeiten, ist einige Kommunikation erforderlich. Daher sollten Foren für Ankündigungen der Betreuer, organisatorische Anliegen und Anliegen der Gruppen eingerichtet werden. Die Ankündigungen sind wichtig, um wichtige und dringende Nachrichten an die Kursteilnehmer versenden zu können. Beim Forum für Gruppen sollten die Beiträge einer Gruppe nur von Gruppenmitgliedern einsehbar sein. Damit können persönliche Anliegen und Absprachen der Gruppen diskutiert werden. Der Einsatz von Foren, die durch unterschiedlichen Anliegen getrennt sind, gibt einen besseren Überblick über die Beiträge der Teilnehmer. Gäbe es nur ein Forum, wären die unterschiedlichen Anliegen rein chronologisch angeordnet. Das würde die Suche nach einem bestimmten Beitrag erschweren. Da die Kommunikation in einem Praktikum wichtig ist, sollten diese Foren nach der Begrüßung platziert werden. Damit wird ein schneller Zugriff ermöglicht.

Da in den meisten Praktika Gruppenarbeit erwünscht wird, ist eine Anmeldung in Gruppen zu ermöglichen. Diese sollte nach den Foren platziert sein, damit die Kursteilnehmer die Anmeldung schnell finden können. Ein freundlicher Hinweis, der um eine Anmeldung bittet, würde das sinnvoll unterstützen. Eine Anmeldung in Gruppen wird für den Kurs EeS beispielhaft in Abschnitt 6.1.2 gezeigt.

Ganz unten im ersten Abschnitt sollten wichtige Informationen oder häufig genutzte Arbeitsmaterialien, die während des Praktikums benötigt werden, platziert werden. Dadurch sind diese Materialien schneller zugänglich. Außer dem ersten Abschnitt sind weitere Abschnitte in einem Moodle-Kurs für Praktika einzusetzen.

Die meisten Praktika stellen wenige Übungen über einen längeren Zeitraum zur Verfügung, mit denen ein Programm allmählich fertiggestellt werden soll. Deshalb sollte in einem Moodle-Kurs jede Übungseinheit und die dazu verwendeten Aktivitäten und Arbeitsmaterialien in einem Themenabschnitt hinzugefügt werden. Dadurch repräsentieren diese Abschnitte logisch strukturierte Meilensteine, die zum Ziel des Praktikums führen. Die Themenabschnitte können, wie im Kurs EeS, als auf- und zuklappende Boxen platziert werden. Dazu wird das Plugin *Collapsed Topics* [25] benötigt, welches auch im Lernportal Informatik [15] zur Verfügung steht. Mit diesem Format wird auf der Kursseite Platz gespart, so dass die Teilnehmer nicht zu lange scrollen müssen. Dabei kann der aktuell interessante Abschnitt per Mausklick aufgeklappt werden. In Abschnitt 6.2 ist dieses Format für den Kurs EeS zu sehen.

Jeder Abschnitt sollte ähnlich aufgebaut werden, damit eine geordnete Struktur vorzufinden ist, bei dem sich die Teilnehmer gut orientieren können. Ganz am Anfang eines Abschnitts sollte ein kurzer einführender Text zur Übung platziert werden, der den Zweck einer Übung vorstellt. Damit können die Kursteilnehmer in kurzer Zeit grob erfahren, was sie in der jeweiligen Übung zu bearbeiten haben.

In jedem Abschnitt sollte es zudem ein Forum zur Übung geben, in dem alle Teilnehmer inhaltliche Fragen zur Übung stellen können. Es ist wichtig, dass dieses Forum für alle Teilnehmer zugänglich ist, da alle Gruppen die gleichen Übungen zu bearbeiten haben. Fragen einer Übung können auch für andere Gruppen interessant sein. Für die Betreuer des Kurses ist es ebenfalls hilfreich, da sie ähnliche Fragen der Gruppen nicht mehrfach beantworten müssen.

Als nächstes sollten das Aufgabenblatt und weitere Materialien zur Übung hinzugefügt werden. Da in einem Praktikum mehrere Programmdateien als Arbeitsmaterialien angeboten werden, ist ein Verzeichnis einzusetzen, so dass ein Abschnitt übersichtlich bleibt.

Damit die Gruppen ihre Abgaben den Betreuern übermitteln können, ist eine Aufgaben-Aktivität zu platzieren. Die Aufgaben-Aktivität sollte auch das Abgabedatum als Erinnerung auf der Kursseite mitangeben.

Weitere Hinweise zur Übung können als Text am Ende des Abschnitts platziert werden. Eine beispielhafte Anordnung der Elemente ist in Abschnitt 6.2 zu sehen.

Es ist sinnvoll, wenn alle Abschnitte zu Kursbeginn mit allen beschriebenen Elementen zur Verfügung stehen. Auch Abgaben zu jeder Aufgaben-Aktivität sollten ab Kursbeginn zugelassen werden. Dadurch werden eifrige Kursteilnehmer, die das Praktikum schneller beenden können, nicht ausgebremst.

Auch in einem Moodle-Kurs für Praktika ist eine geeignete Auswahl an Blöcken sinnvoll. Kommunikative Blöcke ermöglichen es den Kursteilnehmern, zielgerichtet mit bestimmten Betreuern Nachrichten auszutauschen. Die informativen Blöcke geben den aktuellen Zustand des Kurses an, so dass Neuigkeiten oder Änderungen nicht einfach unbemerkt bleiben. Welche Blöcke für Praktika sinnvoll einzusetzen sind, wird in Abschnitt 6.3 erläutert.

Für dieses Praktikum wurde ein Moodle-Kurs mit durchdachten Design-Konzepten erstellt, so dass sowohl Betreuer als auch Kursteilnehmer in ihrer Arbeit unterstützt werden können. Diese Konzepte können für ähnliche Praktika verwendet werden. Dabei können diese Konzepte den jeweiligen Veranstaltern, die keinen Moodle-Kurs besitzen, angeboten werden.

In Abbildung 52 wird die Kursseite *Entwurf eingebetteter Systeme* in einem Diagramm dargestellt. Damit wird ein Gesamtüberblick über den Kurs gegeben. In der Abbildung beschreibt der Block *Kursseite Entwurf eingebetteter Systeme* den Aufbau des Kurses. Sowohl am linken als auch am rechten Rand sind unterschiedliche Blöcke in dieser Reihenfolge im Moodle-Kurs angeordnet. Auf der linken Seite befinden sich die Blöcke *Navigation*, *Message My Teacher* und *Aktivitäten*. Auf der rechten Seite sind die informativen Blöcke *Suche in Foren*, *Neue Nachrichten*, *Aktuelle Termine* und *Neue Aktivitäten* platziert. Warum diese Blöcke für das Praktikum hilfreich sind, wird in Abschnitt 5.3 erläutert.

Der Anfangsabschnitt des Kurses – im Diagramm der Block *Abschnitt Begrüßung & Foren* aus Abbildung 52 - enthält sowohl Aktivitäten als auch Arbeitsmaterialien. Wie schon der Blockname aus dem Diagramm verrät, wurden unterschiedliche Foren – *Forum für Ankündigungen der Ansprechpartner*, *Forum für organisatorische Anliegen* und *Forum für Gruppen* – zur Kommunikation bereitgestellt. In Abschnitt 6.1.1 wird auf die Foren näher eingegangen. Da in diesem Praktikum Gruppenarbeit von maximal drei Personen erwünscht wird, wurde die *Gruppen-Selbstbuchungs*-Aktivität [26] hinzugefügt. Dieses Plugin ermöglicht Kursteilnehmern sich in Lerngruppen anmelden zu können. Nähere Informationen sind in Abschnitt 6.1.2 zu erhalten.

Die Begrüßung des Veranstalters und die zusätzliche Information, dass sich die Kursteilnehmer in Gruppen anmelden sollen, wurden als Textfelder hinzugefügt. Wie die Texte aussehen, kann in Abschnitt 6.1 eingesehen werden. Außerdem wurde ein Verzeichnis hinzugefügt, in dem mehrere Dateien enthalten sind, die für das Programmieren des Spiels wichtig sind.

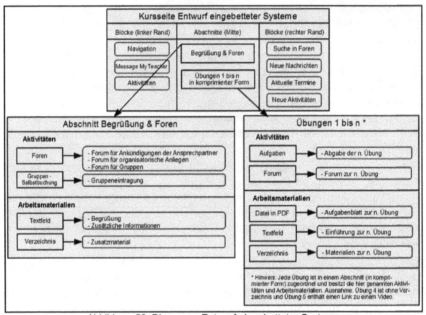

Abbildung 52: Diagramm Entwurf eingebetteter Systeme

Eine weitere Besonderheit sind die nächsten fünf Themenabschnitte, die in komprimierter Form vorkommen. Mit komprimierter Form wird das Auf- und Zuklappen von den Themenabschnitten gemeint. Wie der Block *Übungen 1 bis n* im Diagramm aus Abbildung 52 zeigt, wird jeder Abschnitt nach der Übungsnummer – *Übung 1* bis *Übung 5* – nummeriert, was auch in Abbildung 56 (in Abschnitt 6.2) zu sehen ist. Das Auf- und Zuklappen der Themenabschnitte ermöglicht das Plugin *Collapsed Topics* [25]. Durch die komprimierten Abschnitte kann eine große Länge der Kursseite vermieden werden, so dass eine bessere und aufgeräumte Übersicht entsteht.

Die fünf Abschnitte enthalten Aktivitäten und Arbeitsmaterialien (siehe Diagramm aus Abbildung 52), die wichtig für die Bearbeitung der jeweiligen Übungen sind. Jeder Abschnitt beginnt mit einem Textfeld, in dem ein Einführungstext zur Übung platziert wurde. Darüber hinaus wird ein *Aufgabenblatt* als PDF-Datei zur Verfügung gestellt. Dieses beinhaltet Aufgabestellungen, die hilfreich für das Programmieren sind. Zudem wird auch ein Verzeichnis mit *Materialien* bereitgestellt, die zur jeweiligen Übung benötigt werden. Nur in der 4. Übung ist, wie der Hinweis im Diagramm beschreibt, kein Verzeichnis enthalten.

Die Lösungen zu den Übungen können in einer Aufgaben-Aktivität hochgeladen werden, die in jedem Abschnitt – *Abgabe der n. Übung* – vorkommen. Nähere Informationen zur Abgabe sind in Abschnitt 6.2.2 einzusehen. Außerdem wurde speziell zu jeder Übung ein Forum hinzugefügt, um wichtige Fragen der n. Übung im *Forum zur n. Übung* zu diskutieren. Warum das in dieser Art realisiert wurde, ist in Abschnitt 6.2.1 zu entnehmen. In welcher Reihenfolge die Grundelemente in einem Abschnitt angeordnet wurden sowie deren Organisation wird in Abschnitt 6.2 erläutert.

Im nächsten Abschnitt 6.1 wird der Anfangsabschnitt des Moodle-Kurses *Entwurf eingebetteter Systeme* vorgestellt.

6.1 Begrüßung in Moodle-Kurs *EeS*

Damit Studierende bei Ihrer Entscheidung den Kurs zu besuchen unterstützt werden können, ist es sinnvoll, eine Kursbeschreibung mit Lernzielen und Inhalten des Kurses vorzustellen. Wäre der Kurs im Lernportal Informatik vorhanden, dann könnte eine Kursbeschreibung wie beim Moodle-Kurs *Medical Computing* aus Abschnitt 4 hinzugefügt werden.

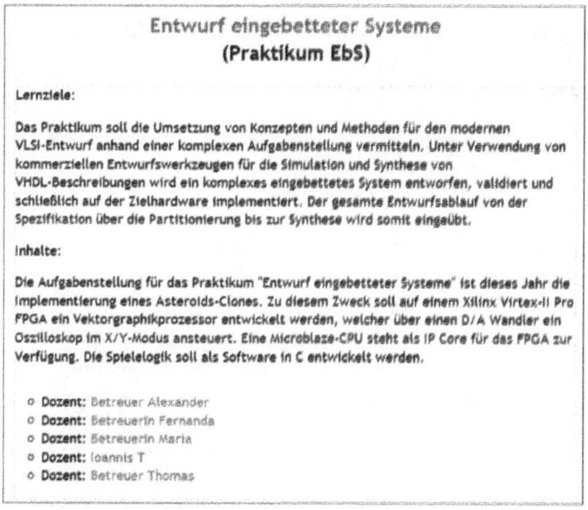

Entwurf eingebetteter Systeme
(Praktikum EbS)

Lernziele:

Das Praktikum soll die Umsetzung von Konzepten und Methoden für den modernen VLSI-Entwurf anhand einer komplexen Aufgabenstellung vermitteln. Unter Verwendung von kommerziellen Entwurfswerkzeugen für die Simulation und Synthese von VHDL-Beschreibungen wird ein komplexes eingebettetes System entworfen, validiert und schließlich auf der Zielhardware implementiert. Der gesamte Entwurfsablauf von der Spezifikation über die Partitionierung bis zur Synthese wird somit eingeübt.

Inhalte:

Die Aufgabenstellung für das Praktikum "Entwurf eingebetteter Systeme" ist dieses Jahr die Implementierung eines Asteroids-Clones. Zu diesem Zweck soll auf einem Xilinx Virtex-II Pro FPGA ein Vektorgraphikprozessor entwickelt werden, welcher über einen D/A Wandler ein Oszilloskop im X/Y-Modus ansteuert. Eine Microblaze-CPU steht als IP Core für das FPGA zur Verfügung. Die Spiellogik soll als Software in C entwickelt werden.

o **Dozent:** Betreuer Alexander
o **Dozent:** Betreuerin Fernanda
o **Dozent:** Betreuerin Maria
o **Dozent:** Ioannis T
o **Dozent:** Betreuer Thomas

Abbildung 53: Kursbeschreibung des Moodle-Kurses *EeS*

Eine geeignete Beschreibung für den Moodle-Kurs *EeS* ist die eigene Kursbeschreibung des Veranstalters, die auf der Veranstaltungsseite zu finden ist [37]. So könnte, wie in Abbildung 53 zu sehen, die Kursbeschreibung – die Lernziele und Inhalte – des Veranstalters im Moodle-Kurs hinzugefügt werden. Stünde dieser Kurs im Lernportal Informatik, so wäre die Beschreibung aus Abbildung 53 auf der Kursliste einsehbar (siehe Abschnitt 4.1, Abbildung 19). Die Namen der Dozenten aus Abbildung 53 sind erfunden. Bei einer Kursbeschreibung im Lernportal werden die Dozenten oder Betreuer angezeigt. Klickt der Teilnehmer auf den Namen eines Dozenten, so gelangt er auf die Profilseite des Dozenten. In diesem Praktikum war ein Betreuer zuständig, an den sich die Kursteilnehmer bei Fragen oder Problemen wenden konnten.

Bei der Suche nach einem geeigneten Praktikum im Lernportal wäre die Kursbeschreibung aus Abbildung 53 eine hilfreiche Information. Darüber hinaus wäre es sinnvoll, beim Einschreiben in diesem Kurs kein Kennwort zu verwenden, damit die Kursteilnehmer weitere Informationen über den Kurs erhalten können.

Nach der Einschreibung im Kurs werden die Kursteilnehmer herzlich begrüßt, wie in Abbildung 54 zu sehen. So wichtig wie eine herzliche Begrüßung beim Besuch einer Präsenzveranstaltung ist, so wichtig ist dies auch in einem virtuellen Kurs. Der Begrüßungstext *Hallo liebe Studierende, herzlich willkommen zum Praktikum Entwurf eingebetteter Systeme* zeigt den Kursteilnehmern, dass sie wahrgenommen werden. Zudem erzeugt die Begrüßung eine freundliche Atmosphäre, in der sich die Kursteilnehmer wohlfühlen können. Vor dem Begrüßungstext wurde ein Bild hinzugefügt, das auch auf der Veranstaltungsseite [37] zu sehen ist.

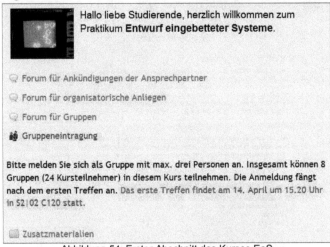

Abbildung 54: Erster Abschnitt des Kurses EeS

Das Bild aus Abbildung 54 zeigt den Bildschirm des Oszilloskops, auf dem das Spiel mit den Asteroiden zu erkennen ist. Damit wird das Ziel und das Endergebnis des Praktikums bildlich dargestellt. Dieses Bild kann das Interesse der Studierenden wecken. Die Studenten, die noch unschlüssig sind, können eventuell motiviert werden, den Kurs zu besuchen.

Neben der Begrüßung und dem Bild enthält der erste Abschnitt unterschiedliche Foren, eine Gruppeneintragung, einen Hinweis und ein Verzeichnis. Im Verzeichnis *Zusatzmaterialien* sind unterschiedliche Programmdateien und PDF-Dateien verfügbar, die beim Programmieren eingesetzt werden. Durch das Verzeichnis stehen diese Daten in einer kompakten Form zur Verfügung. Dabei kann der Kursteilnehmer bestimmte Dateien auswählen und herunterladen. Darüber hinaus wurde ein ZIP-Ordner erstellt, bei dem alle Dateien mit einem Mausklick heruntergeladen werden können. Dadurch spart der Teilnehmer viel Zeit und Mühe verglichen mit dem Herunterladen einzelner Dateien.

6.1.1 Bereitgestellte Foren

In diesem Moodle-Kurs wurden im ersten Abschnitt, wie in Abbildung 54 zu erkennen, drei Foren – *Forum für Ankündigungen der Ansprechpartner*, *Forum für organisatorische Anliegen* und *Forum für Gruppen* – eingerichtet.

Das *Forum für Ankündigungen der Ansprechpartner* ist den Betreuern des Kurses vorbehalten. Sie können über dieses Forum wichtige und dringende Nachrichten an alle Teilnehmer des Kurses übermitteln. Darüber hinaus erhalten alle Teilnehmer die Nachricht an ihre private Email-Adresse. Bei kurzfristigen Änderungen im Kurs ist eine Benachrichtigung über dieses Forum eine hilfreiche Unterstützung.

Wenn organisatorische Fragen entstehen, können diese im *Forum für organisatorische Anliegen* gestellt werden. Dabei können Kursteilnehmer ihre Fragen stellen.

Im Forum für Gruppen können die Kursteilnehmer nur die Beiträge der eigenen Gruppe einsehen und die Ansprechpartner die Beiträge aller Gruppen. Dieses Forum ist für das Praktikum besonders wichtig, da interne Angelegenheiten diskutiert werden können, ohne andere Gruppen zu involvieren. Über dieses Forum könnte eine Gruppe etwa die Termine zum Treffen im Arbeitsraum organisieren, in dem sie die Aufgaben zum Praktikum implementieren. Damit wird den Gruppen eine private Kommunikation ermöglicht, die nicht ständig per Email oder Telefon geführt werden muss.

Damit stehen den Teilnehmern sowohl öffentliche als auch private Kommunikationskanäle zur Verfügung, die die Arbeit im Moodle-Kurs *EeS* vereinfachen.

6.1.2 Gruppeneintragung

Da in diesem Praktikum Teamarbeit erwünscht ist, wurde die Aktivität *Gruppen-Selbstbuchung* [26] hinzugefügt, ein in das Lernportal Informatik integriertes Plugin [15]. Damit die Kursteilnehmer diese Aktivität verstehen können, wurde sie im Moodle-Kurs *EeS Gruppeneintragung* genannt. Klickt ein Kursteilnehmer auf den Namen dieser Aktivität, so erscheint eine neue Seite (siehe Abbildung 55), in der ein Kursteilnehmer sich in eine Gruppe eintragen kann.

Gruppeneintragung				
Bitte melden Sie sich als Gruppe mit max. drei Personen an. Insgesamt können 8 Gruppen (24 Kursteilnehmer) in diesem Kurs teilnehmen. Die Anmeldung fängt nach dem ersten Treffen am 14. April an.				
Gruppe	Gruppenbeschreibung	Count	Members	Action
Gruppe 1	Es können sich max. 3 Personen anmelden.	3/3	Student Alexander, Student Fabian, Student Manuel	Maximum number reached
Gruppe 2	Es können sich max. 3 Personen anmelden.	1/3	Studentin Emilia	Become member of Gruppe 2
Gruppe 3	Es können sich max. 3 Personen anmelden.	0/3		Become member of Gruppe 3
Gruppe 4	Es können sich max. 3 Personen anmelden.	0/3		Become member of Gruppe 4

Abbildung 55: Gruppen-Selbstbuchung-Aktivität

Im Beschreibungstext aus Abbildung 55 werden die Kursteilnehmer gebeten, sich in eine der acht Gruppen einzutragen. In der Abbildung ist nur ein Ausschnitt zu sehen, in dem die Gruppen 1 bis 4 zu sehen sind. Die Eintragung wird erst nach dem ersten Treffen eröffnet. Das ist wichtig, da bei diesem Treffen das Praktikum vorgestellt wird. Studierende, die sich wirklich interessieren, können im Anschluss an dieser Veranstaltung die Eintragung im Moodle-Kurs *EeS* durchführen. Bei einer Eintragung vor dem ersten Treffen würden sich möglicherweise Personen eintragen, die noch unschlüssig sind oder sich im Voraus eintragen und erst nach der Veranstaltung überlegen, ob sie im Kurs bleiben. Da die Gruppenanzahl begrenzt ist, würde das eventuell den Platz von wirklich interessierten Studierenden wegnehmen. Daher wurde die Eröffnung für die Eintragung von Gruppen erst nach dem ersten Treffen aktiviert.

Unterhalb der Beschreibung in Abbildung 55 ist eine Tabelle zu sehen. In der ersten Spalte *Gruppe* sind die Gruppen aufgelistet. Damit diese Gruppen in der Spalte auftauchen, müssen in den Einstellung des Kurses zuvor Gruppen angelegt worden sein. Im Moodle-Kurs *EeS* wurden acht Gruppen angelegt.

In der zweiten Spalte *Gruppenbeschreibung* wird erwähnt, dass sich maximal drei Personen in einer Gruppe anmelden können. Die nächste Spalte *Count* zeigt an, wie viele Personen schon in einer Gruppe angemeldet sind. In der Spalte *Members* werden die Kursteilnehmer aufgelistet, die sich schon in einer der Gruppen eingetragen haben. Die letzte

Spalte *Action* zeigt an, ob eine Gruppe vollständig ist – *Maximum number reached* – oder ob eine Eintragung per Mausklick auf den Button *Become Member of Gruppe* erfolgen kann.

In *Gruppe 1* haben sich drei Personen – die Studenten *Alexander, Fabian* und *Manuel* – eingetragen und bilden somit eine vollständige Gruppe. Deshalb steht im *Action*-Feld *Maximum number reached*. Die Studentin *Emilia* hat sich in *Gruppe 2* angemeldet. In ihrer Gruppe sind noch zwei weitere Plätze frei, so dass im *Count*-Feld der Eintrag *1/3* angezeigt wird und der Button zur Eintragung im *Action*-Feld weiterhin vorhanden ist. Gruppe 3 und 4 sind noch leer. Eine Gruppe von Studenten mit drei Personen, die schon im Vorfeld wissen, dass sie zusammen das Praktikum machen wollen, können gemeinsam eine leere Gruppe auswählen und sich in dieser eintragen. Dabei muss sich jeder Student selbst eintragen. Kursteilnehmer, die noch kein Gruppenmitglied haben, können sich in einer Gruppe anmelden, in der schon ein oder zwei Personen angemeldet sind. Damit ermöglicht und unterstützt die *Gruppen-Selbstbuchung*-Aktivität die Gruppenbildung.

Erst nachdem sich ein Kursteilnehmer in einer der Gruppen eingetragen hat, kann er das *Forum für Gruppen* nutzen, da dieses Forum, wie in Abschnitt 6.1.1 erwähnt, für getrennte Gruppen zugänglich ist. Damit ermöglicht die *Gruppen-Selbstbuchung*-Aktivität zusätzlich, Aktivitäten des Kurses zu nutzen, die getrennten Gruppen vorbehalten sind.

In Abbildung 54 wurde unterhalb der *Gruppen-Selbstbuchung*-Aktivität ein Textfeld hinzugefügt, das genau wie die Beschreibung der Gruppeneintragung die Kursteilnehmer bittet, sich in einer Gruppe einzutragen. Es wird darauf hingewiesen, dass dies erst nach dem ersten Treffen möglich ist. Der genaue Termin des Treffens mit Angabe von Zeit und Ort wurde hinzugefügt, so dass die Kursteilnehmer das erste Treffen nicht einfach verpassen. Der Termin wurde in rot hervorgehoben, so dass den Kursteilnehmern signalisiert wird, dass hier eine wichtige Information steht.

6.2 Organisation der Themenabschnitte

Im Praktikum *Entwurf eingebetteter Systeme* (*EeS*) bearbeiten die Kursteilnehmer insgesamt fünf Übungen. Die Übungen führen die Kursteilnehmer schrittweise zum Ziel, das Spiel mit den Asteroiden vollständig zu implementieren. Nach der Vorstellung der ersten Übung erhalten die Kursteilnehmer für jede Übung drei Wochen Zeit für die Bearbeitung der Aufgaben. Jede dritte Woche wird die aktuelle Übung vom Veranstalter vorgestellt.

Implementierungen und Tests erfolgen fast immer in einem Raum des Veranstalters, da technische Geräte wie etwa Oszilloskope zur Verfügung gestellt werden. Damit kann die Implementierung getestet werden.

Das bedeutet, dass sich die Gruppen oft in diesem Raum treffen, um die Aufgaben zu lösen. Nachdem der Zeitraum für die Bearbeitung einer Übung endet, werden die Gruppen getestet.

Damit die Gruppen in ihrer Arbeit unterstützt werden, wurden fünf Themenabschnitte – die die fünf Übungen repräsentieren – im Moodle-Kurs *EeS* hinzugefügt.

In Abbildung 56 sind die fünf Themenabschnitte – *Übung 1 bis Übung 5* – in komprimierter Form zu sehen. Ganz oben in der Abbildung sind zwei Links *Alles aufklappen* und *Alle schließen* platziert, mit denen alle komprimierten Abschnitte aufgeklappt oder geschlossen werden können.

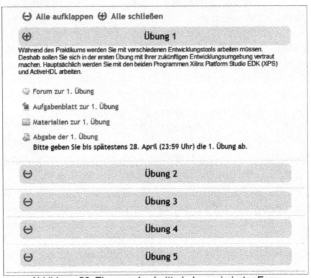

Abbildung 56: Themenabschnitte in komprimierter Form

In Abbildung 56 wurde mit einem Mausklick auf die Fläche *Übung 1* der Abschnitt aufgeklappt, so dass der Inhalt dieses Abschnitts zu sehen ist. Das Plugin *Collapsed Topics* [25] ermöglicht diese Darstellung von Themenabschnitten in komprimierter Form. Dadurch wird viel Platz im Moodle-Kurs gespart, was zu einem besseren Überblick führt. Alle Arbeitsmaterialien und Aktivitäten werden thematisch und kompakt in Abschnitte geordnet. Da in diesem Kurs für die Bearbeitung der Übungen drei Wochen Zeit zur Verfügung stehen, ist die thematische Unterteilung der Übungen hilfreich. Die Teilnehmer haben einen guten Überblick und können den aktuellen oder für sie interessierten Abschnitt aufklappen, um so an die benötigten Informationen zu gelangen.

Lägen die Themenabschnitte nicht in komprimierter Form vor, müsste ein Teilnehmer viel scrollen, um etwa Informationen aus Übung 5 zu erhalten. Jeder Abschnitt besitzt zudem eine gewisse Länge, da neben den Arbeitsmaterialien und Aktivitäten ein einführender Text enthalten ist. In zwei Abschnitten wurden zusätzlich wichtige Hinweise für die Implementierung gegeben.

So ist in Abbildung 56 ein einführender Text zu erkennen, der den Inhalt der ersten Übung vorstellt. Hier wurde beispielhaft der Inhalt aus dem ersten Aufgabenblatt [38] als einführender Text für den ersten Abschnitt genutzt. Beim Aufklappen des aktuellen Abschnitts wird somit direkt die Übung vorgestellt, so dass die Kursteilnehmer den Sinn und Zweck einer Übung direkt einsehen können, ohne vorher das Aufgabenblatt herunterladen zu müssen. Dadurch können sich interessierte Studenten vor Kursbeginn die Abschnitte ansehen. Wenn sie den einführenden Text lesen, erhalten sie wichtige Informationen über den Inhalt einer Übung. Dies kann zur Entscheidung beitragen, den Kurs zu besuchen. Das bedeutet auch, dass die Abschnitte – Übung 1 bis Übung 5 – rechtzeitig vor Kursbeginn mit allen Aktivitäten und Arbeitsmaterialien zur Verfügung gestellt werden sollten. Zusätzlich erlaubt das eifrigen Kursteilnehmern, die Übungen frühzeitig und schnell zu bearbeiten. Ein Kursteilnehmer könnte Übungen frühzeitig und vor der Deadline fertig stellen. Wenn alle Abschnitte im Moodle-Kurs vorhanden sind, dann kann der Kursteilnehmer schon die nächste Übung in Angriff nehmen, ohne auf die nächste Vorstellung der Übung zu warten.

In jedem Abschnitt ist das Aufgabenblatt der Übung und ein Verzeichnis mit Materialien zur Übung vorhanden. Im Aufgabenblatt ist eine detaillierte Beschreibung vorhanden, die den Kursteilnehmern helfen soll, die Aufgaben zu lösen. Im Verzeichnis *Material* sind Programmdateien und wichtige Informationen (wie Tutorials) zur Implementierung enthalten. Damit stehen alle notwendigen Informationen zur Verfügung, um mit der Bearbeitung einer Aufgabe beginnen zu können.

Neben den Arbeitsmaterialien wurden im jedem Abschnitt ein Forum und eine Abgabe hinzugefügt, die in den folgenden Abschnitten vorgestellt werden.

6.2.1 Bereitgestellte Foren

In jedem Abschnitt wurde speziell ein Forum zur jeweiligen Übung hinzugefügt, bei dem die Kursteilnehmer alle Beiträge sehen und hinzufügen können. In Abbildung 56 wurde das Forum *Forum zur 1. Übung* genannt. Damit wird jedem Teilnehmer klar, dass hier Fragen zur 1. Übung gestellt werden können. Durch diese Einschränkung des Forums werden Fragen und Diskussionen nach Übungen getrennt. Dadurch werden die Beiträge kategorisiert, was zu einem besseren Überblick über die gesamten Beiträge der Übungen führt. Ein Teilnehmer, der eine Frage zur dritten Übung stellen möchte oder eine Antwort zu dieser Übung sucht, wird das *Forum zur 3. Übung* vorziehen.

Gäbe es nur ein Forum zu allen Übungen, so wären die Beiträge zu den Übungen zufällig angeordnet. Der Betreuer oder andere Kursteilnehmer, die ähnlich gestellte Fragen oder Antworten zu einer bestimmten Übung lesen möchten, müssen bei vielen Beiträgen danach suchen, was mühsam und zeitintensiv sein kann. Durch getrennte Foren wird eine klare Struktur und eine gute Übersicht gegeben, bei der die Teilnehmer nach jeweiliger Übung Fragen und Antworten lesen und hinzufügen können.

Bei den Einstellungen der Übungsforen wurde bewusst auf eine *getrennte* oder *sichtbare Gruppe* (getrennte Gruppen, die dennoch die Beiträge anderer Gruppen sehen können) verzichtet, da jede Gruppe die gleichen Aufgaben bearbeitet. Fragen zu einer Übung, die eine Gruppe stellt, können auch für andere Gruppen interessant und hilfreich sein. Auch für den Betreuer ist es hilfreich, ohne *getrennte* oder *sichtbare* Gruppen zu arbeiten, da er bei ähnlich gestellten Fragen von unterschiedlichen Gruppen nicht die gleiche Antwort in jeder Gruppe erneut hinzufügen muss.

Getrennte Gruppen sind bei der Bearbeitung von Übungen sinnvoll, wenn jede Gruppe unterschiedliche Aufgaben oder Themenaspekte bearbeitet, wie beim Seminar *Medical Computing* aus Abschnitt 5. Die Gruppen können Beiträge schreiben, die nur ihre eigenen Gruppenmitglieder und die Betreuer einsehen können. Das kann sehr hilfreich für eine Gruppe sein, da sie ohne Bedenken Fragen stellen kann. Dadurch entfällt das Gefühl, sich eventuell vor anderen Gruppen zu blamieren. Um die Gruppen in diesem Praktikum auf diese Weise zusätzlich zu unterstützen, wurde ein Forum hinzugefügt, wie in Abschnitt 6.1.1 vorgestellt. Dieses Forum – *Forum für Gruppen* – wurde eher für interne Angelegenheiten der Gruppenmitglieder hinzugefügt. Es können aber auch Beiträge gestellt werden, die nur der Betreuer lesen soll, ohne dass andere Gruppen involviert werden müssen. Das können sowohl organisatorische als auch inhaltliche Fragen sein.

6.2.2 Bereitgestellte Abgaben

Die Testate bei den Übungen werden in den Räumen des Veranstalters durchgeführt, wo auch die Implementierung durch die technischen Geräte getestet werden kann. Damit die Kursteilnehmer die Abgabe der Programmdateien nicht einfach vergessen, wurde zu jeder Aufgaben-Aktivität eine Beschreibung hinzugefügt. In Abbildung 56 ist die Aufgaben-Aktivität *Abgabe der 1. Übung* zu sehen. Gleich darunter wurde die Beschreibung hinzugefügt, dass die Abgabe bis „spätestens 28. April (23:59 Uhr)" erfolgen soll. Da die Beschreibung auf der Kursseite zu sehen ist, ist das eine gute Erinnerung an den Abgabetermin.

Jede Aufgaben-Aktivität von Übung 1 bis Übung 5 sollte nach dem ersten Treffen für alle Gruppen zur Verfügung stehen. Das bedeutet, dass jede Gruppe zu jeder Aufgaben-Aktivität auch vor den Vorstellungen der nächsten Übungen eine Abgabe machen kann. Das ist wichtig, um eifrigen Gruppen, die eventuell in diesem Bereich Vorkenntnisse oder großes Interesse haben, nicht auszubremsen. Die jeweiligen Deadlines – drei Wochen nach Vorstellung einer Übung durch den Veranstalter – sollten als Abgabetermine in den jeweiligen Aufgaben-Aktivitäten eingestellt sein, so dass der Betreuer die Übungen rechtzeitig einsehen und bewerten kann. Neben dem Testat, bei dem die Gruppen beim Veranstalter anwesend sind, sind zusätzlich die Programmdateien abzugeben, damit die Implementierung vom Betreuer in Ruhe überprüft werden kann.

Da die Abgabe zu jeder Übung schon ab Kursbeginn erfolgen kann, können Programmdateien auch lange vor Deadline hochgeladen werden, um Fragen zum Programmcode stellen zu können. Dazu sollte in den Einstellungen der Übungen die Optionen *Kommentare für Kursteilnehmer*, *Feedback-Kommentare* und *Feedbackdateien* seitens des Betreuers zugelassen werden. Die Kommentare der Kursteilnehmer sind wichtig, um den Betreuern genau sagen zu können, wo im Programmcode die Schwierigkeit oder das Problem liegt. Durch die Aktivierung von Feedback-Kommentaren und Feedback-Dateien kann ein Feedback zu der Anfrage der Gruppe über die jeweilige Aufgaben-Aktivität erfolgen. In Abschnitt 5.2.1 (*zum Seminar Medical Computing*) wurde dazu die Interaktion zwischen Betreuern und Gruppen beispielhaft veranschaulicht.

Außerdem könnte in diesem Praktikum der *Abgabebutton* für die endgültige Abgabe einer Übung aktiviert werden, so dass eine Gruppe auch vor Deadline eine Abgabe als endgültig deklarieren kann. Damit wird dem Betreuer zusätzlich eine frühzeitige Einsicht in die Implementierung ermöglicht. Wurde bei hochgeladenen Programmdateien der Abgabebutton nicht benutzt, dann sind die Dateien als ein vorläufiger Entwurf zu betrachten oder um damit konkrete Fragen an den Betreuer stellen zu können. Bei der letzten Option sollte konkret die Frage in den Kommentaren gestellt werden. Falls das Klicken auf den Abgabebutton vor der Deadline vergessen wurde, dann kann der letzte Entwurf als Lösung akzeptiert werden. Ein Hinweis zum richtigen Gebrauch des Abgabebuttons sollte in der Beschreibung der Aufgaben-Aktivität enthalten sein, so dass keine persönlichen Fehlinterpretationen entstehen. Es könnte sein, dass ein Kursteilnehmer annimmt, dass erst beim Betätigen des Abgabebuttons die Dateien für den Betreuer sichtbar sind, was aber nicht stimmt. Deshalb sollte dies explizit in der Beschreibung der Aufgaben-Aktivität erwähnt werden.

Der Abgabetermin könnte bis spätestens am Ende des Tages laufen, an dem das Testat abgegeben werden muss, so dass eventuell kleine Probleme oder Fehler, die erst während des Testats erscheinen, verbessert werden können. Das Ziel ist es, dass die Lerngruppen (bestehend aus 1 bis 3 Personen) gegen Ende des Praktikums das Spiel korrekt implementiert haben. Die Abgabe der Programmdateien kann aber auch einen

Tag vor dem Testat erfolgen, so dass der Betreuer die Dateien auch vor dem Testat schon einsehen und die Lerngruppen auf eventuelle Probleme aufmerksam machen kann.

Damit der Betreuer die Lerngruppen bewerten kann, ist bei den Aufgaben-Aktivitäten die Einstellung auf getrennte oder sichtbare Gruppen durchzuführen. Außerdem ist es notwendig, in den Einstellungen der Aufgabe die Option *Teilnehmer/innen arbeiten in Gruppen* (siehe Anhang A.2.1) zu aktivieren. Das erleichtert die Arbeit des Betreuers, so dass die Bewertung einer Gruppe einmalig und nicht bei jedem Gruppenmitglied einzeln erfolgen muss. Das bedeutet auch, dass nur ein Gruppenmitglied eine Abgabe im Moodle-Kurs macht. Die Bewertung des Betreuers erscheint jedoch bei allen Gruppenmitgliedern. Durch diese Einstellungen in den Aufgaben-Aktivitäten wird der Aufwand bei den Bewertungen reduziert und vereinfacht.

6.3 Blöcke

Im Moodle-Kurs *EeS* wurden kommunikative und informative Blöcke verwendet, um die Arbeit der Teilnehmer zu erleichtern. Auf der linken Seite wurde der Block *Message My Teacher* und *Aktivitäten* hinzugefügt. Der Block *Message My Teacher* ermöglicht eine Kommunikation zwischen Betreuern und Kursteilnehmern. Um einen guten Überblick über die Aktivitäten und Arbeitsmaterialien des Kurses erhalten zu können, wurde der Block Aktivitäten hinzugefügt, der in Abschnitt 6.3.1 vorgestellt wird.

Auf der rechten Seite sind die informativen Blöcke *Aktuelle Termine, Neue Aktivitäten, Neue Nachrichten* und *Suche in Foren* platziert. Diese Blöcke halten die Teilnehmer auf den aktuellsten Stand des Kurses. Diese werden im Kontext dieses Praktikums in Abschnitt 6.3.2 näher erläutert.

6.3.1 Linker Seitenrand

Am linken Rand des Moodle-Kurses *EeS* wurde der Block *Message My Teacher* (siehe Abschnitt 4.6.1) hinzugefügt, damit die Kursteilnehmer die Betreuer des Kurses per Mausklick auswählen und eine Mitteilung schicken können. Durch die Präsenz dieses Blocks wird eine direkte Kommunikation zwischen Betreuern und Kursteilnehmern ermöglicht und gefördert. So kann ein Kursteilnehmer Fragen an die Betreuer stellen, die nur ihn persönlich betreffen, ohne dass andere Kursteilnehmer – wie beispielsweise in den Foren – involviert werden müssen.

Neben dem kommunikativen Block *Message My Teacher* wurde der Block *Aktivitäten*, wie in Abbildung 57 zu sehen, hinzugefügt. In diesem Block sind Links – wie *Arbeitsmaterial, Aufgaben, Foren* und *Group selfselections* – enthalten, über denen die Teilnehmer auf vorhandene Aktivitäten sowie Arbeitsmaterialien des Kurses geführt werden. Dabei wird eine Übersichtsseite der ausgewählten Aktivität angezeigt.

Abbildung 57: Block Aktivitäten in EeS

In Abbildung 58 ist ein Ausschnitt der Übersichtsseite *Arbeitsmaterial* zu sehen. Auf dieser Seite sind alle Arbeitsmaterialien des Moodle-Kurses *EeS* aufgelistet. Damit erhalten die Teilnehmer einen Überblick über alle Materialien des Kurses. Dabei werden die Arbeitsmaterialien in einer Tabelle angeordnet. Die Spalte *Abschnitt* zeigt an, in welchem Abschnitt auf der Kursseite sich ein oder mehrere Arbeitsmaterialien befinden. In der nächsten Spalte ist der *Name* des Materials zu finden. Die Namen sind zugleich Links, über denen die Teilnehmer auf das jeweilige Arbeitsmaterial direkt zugreifen können. Bei einem Verzeichnis wird die Seite, in der das Verzeichnis liegt, aufgerufen. Die Spalte *Beschreibung* enthält die jeweilige Beschreibung des Arbeitsmaterials, die bei den Einstellungen angegeben wurde.

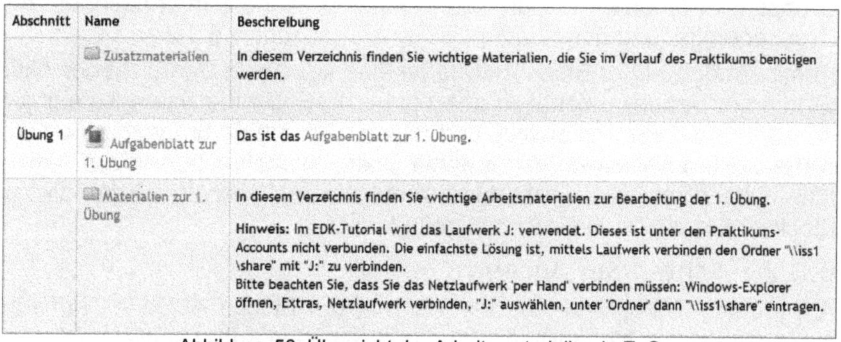

Abschnitt	Name	Beschreibung
	Zusatzmaterialien	In diesem Verzeichnis finden Sie wichtige Materialien, die Sie im Verlauf des Praktikums benötigen werden.
Übung 1	Aufgabenblatt zur 1. Übung	Das ist das Aufgabenblatt zur 1. Übung.
	Materialien zur 1. Übung	In diesem Verzeichnis finden Sie wichtige Arbeitsmaterialien zur Bearbeitung der 1. Übung. Hinweis: Im EDK-Tutorial wird das Laufwerk J: verwendet. Dieses ist unter den Praktikums-Accounts nicht verbunden. Die einfachste Lösung ist, mittels Laufwerk verbinden den Ordner "\\iss1\share" mit "J:" zu verbinden. Bitte beachten Sie, dass Sie das Netzlaufwerk 'per Hand' verbinden müssen: Windows-Explorer öffnen, Extras, Netzlaufwerk verbinden, "J:" auswählen, unter 'Ordner' dann "\\iss1\share" eintragen.

Abbildung 58: Übersicht der Arbeitsmaterialien in EeS

So ist im Ausschnitt der Übersichtsseite in Abbildung 58 in der ersten Zeile das Verzeichnis *Zusatzmaterialien* zu sehen, welches im Abschnitt der Begrüßung (siehe Abbildung 54) zu finden ist. Da dieser Abschnitt von Anfang an keine Benennung erhalten hat, ist in der Spalte *Abschnitt* kein Eintrag zu erkennen. Der Abschnitt *Übung 1* wird jedoch angezeigt, da die Themenabschnitte des Kurses "Übung 1" bis "Übung 5" genannt wurden. In der Zeile *Übung 1* ist das *Aufgabenblatt zur 1. Übung* und das Verzeichnis *Materialien zur 1. Übung* zu erkennen. Beim Verzeichnis wurde ein wichtiger Hinweis hinzugefügt, der in der Spalte Beschreibung zu sehen ist. Der Kursteilnehmer erhält hier einen Hinweis zu einem Arbeitsmaterial, das sich im Verzeichnis *Materialien zur 1. Übung* befindet.

Klickt der Teilnehmer auf das Verzeichnis, so erscheint auf einer neuen Seite die Verzeichnisstruktur, in dem die Arbeitsmaterialien und auch der Hinweis zu sehen sind.

Klickt der Teilnehmer im Block *Aktivitäten* auf *Aufgaben*, so werden auf einer Seite alle Aufgaben-Aktivitäten des Kurses – *Abgabe der 1. Übung* bis *Abgabe der 5. Übung* – aufgelistet. Dabei werden Informationen wie Abgabetermine, getätigte Abgaben und Bewertungen angezeigt. Von dieser Seite kann der Teilnehmer in die jeweiligen Abgaben gelangen.

Wird der Link *Foren* angeklickt, so erscheinen alle Foren des Kurses. Neben den Beschreibungen der Foren kann auch die Anzahl an Themen eingesehen werden. Außerdem gibt es zu jedem Forum (mit Ausnahme des Forums *Forum für Ankündigungen der Ansprechpartner*) einen But- ton, über den ein Forum abonniert werden kann. Dadurch können die Teilnehmer die Beiträge eines Forums automatisch per Email an die pri- vate Email-Adresse weitergeleitet bekommen.

Klickt ein Teilnehmer auf den *Group self-selections*-Link (siehe Abbil- dung 57), dann werden die *Gruppen-Selbstbuchungs*-Aktivitäten (siehe Abschnitt 6.1.2) aufgelistet. In diesem Kurs wird nur eine Aktivität aufge- listet und zwar die Gruppeneintragung, bei der die Kursteilnehmer sich in Gruppen im Moodle-Kurs anmelden können. Nähere Informationen zur Gruppeneintragung des Kurses *EeS* sind in Abschnitt 6.1.2 zu finden.

Damit ermöglicht der Block *Aktivitäten* eine kompakte Übersicht der Akti- vitäten und Arbeitsmaterialien des Kurses *EeS*. Da in diesem Kurs in je- dem Abschnitt ein Verzeichnis und mindestens ein Forum vorhanden ist, bietet der Block *Aktivitäten* getrennte Übersichtsseiten über diese Aktivi- täten, die einen guten Überblick ermöglichen. Deshalb wurde dieser Block im Moodle-Kurs *EeS* hinzugefügt.

6.3.2 Rechter Seitenrand

Am rechten Seitenrand sind die informativen Blöcke *Aktuelle Termine, Neue Aktivitäten, Neue Nachrichten* und *Suche in Foren* angeordnet.

Im Block *Aktuelle Termine* werden die Übungen mit der Angabe des Ab- gabetermins angezeigt, so dass die Kursteilnehmer die Programmdatei- en zur jeweiligen Übung rechtzeitig abgeben. Im Block ist auch ein Link vorhanden, über den der Kalender aufgerufen werden kann. Im Kalender könnte zusätzlich der Termin für die Präsentation der nächsten Übung durch die Betreuer hinzugefügt werden. Damit erinnert dieser Block an die Präsentation der Übungen und an die wichtigen Abgabetermine, so dass diese nicht einfach in Vergessenheit geraten. Das ist wichtig, denn durch jede Übung gelangt die Gruppe dem Ziel näher, das Spiel mit den Asteroiden fertig zu implementieren.

Da in diesem Kurs viele Arbeitsmaterialien zur Verfügung gestellt wer- den, ist der Block *Neue Aktivitäten* hilfreich. Einige Arbeitsmaterialien wie etwa Tutorials oder Programmdateien werden aufgrund von Aktualisierungen geändert. Wird eine Datei im Moodle-Kurs *EeS* geändert, so wird das im Block *Neue Aktivitäten* angezeigt. Die Kursteilnehmer können die aktualisierten Dateien erneut herunterladen, so dass sie auf den neuesten Stand sind. Vor allem bei zusätzlichen Programmdateien, die bei der Implementierung des Spiels notwendig sind, ist eine Signalisierung bei Aktualisierungen dieser Dateien wichtig. Ohne die Angabe einer Änderung ist eventuell das Spiel nicht mehr korrekt zu implementieren, da fehlerhafte und nicht aktualisierte Dateien genutzt werden. Deshalb bietet der Block *Neue Aktivitäten* eine große Unterstützung, um auf den aktuellen Stand des Kurses zu bleiben.

Der Block *Neue Nachrichten* darf in keinem Moodle-Kurs fehlen, da ansonsten die Themen der wichtigen Nachrichten und Ankündigungen des Forums *Forum für Ankündigungen der Ansprechpartner* nicht direkt einsehbar wären. Der Block *Neue Nachrichten* soll den Kursteilnehmern signalisieren, dass eine wichtige Nachricht seitens der Betreuer angekündigt wurde. Das könnten etwa kurzfristige Änderungen in der Organisation des Praktikums sein. Dadurch ist dieser Block hilfreich, um wichtige und kurzfristige Ankündigungen zu signalisieren.

Da dieser Kurs mehrere Foren besitzt, ist es wichtig, dass ein Teilnehmer bei der Suche von Beiträgen unterstützt wird. Dabei hilft der Block *Suche in Foren* (siehe Anhang B.4), mit dem nach einem bestimmten Wort Beiträge gesucht werden können. Mit erweiterten Optionen kann die Suche zudem eingeschränkt werden. Ohne diesen Block müsste ein Teilnehmer bei vielen Threads in den Foren manuell sehr lange suchen, was mühsam und zeitintensiv ist. Dieser Block stellt damit eine hilfreiche Lösung zur Suche dar.

6.4 Fazit

Sowohl den Betreuern als auch den Kursteilnehmern wird ein Moodle-Kurs angeboten, bei dem die Lehrinhalte in strukturierter und komprimierter Form zur Verfügung stehen. Jede Übungseinheit wurde in komprimierter Form durch das *Collapsed Topics*-Format [25] in einem Abschnitt platziert. In jedem Abschnitt ist zudem die gleiche Anordnung von Aktivitäten und Arbeitsmaterialien vorzufinden. Dadurch wird nicht nur ein übersichtlicher und platzsparender Moodle-Kurs ermöglicht, sondern auch ein strukturierter Kurs. Damit können alle Teilnehmer sich schnell im Kurs zurechtfinden und direkt die interessanten Informationen, die sie aktuell benötigen, erhalten.

Außerdem wurde schon zu Beginn des Praktikums in jeder Übung eine Abgabe ermöglicht, so dass eifrige Studenten auch vor Vorstellung der nächsten Übung die nächste Übung in Angriff nehmen können.

Neben den Lehrinhalten wurden kommunikative Aktivitäten hinzugefügt.

Es gibt unterschiedliche Foren im Kurs, die die Interaktion der Teilnhemer fördert (siehe Abschnitt 6.2.1). Da in diesem Praktikum Gruppenarbeit besteht, wurde zusätzlich ein *Forum für Gruppen* hinzugefügt, bei dem nur die Gruppenmitglieder einer Gruppe und die Betreuer die Beiträge einsehen können. Damit kann jede Gruppe von maximal drei Personen ohne Bedenken ihre Beiträge schreiben, ohne dass andere Gruppen diese lesen können. Persönliche Anliegen einer Gruppe können intern und in Zusammenarbeit mit den Betreuern ausgetauscht werden.

Darüber hinaus wurden informative Blöcke hinzugefügt, so dass die Teilnehmer über wichtige Termine und Aktualisierungen informiert werden. Dadurch wird ein Teilnehmer über den aktuellen Stand des Kurses informiert. Wichtige Anliegen und Aktualisierung in Hinblick auf das Ziel des Kurses, das Spiel mit den Asteroiden fertig zu implementieren, können somit nicht einfach unbemerkt bleiben.

Insgesamt wird ein durchdachter und organisierter Moodle-Kurs angeboten, bei dem die Kursteilnehmer eine hilfreiche Unterstützung erfahren können.

7 Evaluation

In diesem Abschnitt wird die Evaluation des Moodle-Kurses InfoVis und VA aus Abschnitt 4 vorgestellt. Dabei wurde nicht der klassische und altbekannte Weg genutzt, einen Fragebogen in Papierform zur Verfügung zu stellen. Dazu bietet die Lernplattform Moodle die hilfreiche Aktivität Feedback, mit der verschiedene Fragetypen in Moodle erstellt werden können (für mehr Informationen siehe Anhang A.6). Damit kann ein Fragebogen nicht nur online erstellt werden, sondern ist auch online ausfüllbar. Die Kursteilnehmer können den Fragebogen ortsunabhängig in einem vorgegebenen Zeitraum ausfüllen. Darüber hinaus bietet die Aktivität Feedback eine automatisierte Auswertung, bei der die Ergebnisse aller Kursteilnehmer insgesamt oder auch einzeln betrachtet werden können. Dazu verwendet Moodle grafische Hilfsmittel wie Balkendiagramme. Zusätzlich wird der Mittelwert für Multiple-Choice-Fragen automatisch ermittelt.

Wie in Abschnitt 4.1.4 erwähnt, wurde ein Feedback-Fragebogen im Moodle-Kurs InfoVis und VA hinzugefügt (siehe Abbildung 22 in Abschnitt 4.1.2), um den Kurs evaluieren zu können. Der Fragebogen wurde anonym ausgefüllt, so dass die Kursteilnehmer ihre Meinung ohne Bedenken äußern konnten. Klickt ein Kursteilnehmer auf den Link *Feedback-Fragebogen* im ersten Abschnitt des Moodle-Kurses, so gelangt er zunächst auf die Beschreibung des Fragebogens, welche in Abbildung 59 zu sehen ist.

Feedback-Fragebogen

Liebe Kursteilnehmer,

mit dem Ausfüllen des Fragebogens helfen Sie mir bei der Evaluierung von Konzepten in meiner Masterarbeit. Durch Ihr Feedback bekomme ich eine Rückmeldung über das Design und die eingesetzten Elemente im Moodle-Kurs. Somit geht es bei diesem Fragebogen nicht so sehr um inhaltliche Themen des Kurses, sondern eher um die Gestaltung des Moodle-Kurses und wie Sie damit zurecht gekommen sind.

Bitte sagen Sie mir, was Sie gut/schlecht an diesem Moodle-Kurs fanden.

Was war nicht verständlich...?

Was sollte vertieft werden...?

Hat etwas gefehlt?

Über Ihre Unterstützung würde ich mich sehr freuen.

Vielen Dank für Ihre Mühe und viele Grüße,

Ioannis Tsigaridas

Abbildung 59: Beschreibung des Feedback-Fragebogens

Mit dieser Beschreibung wird der Kursteilnehmer gebeten, an dem Feedback-Fragebogen teilzunehmen. Zusätzlich wurden die Kursteilnehmer durch das Ankündigungs-Forum, durch eine Videobotschaft und durch den persönlichen Besuch der Vorlesung motiviert aktiv teilzunehmen (siehe Abschnitt 4.1.3). Darüber hinaus wurde im Block *Aktuelle Termine* der Fragebogen mit Angabe des Bearbeitungszeitraums angezeigt, so dass dieser nicht einfach in Vergessenheit gerät. Bei zahlreicher Beteiligung der Kursteilnehmer bekommt der Ersteller eine gute Rückmeldung über das Design-Konzept des Kurses. Durch die Befragung soll erkennbar werden, wie die Kursteilnehmer mit dem Moodle-Kurs zurechtgekommen sind. Neben dem Design – Gestaltung und Anordnung von Abschnitten und Blöcken – ist auch die Beurteilung der eingesetzten Elemente – Aktivitäten, Arbeitsmaterialien und Blöcke – im Moodle-Kurs von besonderer Bedeutung. Die erstellten Fragen des Feedbacks ermitteln hierbei, ob die Kursteilnehmer in ihrem Lerngeschehen durch diese Elemente hilfreich unterstützt wurden. Interessant ist auch, die persönliche Meinung über den Moodle-Kurs zu erfahren. Diese Meinung offenbart die Zufriedenheit der Kursteilnehmer, was ein wichtiger Aspekt für den Ersteller der Design-Konzepte ist. Durch die Antworten sollten Probleme, Anregungen und Wünsche erkannt werden, die eventuell zeitnah oder für den nächsten Turnus der Veranstaltung berücksichtigt werden können. Mittels der Auswertung des Fragebogens kann auf Verbesserungsvorschläge reagiert werden.

Damit ist erkennbar, dass dieser Fragebogen nicht auf die Lehrinhalte der Vorlesung eingeht. Dies wurde in der Beschreibung des Feedback-Fragebogens betont, da nur der Aufbau und die Gestaltung des Moodle-Kurses im Fokus standen. Für inhaltliche Themen gibt es einen separaten Fragebogen des Fachbereichs Informatik, in dem die Präsenzveranstaltung und die Dozenten bewertet werden können, was unabhängig von den Design-Konzepten des Moodle-Kurses ist.

Zu dem Design-Konzept des Moodle-Kurses InfoVis und VA wurden insgesamt 32 Fragen erstellt und in den vier Kategorien *Fragen zum Design, Fragen zu den Blöcken, Fragen zu Arbeitsmaterialien und Aktivitäten* und *Allgemeine Fragen und persönliche Meinung* unterteilt. In dieser Reihenfolge wurden die Fragen einer Kategorie schrittweise angezeigt. Das Anzeigen jeweils einer Kategorie wurde bewusst so ausgewählt, damit die Kursteilnehmer die Fragen logisch einer Kategorie zuordnen können. Damit wird eine klare Struktur erkennbar. Außerdem wurden dadurch zu viele Fragen auf einer Seite vermieden, die zu einer Ermüdung der Kursteilnehmer führen könnten.

In diesem Sinne werden diese Kategorien und deren Fragen sowie deren Auswertung im Gesamtbild schrittweise vorgestellt. Mit einem Klick auf die Lupe, die in Abbildung 59 neben den Namen *Feedback-Fragebogen* erkennbar ist, gelangen alle Teilnehmer – Dozenten und Kursteilnehmer – auf die Vorschau des Fragebogens. Im Moodle-Kurs haben sich 62 Kursteilnehmer angemeldet. Davon haben 38 Personen an der Klausur teilgenommen. Einige Kursteilnehmer haben sich lediglich im

Moodle-Kurs InfoVis und VA angemeldet, um mehr Informationen über den Kurs zu bekommen. Falls zu Beginn oder in der Mitte des Kurses kein weiteres Interesse bestand, wurde am Kursgeschehen nicht weiter teilgenommen. Insgesamt vierzehn Kursteilnehmer haben den Feedback-Fragebogen ausgefüllt.

7.1 Fragen zum Design

In Abbildung 60 sind die Fragen zu der Kategorie *Fragen zum Design* zu sehen. Mit dieser Kategorie erfolgt eine Bewertung des Designs. Bei den meisten Fragen handelt es sich um Multiple-Choice-Fragen, bei denen die Antwort per Mausklick auf den Radiobutton erfolgt. Zusätzlich gibt es auch Textfelder, in denen die Kursteilnehmer ihre Antwort frei eingeben können. In der ersten Frage wird zielgerichtet nachgefragt, ob die Kursteilnehmer das Design des Moodle-Kurses ansprechend fanden. Bei den Antworten zu dieser Frage gibt es Abstufungen von *sehr ansprechend* bis *gar nicht ansprechend*. Anschließend zu dieser Frage wird nachgefragt, was genau den Kursteilnehmern *besonders* gefallen oder *gar nicht* gefallen hat. Bei diesen Fragen wurde eine freie Eingabe der Antworten ermöglicht. Zum Design des Kurses wurde zudem nachgefragt, ob sich die Kursteilnehmer mit den eingesetzten Elementen zurechtgefunden haben. Außerdem wurde die Organisation der thematischen Abschnitte bewertet.

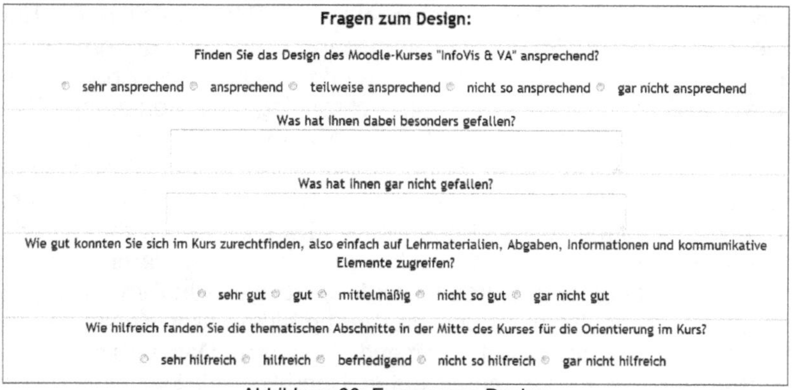

Fragen zum Design:

Finden Sie das Design des Moodle-Kurses "InfoVis & VA" ansprechend?

○ sehr ansprechend ○ ansprechend ○ teilweise ansprechend ○ nicht so ansprechend ○ gar nicht ansprechend

Was hat Ihnen dabei besonders gefallen?

Was hat Ihnen gar nicht gefallen?

Wie gut konnten Sie sich im Kurs zurechtfinden, also einfach auf Lehrmaterialien, Abgaben, Informationen und kommunikative Elemente zugreifen?

○ sehr gut ○ gut ○ mittelmäßig ○ nicht so gut ○ gar nicht gut

Wie hilfreich fanden Sie die thematischen Abschnitte in der Mitte des Kurses für die Orientierung im Kurs?

○ sehr hilfreich ○ hilfreich ○ befriedigend ○ nicht so hilfreich ○ gar nicht hilfreich

Abbildung 60: Fragen zum Design

In Abbildung 61 ist die Auswertung der ersten Frage *Finden Sie das Design des Moodle-Kurses "InfoVis & VA" ansprechend* in Form eines Balkendiagramms zu erkennen. Auf diese Weise werden alle Ergebnisse der Multiple-Choice-Fragen angezeigt. Dies wird automatisch vom Moodle-System ermittelt.

Hinter jeder Bewertung – in dieser Frage *sehr ansprechend* bis *gar nicht ansprechend* – steht in Klammern eine Punktzahl. Diese Punkte wurden in den Einstellungen der Multiple-Choice-Frage festgelegt. Dabei bekommt die sehr positive Antwort *sehr ansprechend* die Höchstpunktzahl fünf. Bis zu der sehr negativen Bewertungen *gar nicht ansprechend* erniedrigt sich die Punktzahl stufenweise um jeweils einen Punkt, so dass gar nicht ansprechend nur einen Punkt erhält.

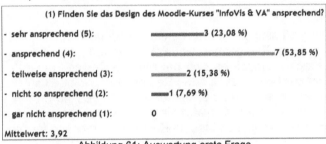

Abbildung 61: Auswertung erste Frage

Dreizehn Personen haben die erste Frage beantwortet. Davon fanden drei den Kurs *sehr ansprechend, sieben ansprechend, zwei teilweise ansprechend* und einer *nicht so ansprechend*. Neben diesen Zahlen wird auch der prozentuale Anteil angezeigt. Mit einem Durchschnitt von 3,92 wurde das Design des Moodle-Kurses *ansprechend* gefunden.

Den meisten Kursteilnehmern hat besonders die Übersichtlichkeit, die thematische Aufteilung und die repräsentativen Bilder gefallen. Ein Kursteilnehmer hat folgendes dazu geschrieben: „Besonders gut gefallen hat mir die thematische Unterteilung mit den dazu passenden Abbildungen." und ein anderer schrieb: „Die strikte chronologische Sortierung. Es ist sehr sinnvoll, dass es für jede Vorlesung einen separaten Kasten [Abschnitt] gibt, in dem alle Materialien zu einem bestimmten Vorlesungstermin aufgelistet sind. So findet man schnell die Übung zu einem bestimmten Thema und kann sich gut orientieren." Da die meisten thematischen Abschnitte, wie in Abschnitt 4 beschrieben, nach einer klaren und ähnlichen Struktur aufgebaut wurden, wurde dazu diese Äußerung abgegeben: „Wechselnde Grafiken und die Verfügbarkeit aller Kursmaterialien im gleichen Stil. Ausblick auf kommende Themen." Damit bietet das Design-Konzept des Kurses einen guten Überblick mit klar strukturierten thematischen Abschnitten, in denen die Kursteilnehmer sich gut zurechtfinden konnten. Sowohl eine thematische als auch eine chronologische Zuordnung der jeweiligen Vorlesungs- und Übungseinheiten wurde gegeben. Die thematische Orientierung wurde durch die Themenabschnitte realisiert, und die chronologische Zuordnung durch die Angabe des Datums neben dem repräsentativem Bild in jedem Abschnitt. Das Datum und das repräsentative Bild eines Themenabschnitts wurden stets angezeigt, so dass die Kursteilnehmer immer einen „Ausblick auf kommende Themen" hatten.

Zu der Frage was den Kursteilnehmern *gar nicht* gefallen hat, haben zwei Kursteilnehmer angegeben, dass die Foren leicht zu übersehen waren. Als Grund gaben sie die vielen Informationen – Begrüßung, unterschiedliche Ansprechpartner, TUCaN und Vorlesungs- und Übungstermine – an, die vor den Foren platziert sind. Einer der Teilnehmer hat dazu folgendes geschrieben: „Der Allgemeine Teil mit den Foren konnte leicht übersehen werden da sehr viele Informationen einen etwas "überflutet" haben und das ganze nicht separat hervorgehoben wurde. (Habe das Allgemeine Forum erst übersehen da ich dachte bei jeder Vorlesung ist ein kleines Forum dabei...).“ Mit dem kleinen Forum sprach dieser Teilnehmer die Hot Questions (siehe Abschnitt 4.4) an. Er dachte, dass kein allgemeines Forum vorhanden war, wie in Anhang A.3 beschrieben, da er zunächst die Hot Question, als Ersatz betrachtet hatte. Aus der Antwort ist aber auch zu erkennen, dass er die Foren schließlich entdeckt hat. Durch diese konstruktive Feststellung der beiden Kursteilnehmer wird eine Hervorhebung der Foren vorgesehen, so dass für zukünftige Kurse die Foren leichter zu sehen sind.

Ein Kursteilnehmer äußerte sich zu der Bewertungsübersicht der Übungen mit den Worten: „Das Feedback zu den Übungen könnte übersichtlicher gestaltet werden und leichter zugänglich gemacht werden. Eine Übersicht wie viele Punkte man insgesamt bereits gesammelt hat, wäre auch hilfreich.“ Die Bewertungsübersicht ist über den Block *Einstellungen* unter *Kursadministration* zu finden, was eventuell einem neuen Moodle-Nutzer nicht sofort klar wird. Dazu könnte man über das Forum oder im Beschreibungstext der Übungen darauf hinweisen. Die Gestaltung der Bewertungsübersicht wird vom Moodle-System festgelegt. Die bisherige Gesamtpunktzahl kann jedoch über die Auswahl *Übersicht* (in *Kursadministration*) eingesehen werden. Es ist möglich, dass in einer zukünftigen Moodle-Version eine bessere Übersicht angeboten wird.

Ein anderer Kursteilnehmer hat den konstruktiven Hinweis gegeben, alle Vorlesungs- und Übungsfolien als ZIP-Datei herunterladen zu können. Dadurch muss ein Teilnehmer nicht alle Kursmaterialien einzeln herunterladen. Befindet sich der Kurs in der Mitte oder gegen Ende des Semesters, so kann ein Kursteilnehmer alle aktualisierten Folien und Übungen in einem Ordner auf einmal herunterladen.

Ein weiterer Aspekt, der angesprochen wurde, ist der Block Fortschrittsbalken. Zwei Personen haben geschrieben, dass eine vorläufige Abgabe der Übung nicht mit einer anderen Farbe gekennzeichnet wurde und dies mit roter Farbe – Übung nicht abgegeben – signalisiert wurde. Das ist ein guter Einwand, da eine Übung optional als vorläufig abgegeben werden kann. Damit diese Option berücksichtigt werden kann, ist ein Verbesserungsvorschlag an die Entwickler dieses Blocks zu stellen.

Ein andere Person hat das Design der Lernplattform Moodle allgemein als „altmodisch" deklariert und eine andere Person als „bescheiden", jedoch ohne ihre Aussage zu erklären. Falls ein Student in seinem Profil das Design nicht geändert hat, erscheint das Design in der Grundeinstellung, die nicht jedem gefallen muss. Deshalb kann jeder Teilnehmer das Design im eigenen *Profil* unter *bevorzugtes Design* auswählen. Im Lernportal Informatik stehen über dreißig verschiedene Designs zur Auswahl, so dass ein geeignetes Design für jeden vorhanden ist. Diese Information ist potenziell nicht allen Teilnehmern bekannt, so dass ein Hinweis angebracht wäre.

In einem Feedback wurde geschrieben, dass das Forum schlecht ist. Das bezieht sich eher inhaltlich auf das Forum. Leider gab es zu diesem Statement keine Begründung, so dass keine entsprechenden Änderungen unternommen werden können. Bei der Auswertung dieses Fragebogens war es sehr auffällig, dass dieser Kursteilnehmer alles schlecht fand. Bei allen Fragen wurde immer eine negative Bewertung ausgewählt. Bei den anderen Kategorien, wo eine Begründung abgegeben werden konnte, war keine vorhanden. Damit kann dieser ausgefüllte Fragebogen wenig zu konstruktiven Änderungen beitragen. Vermutlich war diese Person mit der ganzen Veranstaltung sehr unzufrieden, was sich im Feedback bemerkbar gemacht hat. In diesem Fall wäre der Fragebogen des Fachbereichs für die Evaluierung der Veranstaltung geeigneter gewesen.

Die vierte Frage *Wie gut konnten Sie sich im Kurs zurechtfinden, also einfach auf Lehrmaterialien, Abgaben, Informationen und kommunikative Elemente zugreifen?* aus Abbildung 60 bewerteten sechs Personen mit *sehr gut*, vier Personen *gut*, eine Person *mittelmäßig* und zwei Personen *nicht so gut*. Damit kamen die Kursteilnehmer im Durchschnitt mehr als *gut* (4,08) zurecht mit diesem Kurs. Das bedeutet, dass die meisten Elemente gut organisiert waren, so dass die Teilnehmer sich zurechtfinden konnten. Das ist eine wichtige Grundlage, denn nur diejenigen, die sich zurechtfinden können, können mit Spaß und Zufriedenheit im virtuellen Kurs arbeiten.

In der letzten Frage – *Wie hilfreich fanden Sie die thematischen Abschnitte in der Mitte des Kurses für die Orientierung im Kurs?* – dieser Kategorie, fanden sieben Personen die thematischen Abschnitte *sehr hilfreich*, fünf Personen *hilfreich* und eine Person *nicht so hilfreich*. Damit wurden die hier aufgebauten Themenabschnitte für die Orientierung des Kurses im Durchschnitt als *hilfreich* bis *sehr hilfreich* (4,38) bewertet.

Damit wurde insgesamt das Design des Kurses als ansprechend gefunden, in dem sich die Kursteilnehmer gut zurechtfinden konnten, und eine hilfreiche bis sehr hilfreiche Orientierung hatten. Auch die konstruktiven Vorschläge in der dritten Frage sind hilfreich, um Änderungen für das nächste Wintersemester zu realisieren.

7.2 Fragen zu den Blöcken

In Abbildung 62 ist der erste Teilausschnitt der Kategorie *Fragen zu den Blöcken* zu erkennen. Ganz am Anfang ist ein einführender Text zu sehen. Dieser beschreibt, dass sich auf der linken Seite kommunikative Blöcke und auf der rechten Seite informative Blöcke befinden. Mit diesem Text wird den Kursteilnehmern klar, dass hier Fragen zu den Blöcken des Moodle-Kurses gestellt werden. Durch die Benennung der einzelnen Blöcke wird daran erinnert, welche Blöcke im Kurs zum Einsatz kamen, so dass eine aussagekräftige Bewertung stattfinden kann.

Auf die Frage *Fanden Sie die kommunikativen Blöcke hilfreich, um Dozenten und Kommilitonen kontaktieren zu können - auch wenn Sie dies vielleicht nicht getan haben?* wurden folgende Bewertungen abgegeben: Zwei Personen haben die Blöcke als *sehr hilfreich* bewertet, sieben Personen als *hilfreich*, zwei als *befriedigend* und zwei als *nicht so hilfreich*. Im Durchschnitt (3,69) wurden die kommunikativen Blöcke als *hilfreich* betrachtet. Somit wurde den Kursteilnehmern ein großes Angebot an kommunikativen Blöcken bereitgestellt. Sie konnten jederzeit ganz einfach Kontakt mit Dozenten und Kursteilnehmern aufnehmen, ohne dabei mühsam nach Email-Adressen zu suchen.

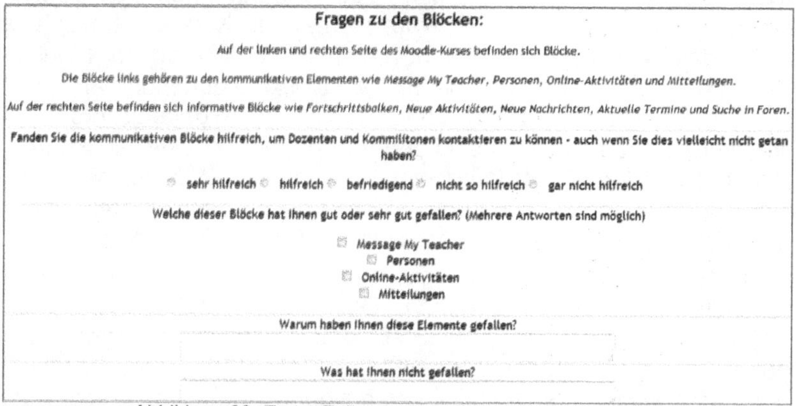

Fragen zu den Blöcken:

Auf der linken und rechten Seite des Moodle-Kurses befinden sich Blöcke.

Die Blöcke links gehören zu den kommunikativen Elementen wie *Message My Teacher*, *Personen*, *Online-Aktivitäten* und *Mitteilungen*.

Auf der rechten Seite befinden sich informative Blöcke wie *Fortschrittsbalken*, *Neue Aktivitäten*, *Neue Nachrichten*, *Aktuelle Termine* und *Suche in Foren*.

Fanden Sie die kommunikativen Blöcke hilfreich, um Dozenten und Kommilitonen kontaktieren zu können - auch wenn Sie dies vielleicht nicht getan haben?

sehr hilfreich   hilfreich   befriedigend   nicht so hilfreich   gar nicht hilfreich

Welche dieser Blöcke hat Ihnen gut oder sehr gut gefallen? (Mehrere Antworten sind möglich)

Message My Teacher
Personen
Online-Aktivitäten
Mitteilungen

Warum haben Ihnen diese Elemente gefallen?

Was hat Ihnen nicht gefallen?

Abbildung 62: Erster Teilausschnitt Fragen zu den Blöcken

Anschließend wurde konkret nachgefragt, welche dieser Blöcke den Kursteilnehmern gefallen hat. Dabei waren mehrere Antworten möglich, was auch in Klammern neben der Frage signalisiert wurde. Bei der Auswertung haben die Blöcke *Personen* und *Mitteilungen* jeweils vier Stimmen erhalten. Die Blöcke *Message My Teacher* und *Online-Aktivitäten* haben jeweils drei Stimmen bekommen. Damit haben alle kommunikativen Blöcke den Kursteilnehmer etwa gleich gut oder sehr gut gefallen.

Die nächste Frage *Warum haben Ihnen diese Elemente gefallen?* bezieht sich auf diese Abstimmung. Hierbei wurden zwei Antworten abgegeben. Einem Kursteilnehmer hat es gefallen, dass er im Block *Personen* nachschauen konnte, welche Personen in diesem Kurs angemeldet sind. Damit war es ihm möglich, andere Personen direkt zu kontaktieren. Eine andere Person hat geschrieben: „Weil man sehr schnell einen Überblick darüber erhält, was sich seit dem letzten Login getan hat." Das bezieht sich jedoch nicht auf die kommunikativen Blöcke, sondern eher auf den informativen Block *Neue Aktivitäten*. Dieser Person gefiel der schnelle Überblick über die neuen Aktivitäten des Kurses, so dass er immer auf aktuellsten Stand des Kurses war.

Neben den kommunikativen und informativen Blöcken gibt es den Block *Navigation*, der auf der linken Seite oberhalb der kommunikativen Blöcke angeordnet ist. Über diesen Block kann der Kursteilnehmer auf die Startseite des Lernportals, in das eigene Profil, in allen eingetragenen Kursen und deren Kursmaterialien und Aktivitäten des Lernportals direkt gelangen. Werden Unterpunkte im Block geöffnet, dann kann der Block durch die Anzeige von Links oder Kursabschnitte sehr groß werden, so dass die kommunikativen Blöcke weiter nach unten verschoben werden. Dadurch sind sie nicht mehr am Anfang der Seite zu sehen und leicht übersehbar. Erst durch Scrollen werden diese Blöcke sichtbar. Genau das haben zwei Kursteilnehmer auf die Frage *Was hat Ihnen nicht gefallen?* beanstandet. Eine gute Lösung wäre hierbei, die Kursteilnehmer hinzuweisen, dass ein Block zugeklappt am linken Seitenrand per Mausklick angedockt werden kann (was bei einigen Designs durchführbar ist). Nur wenn der Mauszeiger auf den zugeklappten Block gelangt, erscheinen seine Inhalte. Beim Scrollen sind zugeklappte angedockte Blöcke immer sichtbar. Nutzt ein Kursteilnehmer häufig mehrere Blöcke, so kann er diese Blöcke andocken. Dadurch sind diese immer im Blickfeld und somit schnell zugreifbar, was das Arbeiten im Moodle-Kurs erleichtert.

Eine Person fand das Mitteilungssystem von Moodle unübersichtlich. Dazu wurde folgendes geschrieben: „Das gesamte Mitteilungssystem ist relativ unübersichtlich. Ich vermute allerdings, dass das ein Problem von Moodle im Allgemeinen ist und nichts mit diesem Kurs im speziellen zu tun hat. Man weiß nie so recht wie man eigentlich zum Gesprächsverlauf kommt usw." Innerhalb des Mitteilungssystems ist auf der linken Seite eine Mitteilungsnavigation vorhanden. Über diese Navigation kann nach Kursen und eigenen Kontakten gewählt werden. Nach Auswahl erscheint eine Liste mit Namen. Wählt der Kursteilnehmer den Kurs InfoVis und VA, so erscheint die Kursteilnehmerliste dieses Kurses. Wird ein Name angeklickt, erscheint auf der rechten Seite ein Textfeld, in dem eine Mitteilung eingegeben werden kann. Durch den Button *Mitteilung senden* gelangt diese Mitteilung an die betreffende Person. Damit diese Schritte intuitiv erscheinen, wäre als Zusatz ein kurzer einführender Text vom Moodle-System hilfreich. Das könnte sich bei zukünftigen Moodle Versionen ändern.

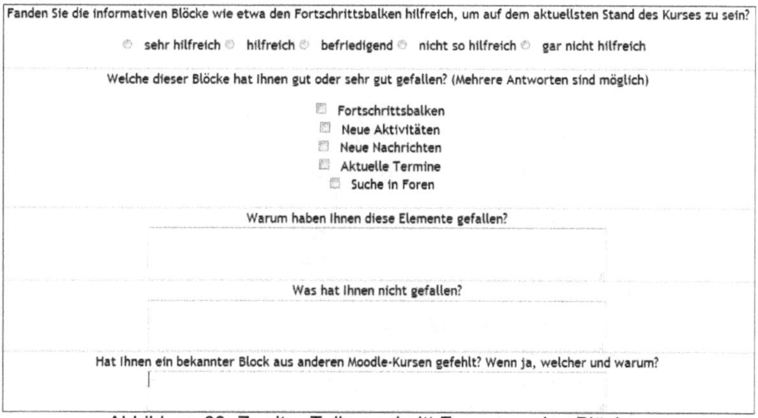

Fanden Sie die informativen Blöcke wie etwa den Fortschrittsbalken hilfreich, um auf dem aktuellsten Stand des Kurses zu sein?

○ sehr hilfreich ○ hilfreich ○ befriedigend ○ nicht so hilfreich ○ gar nicht hilfreich

Welche dieser Blöcke hat Ihnen gut oder sehr gut gefallen? (Mehrere Antworten sind möglich)

☐ Fortschrittsbalken
☐ Neue Aktivitäten
☐ Neue Nachrichten
☐ Aktuelle Termine
☐ Suche in Foren

Warum haben Ihnen diese Elemente gefallen?

Was hat Ihnen nicht gefallen?

Hat Ihnen ein bekannter Block aus anderen Moodle-Kursen gefehlt? Wenn ja, welcher und warum?

Abbildung 63: Zweiter Teilausschnitt Fragen zu den Blöcken

In Abbildung 63 ist der zweite Teil der Fragen zu den informativen Blöcken zu sehen. Auf die Frage *Fanden Sie die informativen Blöcke wie etwa den* Fortschrittsbalken *hilfreich, um auf den aktuellsten Stand des Kurses zu sein?* haben vier Personen die informativen Blöcke als *sehr hilfreich*, sechs Personen als *hilfreich* und jeweils eine Person als *befriedigend*, als *nicht so hilfreich* und als *gar nicht hilfreich* gefunden. Im Durchschnitt (3,85) wurden diese Blöcke als hilfreiche Elemente des Kurses akzeptiert.

Als nächstes wurden die Kursteilnehmer befragt, welche der informativen Blöcke ihnen gefallen hat. Dabei konnten mehrere Antworten ausgewählt werden. Der Block, der am meisten den Kursteilnehmern gefallen hat, war der *Fortschrittsbalken* mit zwölf Punkten (Anzahl der Klicks). Den zweiten Platz mit jeweils sechs Punkten haben die Blöcke *Neue Aktivitäten* und *Aktuelle Termine* erhalten. An dritter Stelle mit vier Punkten wurde der Block Neue Nachrichten gewählt. An vierter Stelle kommt mit einem Punkt der Block *Suche in Foren*.

Auf die Frage *Warum haben Ihnen diese Elemente gefallen?* gaben sieben Personen eine Antwort. Die häufigsten Antworten beziehen sich auf den guten und schnellen Überblick der aktuellen Situation im Kurs sowie den Überblick über den Stand der Übungen durch den Fortschrittsbalken. Repräsentativ für den Überblick wurden diese Antworten gegeben: „Sie ermöglichen einen schnellen Überblick, ohne dass man viele Klicks ausführen muss." und „Sie geben einen guten und schnellen Überblick über die aktuelle Situation". Über den Fortschrittsbalken hat ein Kursteilnehmer folgenden Satz geschrieben: „Besonders gut gefallen hat mir der Fortschrittsbalken, mit dessen Hilfe ich auf einen Blick meinen Stand bei den Hausübungen überprüfen konnte." und ein anderer schrieb „Der

Fortschrittsbalken sieht gut aus und ist irgendwie motivierend". Damit wurden die Kursteilnehmer nicht nur über den aktuellen Stand des Kurses informiert, sondern auch während ihrer Arbeit im virtuellen Kurs motiviert.

Neben diesen positiven Rückmeldungen gab es nur zwei Antworten auf die Frage *Was hat Ihnen nicht gefallen?* In der einen Antwort wurde das Wort „nichts" geschrieben, was eine positive Rückmeldung ist, da die Person also nichts gefunden hat, was ihr dabei nicht gefiel. Die andere Antwort hingegen ist in sich etwas gegensätzlich, da die Person geschrieben hat, dass diese Blöcke auf der einen Seite „nett" sind und auf der anderen Seite „nicht so zu gebrauchen" sind, ohne das jedoch näher zu erläutern. Damit wurden insgesamt die informativen Blöcke für den Kurs hilfreich betrachtet. Zudem wurde die Übersicht im Kurs erleichtert, so dass die Kursteilnehmer den aktuellen Stand des Kurses inklusive der Abgaben der Hausübungen jederzeit einsehen konnten.

Die letzte Frage in der Kategorie *Fragen zu den Blöcken* ist die Frage *Hat Ihnen ein bekannter Block aus anderen Moodle-Kursen gefehlt? Wenn ja, welcher und warum?* Durch diese Frage soll in Erfahrung gebracht werden, ob bekannte Blöcke in Moodle gefehlt haben. Diese Frage können vor allem Kursteilnehmer beantworten, die auch andere Kurse im Lernportal Informatik sowie in anderen Moodle Portalen besucht haben. Durch ihre Erfahrung in anderen Kursen könnten als Antwort Blöcke angegeben werden, die auch eventuell für diesen Kurs geeignet wären. Nur ein Kursteilnehmer hat dazu vorgeschlagen, alle vorhandenen Ressourcen – Vorlesungsfolien, Übungen, Hausübungen und Lösungsvorschläge – als ZIP-Datei herunterladen zu können. Dieselbe Person hat dies auch schon in der Kategorie Fragen zum Design vorgeschlagen. Dabei wurde von ihm kein expliziter Block genannt. Diese ZIP-Datei könnte im ersten Abschnitt als Arbeitsmaterial hinzugefügt werden. Die Idee, alle Arbeitsmaterialien als ZIP-Datei bereitzustellen, ist, wie in Abschnitt 7.1 erwähnt, ein konstruktiver Hinweis, der für das nächste Wintersemester umgesetzt werden kann.

Insgesamt wurden sowohl die kommunikativen als auch die informativen Blöcke von den Kursteilnehmern als hilfreich betrachtet. Neben den verschiedenen Kommunikationsmöglichkeiten haben informative Blöcke eine gute und schnelle Übersicht über den aktuellen Stand des Kurses gegeben. Das ist eine hilfreiche Unterstützung während der Arbeit im Moodle-Kurs.

7.3 Fragen zu Arbeitsmaterialien und Aktivitäten

Durch die Fragen der dritten Kategorie – *Fragen zu Arbeitsmaterialien und Aktivitäten* – soll die Zufriedenheit der Kursteilnehmer über die Bereitstellungen der Arbeitsmaterialien und Aktivitäten sowie den organisatorischen Ablauf bei den Bewertungen erfassen. Außerdem soll ermittelt werden, ob es bei der Abgabe von Lösungen – das Hochladen von Lösungen über die Aktivität Aufgabe – Probleme gab. Das ist ein wichtiges Feedback, da die Abgabe jede Woche erfolgte. In dieser Kategorie wird zudem nachgefragt, inwieweit die Foren und die Hot Questions das Lerngeschehen unterstützt haben.

In Abbildung 64 ist der erste Teilausschnitt der Kategorie *Fragen zu Arbeitsmaterialien und Aktivitäten* zu sehen. Damit die Kursteilnehmer wissen, worauf sich die Fragen der dritten Kategorie beziehen, wurde zu Beginn ein kurzer einführender Text präsentiert. Dabei werden die Arbeitsmaterialien und die Aktivitäten des Kurses aufgezählt, so dass diese Begriffe in den Fragen entsprechend zugeordnet werden können. Bei dem Begriff Aktivität wurde zusätzlich eine kleine Erläuterung gegeben, um den Zweck dieses Elements zu verdeutlichen. Damit wurde eine klare Abgrenzung zwischen den beiden Begriffen kenntlich gemacht.

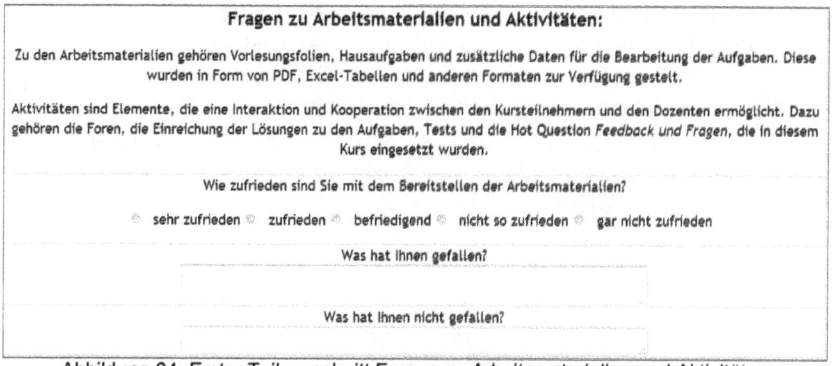

Fragen zu Arbeitsmaterialien und Aktivitäten:

Zu den Arbeitsmaterialien gehören Vorlesungsfolien, Hausaufgaben und zusätzliche Daten für die Bearbeitung der Aufgaben. Diese wurden in Form von PDF, Excel-Tabellen und anderen Formaten zur Verfügung gestellt.

Aktivitäten sind Elemente, die eine Interaktion und Kooperation zwischen den Kursteilnehmern und den Dozenten ermöglicht. Dazu gehören die Foren, die Einreichung der Lösungen zu den Aufgaben, Tests und die Hot Question *Feedback und Fragen*, die in diesem Kurs eingesetzt wurden.

Wie zufrieden sind Sie mit dem Bereitstellen der Arbeitsmaterialien?

sehr zufrieden   zufrieden   befriedigend   nicht so zufrieden   gar nicht zufrieden

Was hat Ihnen gefallen?

Was hat Ihnen nicht gefallen?

Abbildung 64: Erster Teilausschnitt Fragen zu Arbeitsmaterialien und Aktivitäten

Die erste Frage aus Abbildung 64 – *Wie zufrieden sind Sie mit dem Bereitstellen der Arbeitsmaterialien?* – erfasst die Zufriedenheit der Kursteilnehmer im Zusammenhang mit der Bereitstellung der Arbeitsmaterialien. Bei der Zufriedenheit geht es etwa um die pünktliche Verfügbarkeit sowie die strukturelle und logische Anordnung in den Themenabschnitten. Von dreizehn Antworten waren vier *sehr zufrieden*, sechs *zufrieden*, eine *befriedigend* und zwei *nicht so zufrieden*. Damit sind die Kursteilnehmer im Durchschnitt (3,92) mit dem Bereitstellen der Arbeitsmaterialien *zufrieden*.

Was ihnen dabei besonders gefallen hat, wurde wie folgt beantwortet:

„Pünktliche Verfügbarkeit", „die gute Struktur der Arbeitsmaterialien", „die chronologische Anordnung und das Zusammenfassen aller Materialien zu einem Thema" sowie „dass für jede Vorlesungseinheit ein repräsentatives Bild dabei war". Durch das logische Zusammenfassen der Arbeitsmaterialien und Aktivitäten zu einer Vorlesungseinheit haben die Kursteilnehmer eine gute Orientierung über diese Materialien erhalten. Außerdem lassen sich alle Materialien thematisch zuordnen, so dass eine klare Struktur vorhanden ist. Mit einem repräsentativen Bild wird das zusätzlich unterstützt. Da auch neben jedem Bild das Datum der jeweiligen Vorlesung angezeigt wurde, entstand auch eine chronologische Orientierung des gesamten Lerngeschehens.

Auf die Frage *Was hat Ihnen nicht gefallen?* wurden eher organisatorische Aspekte angesprochen. Einem Kursteilnehmer gefiel nicht, dass die Vorlesungsfolien nicht vor der Vorlesung vorhanden waren. Das ist eine konstruktive Antwort, da es Studenten gibt, die vor der Vorlesung die Folien lesen wollen. Durch die Vorbereitung können gezielte Fragen während der Vorlesung gestellt werden. Wann aber die Folien zur Verfügung gestellt wurden, oblag den verantwortlichen Dozenten. Der Aufbau und die Gestaltung des Kurses InfoVis und VA (siehe Abschnitt 4) hatte eine rechtzeitige Bereitstellung von Arbeitsmaterialien und Aktivitäten jederzeit ermöglicht. Das gilt auch für ähnliche Antworten der Kursteilnehmer. Die Auswertung dieses Feedback-Fragebogens ist allen Dozenten des Kurses zugänglich, so dass diese Vorschläge der Kursteilnehmer im nächsten Wintersemester berücksichtigt werden können.

Ein Kursteilnehmer schrieb, dass es keine Benachrichtigung über Aktualisierungen gab, mit Ausnahme des zeitversetzten Forums. Das ist allerdings nicht richtig, denn im Moodle-Kurs war der Block *Neue Aktivitäten* vorhanden, in dem alle Aktualisierungen des Kurses angezeigt wurden. Wurden beispielsweise die Vorlesungsfolien oder die Hausübungen geändert und in Moodle-Kurs erneut hochgeladen, so wurde das automatisch in diesem Block angezeigt. Sogar aktuelle Termine wurden im Block *Aktuelle Termine* rechtzeitig angekündigt.

Ein anderer Vorschlag eines Kursteilnehmers ist, für jede Bereitstellung oder Änderung der Hausübungsaufgabe eine Email als Benachrichtigung zu versenden. Dazu hat er geschrieben: „Wenn ich mir vorstelle, jeder meiner z.B. 5 Vorlesung wäre im Moodle vertreten müsste ich mich andauernd nur durchklicken. Eine (automatische) Mail würde hier extrem Abhilfe schaffen". Einerseits klingt diese Idee gut, doch von fünf verschiedenen Vorlesungen Benachrichtigungen bezüglich der Arbeitsmaterialien zu bekommen, könnte das Postfach überfüllen. Damit würden die Benachrichtigungen unübersichtlich und in zufälliger Reihenfolge ankommen. Diese müssten im nächsten Schritt von den privaten Emails aussortiert werden. Dabei können Emails des Moodle-Kurses leicht übersehen werden. In Moodle hingegen werden alle Vorlesungen in Kurse gegliedert. Im Kurs InfoVis und VA werden zusätzlich die Arbeitsmaterialien und die Aktivitäten in Themenabschnitte getrennt, so dass eine klar strukturierter Kurs vorliegt. Das sorgt für einen besseren Überblick und der Kursteilnehmer erhält zudem den aktuellen Stand des Kurses.

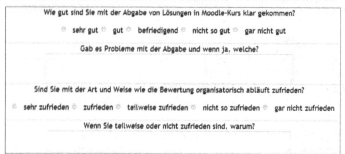

Abbildung 65: Zweiter Teilausschnitt Fragen zu Arbeitsmaterialien und Aktivitäten

In Abbildung 65 ist der zweite Teilausschnitt der Kategorie Fragen zu *Arbeitsmaterialien und Aktivitäten* zu sehen. Die Fragen betreffen hier die Abgabe von Lösungen und deren Bewertungen. Auf die erste Frage aus Abbildung 65 – *Wie gut sind Sie mit der Abgabe von Lösungen in Moodle-Kurs klar gekommen?* – haben sieben Personen die Bewertung *sehr gut* abgegeben, vier Personen *gut*, eine *befriedigend* und zwei *nicht so gut*. Im Durchschnitt (4,14) sind die Kursteilnehmer mit der Abgabe von Lösungen *gut* zurechtgekommen. Die Abgabe erfolgte über die Aktivität Aufgabe, wie in Abschnitt 4.3 vorgestellt.

Bei der nächsten Frage wurde nachgefragt, ob Probleme bei der Abgabe auftraten. Hierzu gab es vier ähnliche Antworten. Dabei geht es um den Abgabebutton, der die Abgabe endgültig zur Bewertung freigibt bevor die Deadline endet. Aus den Antworten ist zu erkennen, dass dieser Button falsch interpretiert wurde. Der Button wurde ursprünglich dazu verwendet, dem Tutor die Möglichkeit zu geben, endgültige Abgaben vor der Deadline zu bewerten (siehe Abschnitt 4.3). Dabei haben ein paar Kursteilnehmer bei der Abgabe der Lösung sofort den Abgabebutton betätigt, obwohl eventuelle Änderungen noch vor der Deadline erwünscht waren. Nachdem der Abgabebutton betätigt wurde, konnte jedoch keine Änderung mehr vorgenommen werden. Ein Kursteilnehmer hat geschrieben, dass auf die Funktion des Buttons hingewiesen werden sollte, so dass keine Missverständnisse zustande kommen. Das ist eine gute Idee, die umgesetzt werden kann oder der Button wird in den Einstellungen dieser Aktivität nicht hinzugefügt. Nachdem ein paar Kursteilnehmer mit den Abgabebutton Schwierigkeiten hatten, hatte ich ein Gespräch mit einem der Ansprechpartner. In dem Gespräch wurde besprochen, dass die Funktion des Abgabebuttons in der Vorlesung klargestellt wird. Erst für das nächste Semester sollte der Abgabebutton entfernt werden, damit diese Entfernung die Kursteilnehmer nicht zusätzlich verwirrt. Da die Abgaben im Kurs InfoVis und VA generell nur nach Ende der Deadline korrigiert werden, ist das eine sinnvolle Option. Somit kann zukünftig eine Abgabe ohne den Button erfolgen. Nach Ende der Deadline kann die letzte Fassung der hochgeladenen Abgabe als Lösung akzeptiert werden.

Nach der Deadline werden alle Abgaben bewertet. Dabei werden Punkte und Kommentare im Moodle-Kurs festgehalten. Die Kursteilnehmer können nach Veröffentlichung der Bewertung ihre eigene Bewertung einsehen. Zu dieser organisatorischen Bewertung wurde die Frage *Sind Sie mit der Art und Weise wie die Bewertung organisatorisch abläuft zufrieden?* gestellt. Vier Personen waren *sehr zufrieden*, sechs Personen *zufrieden*, zwei Personen *teilweise zufrieden* und einer *nicht so zufrieden*. Im Durchschnitt (4,0) sind die Kursteilnehmer mit dem organisatorischen Ablauf der Bewertungen in Moodle *zufrieden*.

Dazu wurden die Kursteilnehmer, die *teilweise* oder *nicht zufrieden* waren, nach den Gründen befragt. Dabei gab es nur zwei Antworten. Eine Person hat geschrieben, dass die Feedback-Kommentare des Bewerters in der Abgabe direkt – Aktivität Aufgabe – nicht vollständig angezeigt wurden. Diese konnte die Person nur in der Übersicht der Kursadministration vollständig einsehen. Das liegt daran, dass bei einem größeren Kommentar der Platz in der Abgabe fehlt. In der Gesamtübersicht, wie das auch die Person geäußert hat, kann das Feedback jederzeit vollständig eingesehen werden. Damit entgehen dem Kursteilnehmer nicht die Kommentare, die ein wichtiges Feedback sind.

Einer anderen Person hat das Bewertungs-Design von Moodle nicht gefallen. Dazu wurde diese Kurzantwort gegeben: „Nicht so schön gelöst wie der Rest von Moodle. Sieht aus wie eine .txt Datei die einfach hochgeladen wurde." Nichtsdestotrotz können die Informationen zur Bewertung eingesehen werden. Möglicherweise wird in einer zukünftigen Moodle-Version die Bewertungsübersicht verbessert.

Im dritten Teilausschnitt der Kategorie *Fragen zu Arbeitsmaterialien und Aktivitäten* aus Abbildung 66 werden Fragen bezüglich der Aktivität Forum und Hot Questions sowie dem Link *Zurück zum Anfang* gestellt. In einem Forum diskutieren sowohl Kursteilnehmer als auch Dozenten – mit Ausnahme des Forums Ankündigungen – miteinander. Häufig werden Fragen von Kursteilnehmern gestellt, die von anderen Kursteilnehmern und den verantwortlichen Ansprechpartner beantwortet werden können. Im *Forum für Organisatorisches* werden vor allem Antworten von den Dozenten erwartet. Im *Forum für Kursinhalte* helfen sich Kursteilnehmer untereinander, aber benötigen auch die Unterstützung der Dozenten, falls etwas falsch oder gar nicht verstanden wurde. Bezüglich der Aktivität Forum – insgesamt sind drei Foren im Kurs enthalten – wurde den Kursteilnehmern die Frage gestellt, ob ihnen das Forum geholfen hat, wichtige Fragen und Probleme zu klären.

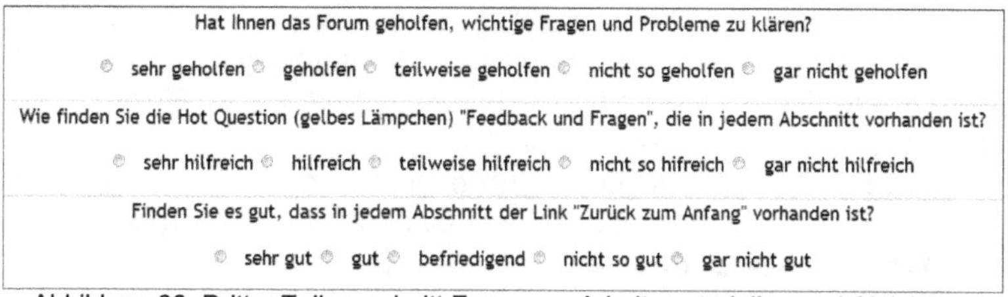

Hat Ihnen das Forum geholfen, wichtige Fragen und Probleme zu klären?

○ sehr geholfen ○ geholfen ○ teilweise geholfen ○ nicht so geholfen ○ gar nicht geholfen

Wie finden Sie die Hot Question (gelbes Lämpchen) "Feedback und Fragen", die in jedem Abschnitt vorhanden ist?

○ sehr hilfreich ○ hilfreich ○ teilweise hilfreich ○ nicht so hifreich ○ gar nicht hilfreich

Finden Sie es gut, dass in jedem Abschnitt der Link "Zurück zum Anfang" vorhanden ist?

○ sehr gut ○ gut ○ befriedigend ○ nicht so gut ○ gar nicht gut

Abbildung 66: Dritter Teilausschnitt Fragen zu Arbeitsmaterialien und Aktivitäten

Zwei Personen hat das Forum *sehr geholfen*, fünf Personen *geholfen*, fünf Personen *teilweise geholfen* und jeweils einer Person *nicht so* bzw. *gar nicht geholfen*. Im Durchschnitt (3,43) hat das Forum den Kursteilnehmern mehr als *teilweise geholfen*. Diese Frage tendiert eher zu den inhaltlichen Themen des Kurses. Eventuell wurden nicht alle Fragen der Kursteilnehmer ausreichend beantwortet, so dass das Forum ihnen *teilweise geholfen* hat. Ein Kursteilnehmer hat sich diesbezüglich in der vierten Kategorie des Feedback-Fragebogens (siehe Abschnitt 7.4) bei der Frage *Gibt es spezielle Dinge, die Ihnen gefallen oder nicht gefallen haben* geäußert. Er empfand, dass nicht alle Fragen ausreichend beantwortet wurden.

Die Aktivität Hot Questions ist in jedem Themenabschnitt vorhanden. Insgesamt wurde diese Aktivität nicht so häufig genutzt. In einigen Themenabschnitten kamen keine Fragen vor. In den Themenabschnitten in den Fragen vorkamen, bezogen sich diese Fragen eher auf die Folien der jeweiligen Vorlesung. Dabei wurden Änderungen in den Folien und zusätzliche Folien mit Beispielen zu einem bestimmten Thema erwünscht. Außerdem wurden Arbeitsmaterialien – insbesondere Videos, die in den Vorlesungen vorkamen – zum Hochladen im Moodle erwünscht. Die anderen Kursteilnehmer konnten jeder Frage eine Stimme abgeben, falls sie ein ähnliches Anliegen hatten. Diese Fragen oder auch Hot Questions konnten die verantwortlichen Ansprechpartner jederzeit einsehen. Es oblag den verantwortlichen Ansprechpartnern, auf Änderungen und Wünsche der Kursteilnehmer einzugehen. Ob die Kursteilnehmer durch diese Aktivität hilfreich unterstützt wurden, kann aus den Antworten auf die Frage des Feedback-Fragebogens – *Wie finden Sie die Hot Question (gelbes Lämpchen) "Feedback und Fragen", die in jedem Abschnitt vorhanden ist* – beantwortet werden. Zwei Personen fanden die Hot Question *sehr hilfreich*, vier Personen *hilfreich*, drei Personen *teilweise hilfreich*, vier Personen *nicht so hilfreich* und eine Person *gar nicht hilfreich*. Im Durchschnitt (3,14) wurde die Aktivität Hot Question als *teilweise hilfreich* betrachtet.

Außer der Interaktion – Kursteilnehmer stellen Fragen an die Dozenten und Dozenten gehen auf Fragen ein oder nicht ein – zwischen Kursteilnehmern und Dozenten kann das Ergebnis durch die Foren beeinflusst worden sein. Während des Aufbaus des Moodle-Kurses InfoVis und VA wurde nur eine Hot Questions-Aktivität vorgesehen. Der Einsatz von Hot Questions in jedem Themenabschnitt wurde von einem der verantwortlichen Dozenten erwünscht. Dies wurde auch umgesetzt. Da aber auch die beiden Foren – *Forum für Organisatorisches* und *Forum zu Kursinhalten (Vorlesung & Übung)* – vorhanden waren, in denen Anliegen der Kursteilnehmer gestellt werden konnten, liegt die Vermutung nahe, dass die Kursteilnehmer eher das Forum für ihre Anliegen vorgezogen haben. Die vielen Threads im *Forum zu Kursinhalten* machen dies sehr plausibel.

Am Ende jedes Themenabschnitts wurde zusätzlich der Link *Zurück zum Anfang* platziert. Dieser wurde hinzugefügt, damit die Kursteilnehmer nicht zu viel scrollen müssen, um zum Anfang der Seite zu gelangen. Auf die Frage, ob die Kursteilnehmer den Link gut fanden, haben zwei Personen *sehr gut* angegeben, vier Personen *gut*, drei Personen *befriedigend*, vier Personen *nicht so gut* und eine Person *gar nicht gut*. Im Durchschnitt (3,14) haben das die Kursteilnehmer eher *befriedigend* gefunden. Es gibt insgesamt achtzehn Themenabschnitte. Davon sind drei kleinere informative Abschnitte enthalten, die lediglich die Weihnachtspause anzeigen. Deshalb besitzt der Kurs eine längere Moodle-Kursseite, die jedoch strukturiert aufgebaut ist. Ein Kursteilnehmer fand die Länge der Kursseite zu lang, so dass er viel scrollen musste. Das hat er in der vierten Kategorie beschrieben (siehe Abschnitt 7.4 Abbildung 68, Frage *Gibt es spezielle Dinge, die Ihnen gefallen oder nicht gefallen haben?*). Durch das Ergebnis der Frage aus Abbildung 66 – ob das Vorhandensein des Links *Zurück zum Anfang* gefallen hat – ist zu vermuten, dass andere Kursteilnehmer das ähnlich empfunden haben.

Falls die Themenabschnitte auf der zentralen Kursseite vorhanden sein sollen, so kann das Plugin *Collapsed Topics* [25], das im Lernportal Informatik vor kurzem integriert wurde, als Lösung verwendet werden. Dabei sind alle Themenabschnitte auf der zentralen Kursseite als zugeklappte Abschnitte vorhanden. Der Themenname ist Platzhalter für einen Abschnitt. Klickt der Teilnehmer auf den Namen eines Abschnitts, so wird der Inhalt dieses Abschnitts – Arbeitsmaterialien und Aktivitäten – ausgeklappt. Wird das nicht mehr erwünscht, so ist wiederum ein Klick auf den Namen notwendig. Alle Abschnitte können durch ein Klick auf die Funktionen *alle aufklappen* oder *alle schließen* gleichzeitig auf- bzw. zugeklappt werden, was eine hilfreiche Unterstützung ist. Dadurch entfallen unnötige Klicks.

Um auf einer Kursseite nicht alle Themenabschnitte direkt zu zeigen, kann jeder Abschnitt durch den Themennamen der Vorlesung auf der Kursseite als Link bereitgestellt werden. Klickt der Kursteilnehmer auf den Link einer Vorlesung, dann gelangt dieser auf einer neuen Seite mit allen Aktivitäten und Arbeitsmaterialien zu diesem Vorlesung. Das ist eine alternative Lösung, die im Moodle-Standard angeboten wird.

Ein Kursteilnehmer hat schon in der ersten Kategorie *Fragen zum Design* die Idee vermittelt, den aktuellen Abschnitt immer an erster Stelle zu präsentieren, so dass das erste Thema der Vorlesung an letzter Stelle platziert wird. Damit wird ein schneller Zugriff auf den aktuellen Abschnitt ermöglicht. Das bedeutet allerdings nicht, dass das Scrollen entfällt, da auf ältere Abschnitte, die weiter unten auf der Kursseite angeordnet sind, gescrollt werden muss. Dazu bietet die Moodle-Community das *Weekly Format Reversed* [28], das allerdings für das Wochenformat geeignet ist.

Die erste Lösung – das Plugin Collapsed Topics [25] – ist hier die schönere Variante, da alle Aktivitäten des Kurses auf einer zentralen Seite organisiert werden. Jeder Teilnehmer kann auswählen, welchen Abschnitt oder auch Abschnitte er betrachten möchte. Per Mausklick auf die Themennamen kann er jederzeit interessante Themenabschnitte aus- und zuklappen. Damit wird auf der Kursseite viel Platz gespart, was zu einer noch besseren Übersicht beiträgt. Den Moodle-Kurs InfoVis und VA könnte ich mir für das nächste Wintersemester 2013/2014 in diesem Format sehr gut vorstellen. Falls die verantwortlichen Ansprechpartner das auch wünschen, kann dieses Format zukünftig umgesetzt werden.

7.4 Allgemeine Fragen und persönliche Meinung

In der vierten Kategorie des Feedback-Fragebogens werden allgemeine Fragen zum Moodle-Kurs InfoVis und VA gestellt. Dazu steht vor allem die persönliche Meinung der Kursteilnehmer im Mittelpunkt. In den Fragen geht es um die Nützlichkeit des Moodle-Kurses, die Motivation sich mehr mit den Inhalten zu beschäftigen und auch mit anderen Kursteilnehmern über Themen des Kurses zu diskutieren. Abschließend konnte der Kurs insgesamt bewertet werden.

In der ersten Frage aus Abbildung 67 werden die Kursteilnehmer befragt, wie hilfreich sie es finden, dass die Kommunikation, die Bereitstellung der Lehrinhalte, wichtige Informationen, die Abgabe von Lösungen und die Bewertungen im Moodle zentral auf einer Kursseite organisiert werden. Darauf haben sechs Personen *sehr hilfreich* angekreuzt, drei Personen *hilfreich*, vier Personen *teilweise hilfreich* und eine Person *gar nicht hilfreich*. Im Durchschnitt (3,93) haben die Kursteilnehmer die zentrale Organisation auf eine Kursseite als *hilfreich* betrachtet. Damit wurde das Lerngeschehen sowohl für Kursteilnehmer als auch für die hier verantwortlichen Ansprechpartner hilfreich unterstützt. Die verantwortlichen Ansprechpartner waren erfreut, dass das Lerngeschehen strukturiert und zentral organisiert wurde. Einer dieser Ansprechpartner hat sich bei einem Gespräch sehr positiv dazu geäußert. Das konnte man zusätzlich von seinem strahlenden Gesicht sehr gut erkennen, was auch ein positives Feedback für den Gestalter des Moodle-Kurses darstellt.

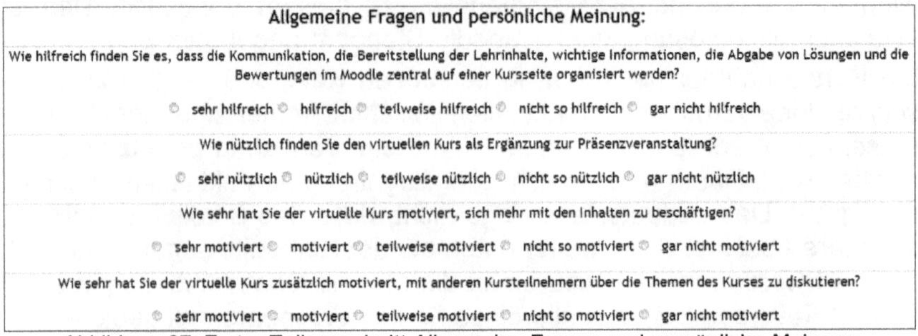

Allgemeine Fragen und persönliche Meinung:

Wie hilfreich finden Sie es, dass die Kommunikation, die Bereitstellung der Lehrinhalte, wichtige Informationen, die Abgabe von Lösungen und die Bewertungen im Moodle zentral auf einer Kursseite organisiert werden?

⊙ sehr hilfreich ⊙ hilfreich ⊙ teilweise hilfreich ⊙ nicht so hilfreich ⊙ gar nicht hilfreich

Wie nützlich finden Sie den virtuellen Kurs als Ergänzung zur Präsenzveranstaltung?

⊙ sehr nützlich ⊙ nützlich ⊙ teilweise nützlich ⊙ nicht so nützlich ⊙ gar nicht nützlich

Wie sehr hat Sie der virtuelle Kurs motiviert, sich mehr mit den Inhalten zu beschäftigen?

⊙ sehr motiviert ⊙ motiviert ⊙ teilweise motiviert ⊙ nicht so motiviert ⊙ gar nicht motiviert

Wie sehr hat Sie der virtuelle Kurs zusätzlich motiviert, mit anderen Kursteilnehmern über die Themen des Kurses zu diskutieren?

⊙ sehr motiviert ⊙ motiviert ⊙ teilweise motiviert ⊙ nicht so motiviert ⊙ gar nicht motiviert

Abbildung 67: Erster Teilausschnitt Allgemeine Fragen und persönliche Meinung

Auf die Frage *Wie nützlich finden Sie den virtuellen Kurs als Ergänzung zur Präsenzveranstaltung?* haben fünf Personen den Kurs als *sehr nützlich* betrachtet, vier Personen als *nützlich*, zwei Personen als *teilweise nützlich* und jeweils eine Person als *nicht so nützlich* und als *gar nicht nützlich*. Im Durchschnitt (3,85) wurde der Kurs als Ergänzung zur Präsenzveranstaltung als *nützlich* betrachtet. Das Ergebnis deckt sich mit den Ergebnis der vorherigen Frage. Dies wurde auch so erwartet, denn falls der virtuelle Kurs als nicht so hilfreich empfunden wäre, dann würde auch der Nutzen dieses Kurses negativ ausfallen. Damit ist erkennbar, dass die meisten Teilnehmer des Feedback-Fragebogens sich Zeit genommen haben, um die Frage bestmöglich zu beantworten. Wie bereits in der ersten Kategorie (in Abschnitt 7.1) erwähnt, wurde bei einem Fragebogen immer eine schlechte Bewertung abgegeben, jedoch ohne eine Begründung abzugeben. Damit kann das Ergebnis dieses Fragebogens nicht maßgeblich zu konstruktiven Änderungen und Wünschen im Moodle-Kurs InfoVis und VA beitragen.

In der nächsten Frage *Wie sehr hat Sie der virtuelle Kurs motiviert, sich mehr mit den Inhalten zu beschäftigen?* wurde eine Person *sehr motiviert*, zwei Personen *motiviert*, sieben Personen *teilweise motiviert*, zwei Personen *nicht so motiviert* und eine Person *gar nicht motiviert*. Im Durchschnitt (3,00) wurden die Kursteilnehmer *teilweise motiviert*, sich mit den Kursinhalten zu beschäftigen. Der Moodle-Kurs könnte die Motivation mit zusätzlichen Tests erhöhen. In diesem Semester wurde nur im ersten Abschnitt ein Test hinzugefügt, in dem die Kursteilnehmer in einer Skizze fehlende Antworten eintragen konnten. Mehrere und verschiedene Tests (wie in Anhang A.7 einzusehen) mit zeitnahen Feedbacks können die Kursteilnehmer motivieren, sich mit den Inhalten im virtuellen Kurs auseinander zu setzen. Dazu muss Zeit investiert werden, um einen Test inhaltlich zu konzipieren. Da der Moodle-Kurs InfoVis und VA erstmalig in diesem Semester zur Verfügung gestellt wurde, befindet sich dieser Kurs in einer Testphase. Das Ergebnis liefert trotzdem eine gute Rückmeldung. Die verantwortlichen Ansprechpartnern können durch mehrere und gut durchdachte Tests die Kursteilnehmer noch mehr motivieren, sich mit den Inhalten online zu beschäftigen. Diese Information wird an die Ansprechpartner weitergegeben. Solche Tests können für das nächste Semester, falls das der Veranstalter erwünscht, berücksichtigt werden. Darüber hinaus ist es offensichtlich, dass der Moodle-Kurs nicht von alleine die Kursteilnehmer motivieren kann. Dazu tragen noch weitere Aspekte bei, etwa die Präsenzveranstaltung, die Interaktion zwischen Kursteilnehmern und Dozenten sowie die innere Einstellung der einzelnen Teilnehmer.

Auf die Frage *Wie sehr hat Sie der virtuelle Kurs zusätzlich motiviert, mit anderen Kursteilnehmern über die Themen des Kurses zu diskutieren?* wurde eine Person *sehr motiviert*, zwei Personen *motiviert*, fünf Personen *teilweise motiviert*, vier Personen *nicht so motiviert* und eine Person *gar nicht motiviert*. Im Durchschnitt (2,85) wurden die Kursteilnehmer *teilweise motiviert* mit anderen Kursteilnehmern zu diskutieren. Das bedeutet aber nicht, dass die Kursteilnehmer an sich mit dem virtuellen Kurs nicht zufrieden waren, da bei der Frage zu den kommunikativen Möglichkeiten aus Abschnitt 7.2 die kommunikativen Hilfsmittel eher als hilfreich betrachtet wurden. Damit ist zu vermuten, dass die Kursteilnehmer mit den Antworten im Forum sowie mit der Aktivität Hot Questions eher teilweise zufrieden waren.

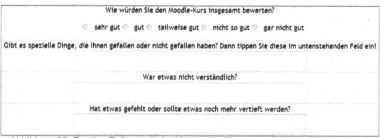

Abbildung 68: Zweiter Teilausschnitt Allgemeine Fragen und persönliche Meinung

In Abbildung 68 ist der zweite Teilausschnitt der vierten Kategorie *Allgemeine Fragen und persönliche Meinung* zu sehen. In der ersten Frage dieser Abbildung wird der Moodle-Kurs InfoVis und VA von den Kursteilnehmern insgesamt bewertet. Bei der Bewertung wurde diesmal die Punktzahl der Antworten – *sehr gut* bis *gar nicht gut* – gemäß den Noten einer Universität vergeben. Damit werden dem *sehr gut* bis *gar nicht gut* nicht mehr Punktzahlen zugeordnet, wie das bei allen anderen Fragen der Fall war, sondern Noten. Für *sehr gut* wird dementsprechend die

Note 1 und für *gar nicht gut* die Note 5 vergeben. Vier Personen haben die Note *sehr gut* vergeben, sieben Personen die Note *gut*, eine Person die Note *teilweise gut*, eine Person *nicht so gut* und eine Person *gar nicht gut*. Im Durchschnitt (2,14) wurde dem Moodle-Kurs InfoVis und VA die Note *gut* vergeben. Das ist ein erfreuliches Ergebnis für den Gestalter des Moodle-Kurses, zumal der Moodle-Kurs erstmalig zum Einsatz gekommen ist. Das zeigt auch, dass die Mehrheit mit dem Moodle-Kurs zufrieden waren. Damit wurde das Lerngeschehen in diesem Kurs hilfreich unterstützt.

Nach dieser Bewertungsfrage wurden die Kursteilnehmer befragt, ob es noch spezielle Dinge gibt, die ihnen entweder gefallen oder nicht gefallen haben. Ein Kursteilnehmer, der dem Kurs die Bewertung gut vergeben hat, hat den Kurs als „schönes System bezeichnet". Er war allerdings nicht mit allen Antworten des Forums zufrieden.

Ein anderer Kursteilnehmer, der dem Moodle-Kurs die Bewertung nicht so gut vergeben hat, findet die Lernplattform Moodle „hässlich". Das ist auch die Person, die sich in der ersten Kategorie zum Design geäußert hatte. Dabei wurde erwähnt, dass das Design in Lernportal Informatik geändert werden kann. Es stehen sehr viele unterschiedliche Designs zur Auswahl. Der Aufbau und die Gestaltung der Seite mit Aktivitäten, Arbeitsmaterialien und Blöcken bleibt davon unberührt. Dadurch erhält jeder Teilnehmer die gleichen Informationen unabhängig von der Auswahl des gewünschten Designs. Zukünftig könnte man im Moodle-Kurs darauf hinweisen, dass es diese individuelle Möglichkeit gibt. Dieser Hinweis könnte allerdings auch im Lernportal stehen, so dass das alle Studierende erfahren können. So kann jeder Kursteilnehmer sein eigenes Design für alle Moodle-Kurse im Lernportal Informatik auswählen.

Die gleiche Person, die das Design – Grundeinstellungsdesign von Moodle – nicht gut fand, hat geschrieben, dass auch eine reguläre Webseite und das Fachschaftsforum [10] völlig ausreichen würden. Dazu sollte nach seiner Meinung ein Konzept für einen virtuellen Kurs erstellt werden, das einen Mehrwert liefert. Zu den Konzepten und den gewünschten Mehrwert hat er allerdings keine Vorschläge gemacht, so dass konstruktive Änderungen nicht gemacht werden können. Eine reguläre Veranstaltungsseite kann jedoch die Vorteile einer Lernplattform (siehe Abschnitt 2 und 3) nicht ausreichend erfüllen. Ohne eine Lernplattform müsste man die Hausaufgaben an die Dozenten per Email verschicken. Das ist bei vielen Kursteilnehmern eine mühsame Angelegenheit. Das wurde in der Vergangenheit in der Veranstaltung InfoVis und VA gemacht, was die Bearbeitung für die Bewerter erschwerte. Diese hatten alle Kursteilnehmer gebeten, den gleichen Betreff zu nutzen, so dass die Emails mit den angehängten Abgaben von den anderen Emails getrennt werden konnten.

Zudem muss die richtige Email-Adresse des verantwortlichen Ansprechpartners für die Übungen und Fragen ausgesucht werden, da diese Veranstaltung aus zwei Teilen besteht und deshalb mehrere Personen involviert sind. Diese Probleme sind in der Moodle-Lernplattform nicht vorhanden. Hausaufgaben können über die Aktivität *Aufgabe* hochgeladen werden, ohne sich Gedanken machen zu müssen, an wen die Aufgabe geschickt werden soll. In Moodle-Kurs InfoVis und VA wurde durch den Block *Personen* (siehe Abschnitt 4.6) der Kontakt zu einzelnen Kursteilnehmern ermöglicht, was auf einer Veranstaltungsseite undenkbar wäre. Per Mausklick können über den Block *Message My Teacher* (siehe Abschnitt 4.6) die verantwortlichen Ansprechpartner ausgewählt werden, um ihnen eine Nachricht zu verschicken. Dabei wird die Eingabe der Email-Adresse nicht benötigt. Die Nachricht kann sofort verfasst und abgeschickt werden. Sogar dieser Feedback-Fragebogen wurde über den Moodle-Kurs online erstellt und ausgefüllt. Die Auswertung übernimmt das Moodle-System automatisch, was eine mühsame Arbeit abnimmt. Tests und Abstimmungen können auch online erfolgen. Damit entfällt das Ausfüllen in Papierform und damit unnötige Gänge zum Veranstalter. In Moodle können mehrere Foren zu einem Kurs eingerichtet werden. Im Fachschaftsforum [10] wird zu jeder Veranstaltung hingegen nur ein Forum eingerichtet. Es gibt noch Veranstaltungen, die nicht im Lernportal Informatik vorhanden sind, so dass das Fachschaftsforum für die Kursteilnehmer dieser Veranstaltungen eine hilfreiche Unterstützung bieten kann.

Nichtsdestotrotz wird das ganze Lerngeschehen in Moodle zentral auf einer Kursseite organisiert. Auf einer statischen Veranstaltungsseite werden nur einige Informationen zur Veranstaltung und Arbeitsmaterialien zur Verfügung gestellt. Möchten die Kursteilnehmer einen Dozenten per Email erreichen, müssen sie sich über ihren privaten Email-Account-Anbieter anmelden. Soll über eine Frage diskutiert werden, so muss zusätzlich die Seite des Fachschaftsforums aufgerufen werden. Alle aufgeführten Aspekte werden in einem Moodle-Kurs, was auch für den Moodle-Kurs InfoVis und VA gilt, zentral organisiert. Dadurch werden unterschiedliche Webseitenaufrufe und die damit verbundene Suche nach den relevanten Informationen für das Lerngeschehen vermieden. In Lernportal Informatik ist zudem die Anmeldung und das Betreiben eines Kurses für einen interessierten Veranstalter kostenlos. Durch dieses Lernportal werden alle Vorteile ermöglicht.

Auf die Frage *War etwas nicht verständlich* aus Abbildung 68 wurde ein Beitrag abgegeben. Ein Kursteilnehmer hat geschrieben, dass er das Forum durch die vorangegangenen Informationen – Begrüßung, Ansprechpartner und Informationen – zuerst übersehen hat. Diesen Beitrag hatte er auch in der ersten Kategorie genannt. Dies ist ein guter Hinweis, so dass die Foren in Moodle-Kurs hervorgehoben werden. In Abschnitt 7.5 wird die Umsetzung beschrieben.

In der letzten Frage des Feedback-Fragebogens (in Abbildung 68 zu sehen) wurden die Kursteilnehmer befragt, ob ihnen im Kurs etwas gefehlt hat oder vertieft werden soll. Ein Kursteilnehmer hat sich dazu geäußert. Ihm haben Tools zur Bewältigung der Hausaufgaben gefehlt, die dann auch noch verlinkt werden können. Ein Tool das im ersten Abschnitt aufgelistet wurde, ist die Visualisierungs-Software Tableau [54]. Ob noch weitere Tools angezeigt werden sollen, obliegt den verantwortlichen Ansprechpartnern. Im letzten Semester gab es ein paar Aufgaben, bei denen die Kursteilnehmer selber nach einem geeigneten Tool recherchieren sollten, um die Aufgaben zu lösen. Damit wurde die Wahl der Tools freigestellt. Die Suche nach einem geeigneten Tool wurde eventuell beabsichtigt, damit die Kursteilnehmer unterschiedliche Tools kennenlernen und ausprobieren.

7.5 Fazit

Im Wintersemester 2012/2013 wurde erstmalig der Moodle-Kurs InfoVis und VA angeboten. Damit befand sich der Moodle-Kurs auch in einer Testphase. Durch den hier beschriebenen Feedback-Fragebogen konnte eine Evaluation dieses Kurses erfolgen. Der Moodle-Kurs bekam insgesamt von den Kursteilnehmern die Bewertung gut. Dieses Feedback zeigt, dass das Lerngeschehen der Kursteilnehmer hilfreich unterstützt wurde. Auch die Arbeit der verantwortlichen Ansprechpartner des Kurses wurde erleichtert, da sie einen gut strukturierten und zentral aufgebauten Kurs bekommen haben. In logischen Themenabschnitten wurde jede Vorlesungseinheit mit allen Aktivitäten und Arbeitsmaterialien präsentiert. Durch die repräsentativen Bilder und das danebenstehenden Datum der Vorlesung wurde sowohl eine thematische als auch eine chronologische Übersicht gegeben. Neben den Abschnitten wurden am linken und rechten Rand der Kursseite hilfreiche Blöcke hinzugefügt. Auf der linken Seite befinden sich die kommunikativen Blöcke und auf der rechten Seite die informativen Blöcke, die den aktuellen Stand des Kurses anzeigen.

Durch die vier Kategorien – *Fragen zum Design, Fragen zu den Blöcken, Fragen zu Arbeitsmaterialien und Aktivitäten* und *Allgemeine Fragen und persönliche Meinung* – konnte eine zielgerichtete Evaluierung stattfinden, da in diesen Kategorien zielgerichtete Fragen zum Design (Aufbau und Gestaltung des Moodle-Kurses), zu den Blöcken, zu den Arbeitsmaterialien und Aktivitäten sowie zu der persönliche Meinung gestellt wurden. Dabei wurden auch konstruktive Änderung und Wünsche der Kursteilnehmer geäußert, die für die Verbesserung des Kurses im nächsten Semester berücksichtigt werden können.

Zu allen Kategorien – siehe Abschnitte 7.1 bis 7.4 – wurden unterschiedliche Verbesserungsvorschläge präsentiert. Dabei wurden zu einer Problemstellung mehrere Lösungsvorschläge geben. In diesem Abschnitt werden meine favorisierten Lösungen noch einmal erwähnt, die auch umgesetzt werden können. Bei einigen Änderungen bedarf es auch einer Absprache mit den verantwortlichen Dozenten.

In der ersten Kategorie wurde erwähnt, dass durch die Begrüßung, die Auflistung der Ansprechpartner sowie die weiterführenden Informationen am Anfang der Seite die Foren leicht zu übersehen waren. Dazu wurden die Abstände zwischen Begrüßung und Ansprechpartner sowie Ansprechpartner und weiterführenden Informationen kleiner gemacht. Dadurch wird die Länge etwas verkürzt, so dass die Foren höher platziert werden. Darüber hinaus wurde der Text Foren (siehe Abbildung 22 in Abschnitt 4.1.2) vergrößert und in rot dargestellt. Durch die rote Schrift wird zusätzlich signalisiert, dass hier etwas Wichtiges vorhanden ist. Außerdem wurde das Forum *Ankündigungen* auf *Ankündigungen der Dozenten* ungenannt, so dass die Kursteilnehmer dies besser als Nachrichtenforum der Dozenten erkennen können. Die Foren werden noch besser zu erkennen sein, wenn die Themenabschnitte im *Collapsed Topics* Format [25] angeordnet werden. Diese werden als zugeklappte Abschnitte zentral auf der Kursseite organisiert. Der zu interessierende Abschnitt oder der aktuelle Abschnitt kann per Mausklick auf den Themennamen aufgeklappt werden. Dadurch wird die Länge der Kursseite mit zugeklappten Abschnitten kleiner und übersichtlicher.

Da die Hot Questions, die in jedem Themenabschnitt vorhanden war, nicht immer genutzt wurden und auch von einem Kursteilnehmer anfänglich als Forum betrachtet wurde, sollte nur eine Hot Questions-Aktivität unterhalb der Foren platziert werden. Im Beschreibungstext dieser Aktivität sollte zusätzlich eine kurze Erläuterung zum Gebrauch gegeben werden.

Ein konstruktiver Hinweis ist, alle aktuellen Arbeitsmaterialien in einem ZIP-Ordner zur Verfügung zu stellen. Dieser Ordner muss wöchentlich von einer berechtigten Person aktualisiert werden. Diese Idee ist hilfreich, da das erneute Herunterladen in jeden Abschnitt entfällt.

Wie in Abschnitt 7.1 und 7.4 erwähnt, stehen im Lernportal Informatik verschiedene Designs zur Auswahl. Dieses Design ändert die Gestaltung und Aufbau mit allen Aktivitäten Arbeitsmaterialien nicht. Auch die Blöcke bleiben erhalten. Im Forum für Organisatorisches wäre ein Hinweis auf die Änderung des Design angebracht. Dabei sollte erläutert werden, wo die Änderung durchgeführt werden können. Am besten wäre, dass schon auf der Startseite des Lernportals darauf hingewiesen wird.

Auf der linken Seite sind die kommunikativen Blöcke angeordnet. Außer diesen Blöcken ist der lange Navigationsblock, wie in Abschnitt 7.2 erläutert, an erster Stelle platziert. Durch seine Länge geraten die kommunikativen Blöcke auf der Kursseite weiter nach unten, so dass sie bei einem kurzen Besuch eventuell übersehen werden können. Neben der Erläuterung der Änderung des Designs sollte zusätzlich darauf hingewiesen werden, dass bei einigen Designs die Blöcke am Seitenrand zugeklappt angeheftet werden können. Beim Scrollen werden diese immer im Blickfeld angezeigt. Gelangt der Mauszeiger auf das zugeklappte Element, erscheint der Inhalt des Blocks. Dadurch kann von jedem Kursteilnehmer selber entschieden werden, welche Blöcke am linken und rechten Seitenrand vollständig sichtbar sein sollen und welche am Seitenrand zugeklappt angeheftet werden. Damit können wichtige Blöcke nicht mehr so einfach übersehen werden.

Eine weitere Änderung bezieht sich auf die Abgabe der Hausaufgaben über die Aktivität *Aufgabe*. In Abschnitt 7.3 wurde das Problem mit dem Abgabebutton erwähnt. Dabei haben ein paar Kursteilnehmer bei der Abgabe der Lösung sofort den Abgabebutton betätigt, obwohl eventuelle Änderungen noch vor der Deadline erwünscht waren. Nachdem der Abgabebutton betätigt wurde, konnte jedoch keine Änderung mehr vorgenommen werden. Per Email-Absprache mit den verantwortlichen Ansprechpartner konnte dies allerdings rückgängig gemacht werden. Da die Abgaben erst nach Deadline korrigiert werden, wird in Zukunft der Abgabebutton entfernt. Die letzte aktualisierte Fassung der Hausaufgabe wird als Lösung angenommen. Darüber hinaus sollte in jedem Beschreibungstext der Aktivität *Aufgabe* ein Hinweis hinzugefügt werden, wo die Kursteilnehmer ihre Einzel- und Gesamtbewertung einsehen können. In Abschnitt 7.3 wurde erklärt, wie ein Teilnehmer zu seinen Bewertungen gelangen kann. Da für ein paar Kursteilnehmer Moodle unbekannt ist, sind solche Hinweise hilfreich, um so einfacher und schneller an die relevanten Informationen zu gelangen.

Somit war der zielgerichtete Feedback-Fragebogen hilfreich für die Evaluation des Moodle-Kurses. Dadurch wurden einige konstruktive Änderungen vorgenommen; andere können während des nächsten Semesters durch die verantwortlichen Ansprechpartner aktuell vorgenommen werden.

8 Zusammenfassung und Ausblick

In dieser Arbeit wurden Design-Konzepte für Vorlesungen, Seminare und Praktika mit Moodle entwickelt. Bei der Entwicklung von Design-Konzepten wurde der Ablauf der Veranstaltungen sowie die Arbeit der Kursleiter und Kursteilnehmer berücksichtigt, um so einen guten Moodle-Kurs aufbauen zu können. Erst dadurch können geeignete Elemente und Blöcke in einem Moodle-Kurs ausgewählt werden, die die Teilnehmer in ihrer Arbeit unterstützen. Außerdem wurde auf einen sinnvollen Aufbau der Abschnitte geachtet und der Aufbau an die Bedürfnisse der Veranstaltung angepasst. Deshalb sind diese entwickelten Moodle-Kurse eine hilfreiche Unterstützung der Präsenzveranstaltungen.

In jedem Moodle-Kurs wurde ganz am Anfang einer Seite eine herzliche Begrüßung platziert. Das sorgt, wie bei einem realen Kurs, für eine positive und freundliche Atmosphäre, in der die Kursteilnehmer sich wohlfühlen können. Das könnte auch dazu beitragen, dass interessierte Personen den Kurs belegen. Außerdem wurde neben der Begrüßung im Moodle-Kurs für Vorlesungen und Seminare das Logo des Fachgebiets platziert. Mit dem Logo, falls vorhanden, kann eine Veranstaltung dem jeweiligen Fachgebiet schneller zugeordnet werden. Deshalb wurde dieser Wiedererkennungswert auch in den Moodle-Kursen hinzugefügt. Bei dem Praktikum gab es kein Logo, so dass ein geeignetes Bild platziert wurde. Das Bild zeigt ein fertig implementiertes Spiel. Damit sehen die Kursteilnehmer, was das Ziel des Praktikums ist. Das kann dazu beitragen, dass unentschlossene Personen den Kurs belegen.

Auch mehrere Foren wurden eingesetzt, um Ankündigungen des Veranstalters, organisatorische und inhaltliche Anliegen diskutieren zu können. Damit wird eine dynamische Kommunikation zwischen den Teilnehmern gefördert. Das ist wichtig, da beim Ablauf der Veranstaltungen und bei der Arbeit der Teilnehmer häufig Fragen und persönliche Anliegen entstehen können. Beim Seminar und Praktikum wurden auch Foren für Gruppen eingerichtet, in denen die Beiträge einer Gruppe nur für Gruppenmitglieder und Betreuer einsehbar sind. Dadurch können persönliche Anliegen und Absprachen der Gruppe offener gestellt werden.

Wichtige Informationen, Hinweise sowie Anmeldungen von Gruppen wurden am Anfangsabschnitt angeordnet, so dass sie nicht einfach in Vergessenheit geraten.

Im Moodle-Kurs InfoVis und VA (siehe Abschnitt 4) wurden Themenabschnitte hinzugefügt, die das Thema einer Vorlesung repräsentieren. Alle dazugehörigen Aktivitäten und Arbeitsmaterialien inklusive der Übung wurden in einem Themenabschnitt hinzugefügt. Die gleiche Reihenfolge der Elemente wurde in jedem Abschnitt beibehalten, so dass ein Themenabschnitt eine logisch strukturierte Vorlesungseinheit bildet. Das besondere an jedem Abschnitt sind die Bilder, die das Thema der Vorlesungen repräsentieren. Dadurch kommt der Charakter der Vorlesung – die Informationsvisualisierung – zum Vorschein. Außerdem wirkt der Kurs kreativ und freundlich. Neben einem Bild wird auch das Datum der Vorlesung angezeigt, damit auch eine chronologische Unterstützung gegeben werden kann. Dadurch gerät der Termin der nächsten Vorlesung nicht einfach in Vergessenheit.

Neben den Themenabschnitten wurden im Moodle-Kurs InfoVis und VA kommunikative und informative Blöcke hinzugefügt. Die informativen Blöcke zeigen aktuelle Neuigkeiten des Kurses an, so dass die Kursteilnehmer immer auf den aktuellen Stand sind. Bei der Auswahl von kommunikativen Blöcken wurde darauf geachtet, dass die Kursteilnehmer bestimmte Ansprechpartner und bestimmte Kursteilnehmer auswählen konnten, um eine Nachricht zu verschicken. Damit kann ein Kursteilnehmer persönliche Anliegen, die er nicht öffentlich über das Forum stellen möchte, gezielt an eine Person richten. Dabei reicht ein Klick auf den Namen einer Person aus. In einem Moodle-Kurs für Vorlesungen ist das hilfreich, da die Kursteilnehmer sich virtuell austauschen und Lerngruppen bilden können. Auch die Veranstalter können eine Nachricht an einen bestimmten Kreis von Kursteilnehmern richten.

Der Moodle-Kurs InfoVis und VA wurde im Wintersemester 2012/2013 erstmalig angeboten. Damit befand sich der Moodle-Kurs auch in einer Testphase. Um den Moodle-Kurs evaluieren zu können, wurde ein Feedback-Fragebogen in Moodle erstellt (siehe Abschnitt 7). Dieser Kurs wurde von den Kursteilnehmern evaluiert und bekam die Bewertung gut. Dieses Feedback zeigt, dass das Lerngeschehen der Kursteilnehmer hilfreich unterstützt wurde. Auch die Arbeit der verantwortlichen Ansprechpartner des Kurses wurde erleichtert, da sie einen gut strukturierten und zentral aufgebauten Kurs bekommen haben.

Die Besonderheit im Moodle-Kurs Medical Computing (siehe Abschnitt 5) ist, dass dieser Kurs aus zwei Abschnitten besteht. Im ersten Abschnitt befinden sich die Arbeitsmaterialien und Aktivitäten des Veranstalters, die für die Bearbeitung der schriftlichen Ausarbeitung und der Vortragsfolien wichtig sind. Damit enthält der erste Abschnitt hilfreiche Elemente für die Arbeit der Kursteilnehmer. Im zweiten Abschnitt werden die Arbeitsergebnisse der Kursteilnehmer präsentiert. Dadurch repräsentiert dieser Abschnitt die Arbeitsergebnisse der Kursteilnehmer. In diesem Kurs wurde der Block *Kalender* hinzugefügt, damit die Kursteilnehmer die Termine für die Vorträge nicht einfach vergessen können. Darüber hinaus erinnert der Kalender die jeweiligen Gruppen an die rechtzeitige Abgabe der Ausarbeitungen und der Vortragsfolien. Der Kalender wurde gezielt ausgewählt, da in der Aufgaben-Aktivität für die Ausarbeitungen und für die Vortragsfolien nur ein Abgabetermin ausgewählt werden kann. Damit kann bei wöchentlichen Vortragsterminen nur maximal die letzte Gruppe automatisch an ihren Abgabetermin erinnert werden. Mit dem Kalender können alle Gruppen einen Abgabetermin erhalten, an dem sie rechtzeitig erinnert werden.

Im Moodle-Kurs EeS (siehe Abschnitt 6) erhalten die Teilnehmer einen gut strukturierten Kurs, der sie in ihrer Arbeit hilfreich unterstützt. Jeder Abschnitt repräsentiert eine Übung. Ein Abschnitt enthält alle erforderlichen Arbeitsmaterialien, die notwendig sind, um das Spielprogramm implementieren zu können. Das Besondere ist, dass zu jedem Abschnitt ein einführender Text und zusätzliche Hinweise gegeben werden. Damit erfahren in kurzer Zeit die Kursteilnehmer den Zweck der Übung. Die vielen Dateien, die zum Programmieren benötigt werden, werden in Verzeichnissen verwaltet. Dadurch wird ein Abschnitt nicht zu lang, was gut für den Überblick ist.

Eine weitere Besonderheit des Moodle-Kurses EeS ist, dass in jedem Abschnitt ein Forum zur Übung platziert wurde. Das ist sinnvoll, da in diesen Foren nur Anliegen zur jeweiligen Übung gestellt werden. Wenn es nur ein Forum für alle Übungen gäbe, dann wäre es nicht einfach, die Beiträge zu den Übungen zu unterscheiden. Die Kursteilnehmer müssten im Betreff eines Beitrags immer genau angeben, um welche Übung es sich handelt. Bei den Foren zur Übung wird das nicht benötigt, da klar ist, welche Übung diskutiert wird. Diese Foren sind für alle Kursteilnehmer zugänglich, da alle Gruppe die gleichen Übungen zu bearbeiten haben, was beispielsweise in einem Seminar nicht der Fall ist. Fragen einer Gruppe können auch für andere Gruppen interessant und hilfreich sein. Für die Betreuer des Praktikums ist das auch hilfreich, da mehrfach gestellte Antworten zu einer ähnlichen Frage entfallen.

Alle Themenabschnitte des Moodle-Kurses EeS wurden im *Collapsed Topics*-Format hinzugefügt. Damit kann ein Teilnehmer auswählen, welchen Abschnitt er auf- oder zugeklappt haben möchte. Mit diesem Format wird eine zu lange Kursseite vermieden, bei der die Teilnehmer viel scrollen müssen. Zudem wirkt der Moodle-Kurs insgesamt kompakter und gut organisiert, so dass die Teilnehmer sich gut orientieren können.

Für die hier vorgestellten Moodle-Kurse sind die entwickelten Design-Konzepte auch für andere Vorlesungen, Seminare und Praktika, die einen ähnlichen Aufbau vorweisen, übertragbar. In jeder Veranstaltung, die einen ähnlichen organisatorischen Ablauf besitzt, können diese Design-Konzept hilfreich für die Arbeit der Veranstalter und Studierenden eingesetzt werden. Einige Konzepte können auch in andere Veranstaltungen, die hier nicht erwähnt wurden, übernommen werden, etwa eine herzliche Begrüßung und der Einsatz von Logos und Bildern.

Auch wenn ein paar Punkte im Ablauf abweichen, kann ein Moodle-Kurs mit diesen Design-Konzepten ergänzt werden. Wie bereits in dieser Masterarbeit mehrfach erwähnt, kann ein Moodle-Kurs an die Bedürfnisse der Veranstaltung angepasst werden. Dazu können auch andere hilfreiche Plugins verwendet werden, die von einer weltweiten Community angeboten werden.

Alles in allem können gute Design-Konzepte mit Moodle entwickelt werden. Diese Design-Konzepte können die Präsenzveranstaltungen hilfreich unterstützen.

9 Literaturverzeichnis

[1]   André Klassen, Rüdiger Rolf, Lars Kiesow, Denis Meyer: Integrating Production and Distribution of Lecture Related Media into an LMS, IEEE International Symposium on Multimedia 2012, S. 457 - 460,

[2]   Blackboard: Blackboard Collaborate, https://www.blackboard.com/platforms/collaborate/overview.aspx, Letzter Zugriff am 22.07.2013

[3]   Blackboard: Blackboard Learn, http://www.blackboard.com/Platforms/Learn/Overview.aspx, Letzter Zugriff am 22.07.2013

[4]   Blackboard: Blackboard Mobile, https://www.blackboard.com/platforms/mobile/products/mobile-learn.aspx, Letzter Zugriff am 22.07.2013

[5]   Blackboard: Products Feature Showcase, https://www.blackboard.com/Platforms/Learn/Products/Blackboard-Learn/Features.aspx, Letzter Zugriff am 22.07.2013

[6]   Butler University: Learning Management System (LMS) Evaluation 2011-2012. LMS Evaluation; Project Summary and Supporting Data DRAFT July 27, 2011, http://blogs.butler.edu/lms/files/2011/08/executive-summary.pdf, Letzter Zugriff am 22.07.2013

[7]   Butler University: Learning Management System Evaluation and Recommendation 2011-2012. LMS Evaluation Executive Summary, http://blogs.butler.edu/lms/files/2012/04/Executive-Summary-and-Recommendation.pdf, Letzter Zugriff am 22.07.2013

[8]   E-Teaching.org: Blackboard Learn Steckbrief, http://www.e-teaching.org/technik/produkte/blackboardlearnsteckbrief, Letzter Zugriff am 22.07.2013

[9]   E-Teaching.org, http://www.e-teaching.org/, Letzter Zugriff am 22.07.2013

[10]   Fachschaft Informatik: D120.de/forum an der TU Darmstadt, https://www.d120.de/forum/

[11]   FU Berlin: Blackboard Learn Kursleiterhandbuch, Veröffentlichung: 2. Juni 2005, http://www.lai.fu-berlin.de/e-learning/projekte/didaktik/tutorials/BB-Benutzerhandbuch-Lehren-de.pdf, Letzter Zugriff am 22.07.2013

[12]   Guido Rößling, Andreas Kothe: Extending moodle to better support computing education. In Proceedings of the 14th annual ACM SIGCSE conference on Innovation and technology in computer science education (ITiCSE '09). ACM, New York, NY, USA, S. 146-150.

[13]   Guido Rößling, Myles McNally, Pierluigi Crescenzi, Atanas Radenski, Petri Ihantola, M. Gloria Sánchez-Torrubia: Adapting moodle to better support CS education. In Proceedings of the 2010 ITiCSE working group reports (ITiCSE-WGR '10), Alison Clear, Lori Russell Dag (Hrsg.), ACM, New York, NY, USA, S. 15-27.

[14]   Jürgen Benner, Markus Englisch, Josef Schwickert: Moodle kompakt: schneller und effizienter Einstieg in die Praxis /1. Ausg., März 2010. Bodenheim [u.a.]: Herdt, 2010

[15]   Lernportal Informatik an der TU Darmstadt. https://moodle.informatik.tu-darmstadt.de/, Letzter Zugriff am 22.07.2013

[16]   Martin Dougiamas. http://moodle.udec.ntu-kpi.kiev.ua/martin_dougiamas.html, Letzter Zugriff am 22.07.2013

[17]   Martin Dougiamas, Peter C. Taylor: Interpretive analysis of an internet-based course constructed using a new courseware tool called Moodle, http://dougiamas.com/writing/herdsa2002/, Letzter Zugriff am 22.07.2013

[18]   Michael Kerres: Mediendidaktik, Konzeption und Entwicklung mediengestützter Lernangebote, 3. Auflage, Oldenbourg Verlag 2012

[19]   Moodle: About Moodle, http://docs.moodle.org/24/en/About_Moodle, Letzter Zugriff am 22.07.2013

[20]   Moodle: Feedback erstellen, http://docs.moodle.org/24/de/Feedback_erstellen#Multiple_Choice, Letzter Zugriff am 22.07.2013

[21]   Moodle: Mobiles Moodle, http://docs.moodle.org/24/de/Mobiles_Moodle, Letzter Zugriff am 22.07.2013

[22] Moodle: PHP, http://docs.moodle.org/24/en/PHP, Letzter Zugriff am 22.07.2013

[23] Moodle: Plugin A Virtual Classroom Plugin, WizIQ, https://moodle.org/plugins/view.php?plugin=mod_wiziq, Letzter Zugriff am 22.07.2013

[24] Moodle: Plugin BigBlueButton, https://moodle.org/plugins/view.php?plugin=mod_bigbluebuttonbn, Letzter Zugriff am 22.07.2013

[25] Moodle: Plugin Collapsed Topics, https://moodle.org/plugins/view.php?plugin=format_topcoll, Letzter Zugriff am 22.07.2013

[26] Moodle: Plugin Group self-selection, https://moodle.org/plugins/view.php?plugin=mod_groupselect, Letzter Zugriff am 22.07.2013

[27] Moodle: Plugin Hot Questions, https://moodle.org/plugins/view.php?plugin=mod_hotquestion, Letzter Zugriff am 22.07.2013

[28] Moodle: Plugin Weekly format reversed, https://moodle.org/plugins/view.php?plugin=format_weeksrev, Letzter Zugriff am 22.07.2013

[29] Moodle: Rubrik, Berechnung der Gesamtbewertung, http://docs.moodle.org/24/de/Rubriken#Berechnung_der_Gesamtbewertung, Letzter Zugriff am 22.07.2013

[30] Moodle: SCORM-Format, http://docs.moodle.org/24/de/SCORM-Format, Letzter Zugriff am 22.07.2013

[31] Moodle: Sprachpakete, http://docs.moodle.org/24/de/Sprachpakete, Letzter Zugriff am 22.07.2013

[32] Moodle: Systemweite Einstellungen, http://docs.moodle.org/24/de/Meine_Startseite#Systemweite_Einstellungen, Letzter Zugriff am 22.07.2013

[33] Moodle: Team, http://moodle.com/hq/team/, Letzter Zugriff am 22.07.2013

[34] Moodle: Umfrage konfigurieren, http://docs.moodle.org/24/de/Umfrage_konfigurieren, Letzter Zugriff am 22.07.2013

[35] Moodle, https://moodle.org/, Letzter Zugriff am 22.07.2013

[36] Peter Bradford, Margaret Porciello, Nancy Balkon, Debra Backus: The Blackboard Learning System, United University Professions, Albany NY 12212-5143, Published in The Journal of Educational Technology Systems 35:301-314, 2007, http://uupinfo.org/research/working/bradford.pdf, Letzter Zugriff am 22.07.2013

[37] Praktikum: Entwurf eingebetteter Systeme, http://www.vlsi.informatik.tu-darmstadt.de/student_area/sep/, Letzter Zugriff am 22.07.2013

[38] Praktikum: Entwurf eingebetteter Systeme, Übung 1, http://www.vlsi.informatik.tu-darmstadt.de/student_area/sep/files/uebung1.pdf, Letzter Zugriff am 22.07.2013

[39] Princeton University: Blackboard Office of Information Technology, Getting Started, http://www.princeton.edu/bb/faq/getting-started/, Letzter Zugriff am 22.07.2013

[40] Rolf Schulmeister: Lernplattformen für das virtuelle Lernen, Evaluation und Didaktik, 2. Auflage, München: Oldenbourg Verlag 2005

[41] SCORM, http://www.e-work.ethz.ch/praesentationen/ss_03/gruppe-3/Homepage/Scorm.html, Letzter Zugriff am 22.07.2013

[42] Screenshot aus MyBlackboard Learn 9.1, https://yccd.blackboard.com/webapps/login/, Letzter Zugriff am 22.07.2013

[43] Screenshot aus Stud.IP 2.3 - Demo Kurs, http://demo.studip.de/index.php, Letzter Zugriff Ende Februar 2013

[44] Seminar: Aktuelle Trends im Medical Computing, Themenvergabe, http://www.gris.tu-darmstadt.de/teaching/sempract/ss12/medcomp/index.de.htm, Letzter Zugriff am 22.07.2013

[45] Seminar: Aktuelle Trends im Medical Computing, http://www.gris.tu-darmstadt.de/teaching/sempract/ss12/medcomp/index.de.htm, Letzter Zugriff am 22.07.2013

[46] Stud.IP: Stud.IP mobile / Stud.IP App, http://blog.studip.de/beitrag/stud-ip-mobile-stud-ip-app, Letzter Zugriff am 22.07.2013

[47] Stud.IP: Dokumentation Einstellungen, http://hilfe.studip.de/index.php/Basis/AllgemeinesSpracheinstellungen, Quelle: Basis-Wiki-Hilfe, Letzter Zugriff am 22.07.2013

[48] Stud.IP: Dokumentation Literatur, http://hilfe.studip.de/index.php/Basis/Literatur, Quelle: Basis-Wiki-Hilfe, Letzter Zugriff am 22.07.2013

[49] Stud.IP: Dokumentation Termine, Umfragen und News, http://hilfe.studip.de/index.php/Basis/StartseiteNews, Quelle: Basis-Wiki-Hilfe, Letzter Zugriff am 22.07.2013

[50] Stud.IP: Dokumentation Übungsblätter, Klausuren und Aufgaben erstellen, http://hilfe.studip.de/index.php/Vips/%DCbungklausur, Quelle: Basis-Wiki-Hilfe, Letzter Zugriff am 22.07.2013

[51] Stud.IP: Dokumentation ViPS - Das virtuelle Prüfungssystem, http://hilfe.studip.de/index.php/Vips/WasIstVIPS, Quelle: Basis-Wiki-Hilfe, Letzter Zugriff am 22.07.2013

[52] Stud.IP: Presse, Pressebereich der Stud.IP Tagung 2011, http://www.studip.de/fileadmin/portal/tagung/tagung_2011/Pressemappe_StudIP11.pdf, Letzter Zugriff am 22.07.2013

[53] Stud.IP, http://www.studip.de/, Letzter Zugriff am 22.07.2013

[54] Tableau Software – Desktop, http://www.tableausoftware.com/products/desktop, Letzter Zugriff am 22.07.2013

[55] Video Blackboard Collaborate & Learn, http://www.brainshark.com/blackboardinc/vu?pi=zH0ziRJbfz35Saz0, Letzter Zugriff am 22.07.2013

[56] Video Blackboard Collaborate, http://www.brainshark.com/blackboardinc/vu?pi=977377618, Letzter Zugriff am 22.07.2013

[57] VideoLAN Organization – VLC Media Player, http://www.videolan.org/, Letzter Zugriff am 22.07.2013

[58] Vorlesung: Informationsvisualisierung und Visual Analytics, http://www.gris.tu-darmstadt.de/teaching/courses/ws1213/infvis/index.de.htm, Letzter Zugriff am 22.07.2013

A Aktivitäten

In Abschnitt 3.3 wurden die Schritte zum Hinzufügen einer Aktivität erläutert. Nachdem eine Aktivität ausgewählt wurde, erscheint die Seite zur Einstellung einer Aktivität. In diesem Anhang werden die Aktivitäten *Abstimmung, Aufgabe, Forum, Chat, Umfrage, Feedback* und *Test* sowie deren Einstellung näher vorgestellt.

Dabei wurden Screenshots aus einer lokalen Moodle-Plattform angezeigt, die zum Verständnis der Einstellungsmöglichkeiten beitragen. Diese Screenshots basieren auf die Moodle-Version 2.4.3 vom 18. März 2013. Wie schon im Abschnitt 2.3 und 2.4 erwähnt, wurde das *Decaf*-Design verwendet. Diese Informationen gelten ebenfalls für Anhang B.

A.1 Abstimmung

In der Lernplattform Moodle können Abstimmungen durchgeführt werden. Die Kursleiter können spezifische Fragen zu den Kursinhalten oder auch zu der virtuellen Gestaltung des Kurses stellen. Durch eine Abstimmung können zukünftige Vorgänge im Kurs verbessert werden. Außerdem können statistische Daten für den jeweiligen Kurs gesammelt werden.

So könnte eine Abstimmung, wie in Abbildung 69 zu erkennen, aussehen.

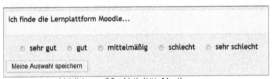

Abbildung 69: Aktivität Abstimmung

Die Grundeinträge der Abstimmungs-Aktivität (siehe Abbildung 70) besitzen zwei Pflichtfelder: den Abstimmungsnamen und die Beschreibung. Ohne diese beiden Angaben kann die Aktivität in dem auserwählten Abschnitt auf der Kursseite nicht hinzugefügt werden. Auch alle andere Aktivitäten benötigen einen Namen und eine Beschreibung.

In Abbildung 70 wurde der Name *Testabstimmung* vergeben. In der Beschreibung ist es sinnvoll, eine Frage oder einen Satz zur Abstimmung zu stellen. Hier im Beispiel wurde der Satz: „Ich finde die Lernplattform Moodle..." geschrieben. Das Ende dieses Satzes wurde offen gelassen, damit der Kursteilnehmer, wie in Abbildung 69 zu sehen, seine eigene Stimme zu diesem Thema abgeben kann. Die Beschreibung im Editor kann optional auch im auserwählten Abschnitt des Kurses angezeigt werden. Falls dies erwünscht wird, dann ist die Checkbox *Beschreibung im Kurs zeigen* als letzter Grundeintrag zu markieren. Ansonsten ist der Beschreibungstext erst nach dem Mausklick auf die Abstimmungsaktivität (siehe Abbildung 69) zu sehen.

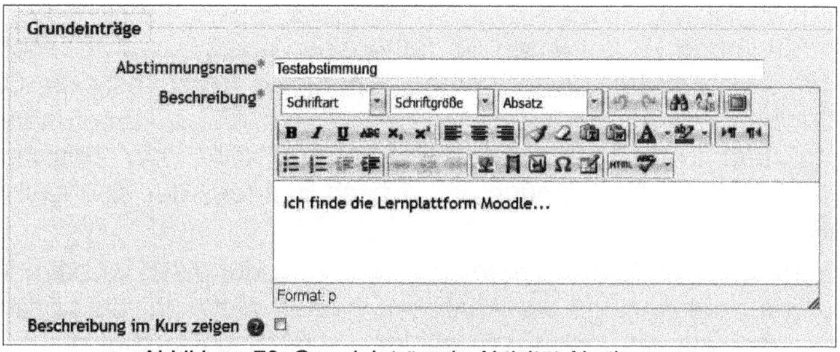

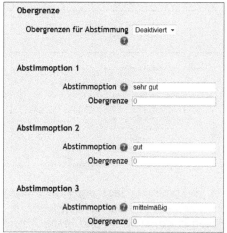

Abbildung 70: Grundeinträge in Aktivität Abstimmung

Außer den Grundeinträgen lassen sich noch weitere Konfiguration für die Abstimmung einstellen. So können Auswahloptionen für die Abstimmung festgelegt werden. Bei der Abstimmung kann der Kursteilnehmer dann aus diesen Optionen seine Antwort auswählen.

Abbildung 71: Abstimmungseinstellungen Obergrenze und Abstimmoption

In Abbildung 71 sind drei Abstimmoptionen zu sehen: *sehr gut, gut und mittelmäßig*. Außer diesen Optionen können auch weitere hinzugefügt werden. Alle Optionen des obigen Abstimmungsbeispiels sind in Abbildung 69 zu erkennen.

Zu jeder Abstimmoptionen gibt es ein zusätzliches Textfeld mit den Namen Obergrenze. In dieses Feld können nur natürliche Zahlen eingegeben werden. Die Obergrenze gibt die maximale Anzahl an Abstimmungen für diese Option an. Falls die Obergrenze erreicht wurde, dann kann keine weitere Stimme für diese Option gegeben werden. Wenn die Begrenzung der Abstimmoptionen nicht erwünscht wird, dann kann im Feld

Obergrenze in Abbildung 71 die Auswahl *Deaktiviert* stehen gelassen werden.

Wie in Abbildung 72 zu sehen ist, kann eine Abstimmung zu einem bestimmten Zeitraum festgelegt werden. Bei dieser Wahl sollte die Checkbox *Abstimmung nur im Zeitraum* markiert sein. Weiter unten kann das Anfangs- und Enddatum angegeben werden. Wird kein Zeitraum gewählt, so steht die Abstimmung sofort nach Beenden der Konfigurationseinstellungen bereit.

Unter den *verschiedenen Einstellungen* in Abbildung 72, ist beim *Anzeigemodus* für die Anzeige der Abstimmoptionen entweder die horizontale oder die vertikale Anordnung zu wählen. Abbildung 69 zeigt die horizontale Anordnung der Antworten. Die horizontale Anordnung ist eher bei relativ kurzen Antworten zu wählen, die insgesamt in eine Zeile passen. Ansonsten werden längere Antworten in einer neuen Zeile platziert, was eventuell nicht erwünscht wird.

Abbildung 72: Abstimmungskonfigurationen Zeitraum & Verschiedenes

Außerdem kann es vorkommen, dass der Radiobutton einer Antwort in der vorherigen Zeile verbleibt und die Antwort selbst in der nächsten Zeile verrutscht. In Fällen in denen viele und lange Antworten vorkommen, ist die vertikale Anordnung für die Anzeige der Antworten eher geeignet.

Die Veröffentlichung der Ergebnisse, wie in Abbildung 73 zu sehen, kann nach Abstimmungsende angezeigt werden, sofern *Abstimmung nur im Zeitraum* vorher markiert wurde. Die bisherigen Ergebnisse können auch nach der eigenen Abstimmung sofort angezeigt werden. Es ist auch möglich, unterhalb der Abstimmungsaufgabe, die Resultate ständig anzeigen zu lassen, auch wenn der Teilnehmer seine eigene Abstimmung noch nicht gemacht hat. Zusätzlich gibt es die Variante überhaupt keine Ergebnisse zu zeigen. Abbildung 73 zeigt die Ergebnisse der Stimmabgaben in einer Tabelle. In den Spaltennamen befinden sich die Abstimmoptionen aus Abbildung 69. Die Zeile *Teilnehmerzahl* zeigt die Anzahl der Personenstimmen für die jeweilige Abstimmoption. Bei der letzten Zeile *Teilnehmer/innen mit dieser Antwort* werden die Namen der Teilnehmer für die jeweilige Abstimmoption angezeigt. An dieser Tabelle ist zu erkennen, dass die Ergebnisse nicht anonym sind.

Stimmabgaben

Abstimmoptionen	Noch nicht abgestimmt	sehr gut	gut	mittelmäßig	schlecht	sehr schlecht
Teilnehmerzahl	0	1	0	0	0	0
Teilnehmer/innen mit dieser Antwort		☑ Demo Student				

Alle auswählen / Nichts auswählen **Mit Auswahl**

Aktion auswählen .. ▾

Im ODS-Format herunterladen	Im Excel-Format herunterladen	Im Text-Format herunterladen

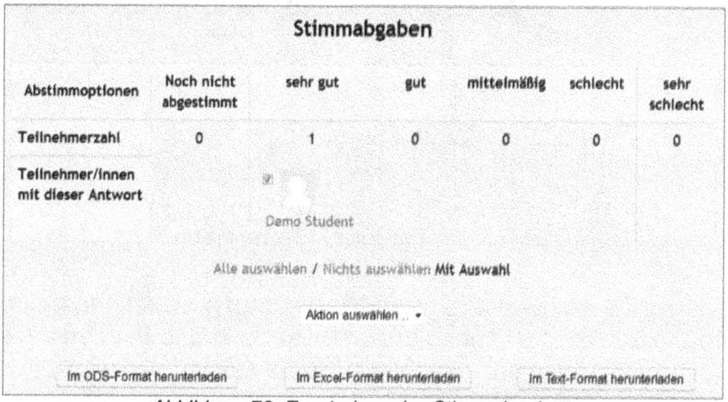

Abbildung 73: Ergebnisse der Stimmabgaben

Falls bei der Einstellung *Nicht veröffentlichen* die Auswahl *Ergebnisse ohne Namen* gewählt wurde, dann wird die Tabelle aus Abbildung 73 keine Namen anzeigen. Stattdessen wird die Teilnehmerzahl pro Abstimmoption in Prozent angegeben. Mit einem Balkendiagramm werden diese prozentualen Werte grafisch dargestellt.

Unterhalb der Tabelle ist noch eine zusätzliche Option zu sehen, die nur dann erscheint, wenn die Ergebnisse nicht anonym sind. Darüber hinaus ist diese Option nur für den Ersteller der Abstimmung und berechtigte Personen sichtbar. Mit der Option können alle Kursteilnehmer ausgewählt werden. Nach der Auswahl kann eine Aktion auf diesem Personenkreis durchgeführt werden. Die einzige Aktion aus der Dropdown-Liste (unten im Bild) ist das Löschen der Abstimmoption. Falls nur bestimmte Abstimmungen gelöscht werden sollen, so kann der jeweilige Name der Person markiert werden. In Abbildung 73 wurde der Name Demo Student durch das Anklicken der nebenstehenden Checkbox markiert. Dann kann in der Dropdown-Liste die Aktion Löschen ausgewählt werden, so dass nur die Abstimmung der markierten Person gelöscht wird.

Ganz unten in Abbildung 73 befinden sich drei Buttons, mit denen die Ergebnisse der Abstimmung in tabellarischer Form als ODS-, Excel- oder CSV-Datei zum Herunterladen angeboten werden.

Bei der nächsten Einstellung *Änderung der Abstimmung erlauben* in Abbildung 72, kann bei der Option *Ja* die vorherige Abstimmung entfernt und wieder neu abgestimmt werden. Falls ein Enddatum für die Abstimmung gewählt wurde, dann kann dieser Vorgang nur bis zu diesem Datum beliebig oft wiederholt werden.

Mit der Einstellung *Teilnehmer/innen ohne Antwort anzeigen* kann durch die Auswahl *Ja* die zusätzliche Spalte *Noch nicht abgestimmt* bei den Ergebnissen hinzugefügt werden. In Abbildung 73 ist diese Spalte zu sehen. Sie gibt an, wie viele Personen noch keine Stimme abgegeben haben. Falls die Anonymität deaktiviert wurde, dann sind die Namen dieser Teilnehmer zu sehen.

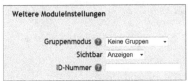

Abbildung 74: Einstellung Gruppenmodus

In Abbildung 74 sind weitere Moduleinstellungen zu erkennen, die den *Gruppenmodus*, die *Sichtbarkeit* der Aktivität und das Einfügen einer *ID-Nummer* berücksichtigen. Wenn die Voreinstellung *keine Gruppen* in Gruppenmodus stehen gelassen wird, dann ist diese Abstimmung für jeden Kursteilnehmer zugänglich und nicht einzelnen Gruppen vorenthalten. Im Gruppenmodus gibt es noch die Möglichkeit, *Getrennte Gruppen* oder *Sichtbare Gruppen* zu wählen. In beiden Gruppen werden die jeweiligen Aktivitäten, wie hier die Abstimmung, innerhalb der Gruppe bearbeitet. Der Unterschied besteht in der Sichtbarkeit der Gruppen.

Bei der getrennten Gruppe kann ein Kursteilnehmer nur die Mitglieder seiner eigenen Gruppe sehen. So sind etwa bei den Abstimmungsergebnissen nur die Ergebnisse der eigenen Gruppe einsehbar. In einem Forum können sich nur die Teilnehmer der eigenen Gruppen austauschen. Somit findet im virtuellen Kurs keine Kooperation zwischen den Gruppen statt. Dies könnte sinnvoll erscheinen, falls die Gruppen bei gleicher Aufgabenstellung ihre eigenen Lösungen präsentieren sollen.

Die Teilnehmer einer sichtbaren Gruppe können hingegen auch die anderen Gruppen sehen. Sofern die Gruppen unterschiedliche Aufgaben bearbeiten, kann diese Auswahl angebracht sein.

Die nächste Einstellung *Sichtbar* in Abbildung 74 hat zwei Optionen. Mit der Option *Anzeigen* ist die Abstimmung im Kurs sichtbar und mit *Verbergen* unsichtbar. Dies ist unabhängig von dem vorher gewählten Gruppenmodus.

Die ID-Nummer kann als Referenz zu einer gegebenen Aktivität, wie hier die Abstimmung, bei der Bewertung des gesamten Kurses herangezogen werden. Das ist sehr hilfreich bei der Zuordnung. Falls die jeweilige Aktivität nicht in die Gesamtbewertung eingeht, kann dieses Feld einfach leer bleiben.

Die Einstellungen in Abbildung 74 sind in jeder Aktivität vorhanden und bewirken auch das Gleiche, so dass wiederholte Vorstellungen in nachfolgenden Abschnitten nicht notwendig sind.

Im nächsten Abschnitt wird eine sehr wichtige Aktivität, die *Aufgabe*, vorgestellt.

A.2 Aufgabe

Die Aktivität Aufgabe ist für einen virtuellen Kurs sehr wichtig, da den Kursteilnehmern hierüber Aufgaben zum Bearbeiten gestellt werden können. Diese Aufgaben können etwa in die Notenbewertung eingehen. Ein sehr großer Vorteil ist, dass die Kursteilnehmer die Aufgaben online einreichen können, unabhängig wo diese sich gerade befinden. Es ist nicht mehr notwendig, bei dem Dozenten oder den Tutoren persönlich vorbeizukommen, um die Aufgaben abzugeben. Auch die Bewertung kann im virtuellen Kurs stattfinden, unabhängig vom Ort aller Teilnehmer. Vor allem Kurse mit Hausaufgaben profitieren von dieser Aktivität.

Die Aktivität Aufgabe wird, wie auch bei allen anderen Aktivitäten, in der Mitte der Kursseite in einem gewünschten Abschnitt hinzugefügt. Wie eine Aktivität hinzugefügt wird, kann im Abschnitt 3.3 gelesen werden.

A.2.1 Abgabetermin und Gruppenarbeit

Nachdem im Kurs eine Aufgabe hinzugefügt wurde, erscheint die Konfigurationsseite für die Aufgabe. Um überhaupt die Aufgabe im Kurs anlegen zu können, ist ein Name und eine Beschreibung der Aufgabe anzugeben. Dies wurde schon in der vorherigen Aktivität Abstimmung beschrieben (siehe Abbildung 70 in A.1) und gilt gleichermaßen für alle anderen Aktivitäten.

Weitere Aufgabeneinstellungen sind in Abbildung 75 zu erkennen. So kann der Zeitraum für die Einreichung einer Abgabe, durch den *Abgabebeginn* und den *Abgabetermin*, angegeben werden. Zusätzlich kann ein *letzter Abgabetermin* eingestellt werden. Nach diesem Termin ist keine Abgabe mehr möglich. Der Button zum Hinzufügen einer Abgabe ist dann nicht mehr vorhanden. Falls im *letzten Abgabetermin* ein späterer Zeitpunkt als im *Abgabetermin* ausgewählt wurde und innerhalb dieser gegebenen Pufferzeit, wie in Abbildung 75 beispielhaft gezeigt, eine Abgabe getätigt wurde, so wird diese als verspätet markiert. Wenn der letzte Abgabetermin nicht aktiviert wird, können die Kursteilnehmer nach dem Abgabetermin eine Abgabe tätigen, bei der die Verspätung vermerkt wird. Ist nur ein endgültiger Abgabetermin erwünscht, bei der keine verspätete Abgabe erfolgen soll, dann kann entweder der *Abgabetermin* mit dem *letzten Abgabetermin* identisch gewählt werden oder der *Abgabetermin* wird deaktiviert und der *letzte Abgabetermin* aktiviert.

Die nächsten Einstellungen sind Ja/Nein Auswahloptionen. Eine Ja-Auswahl bei *Beschreibung immer anzeigen* macht den Beschreibungstext in der jeweiligen Aufgabe immer sichtbar.

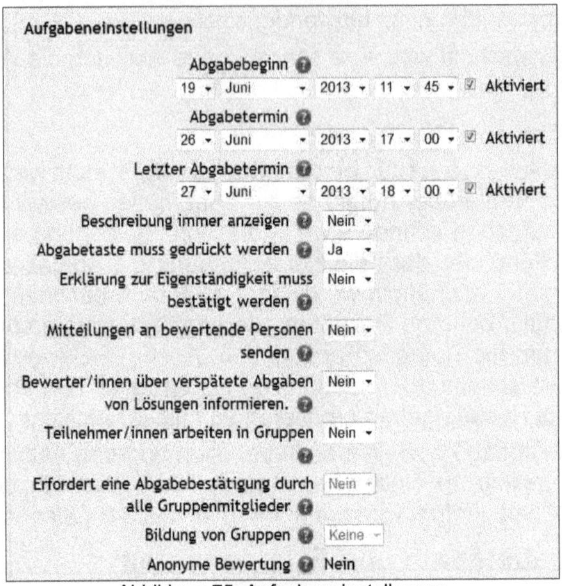

Abbildung 75: Aufgabeneinstellungen

So ein Text ist etwa in Abbildung 79 auf Seite 177 unter Testaufgabe zu erkennen. Die Auswahl Nein wirkt sich auf den Beschreibungstext nur dann aus, wenn der Abgabebeginn aktiviert wurde. Erst ab Abgabebeginn wird der Text angezeigt. Ist kein Beginn aktiviert, so wird der Text immer angezeigt, auch wenn Nein ausgewählt wurde. Falls der Abgabetermin nicht aktiviert wird, so erscheint der Beschreibungstext immer.

Als nächstes kann die Konfiguration *Abgabetaste muss gedrückt werden* mit Ja ausgewählt werden. Damit kann der Kursteilnehmer eine Aufgabe zunächst als Entwurf einreichen und bis zum Abgabetermin beliebig ändern. Erst wenn der Button *Aufgabe Abgeben* gedrückt wird, ist die Aufgabe endgültig abgegeben. Danach ist eine Änderung nicht mehr möglich. Falls diese Konfiguration auf Nein gesetzt wurde, können bis zu einem Abgabetermin Aufgaben eingereicht und verändert werden. Ein Button zur endgültigen Abgabe vor dem Abgabetermin gibt es dann nicht. Zeitlich betrachtet, kann nur die letzte Änderung der Aufgabe vor dem Abgabetermin bewertet werden. Dies gilt auch im Fall der ersten Option. Falls der Teilnehmer den Button zur endgültigen Abgabe bis zum Abgabetermin nicht gedrückt hat, dann kann nur der letzte Entwurf zur Bewertung herangezogen werden.

Ist die Einstellung *Mitteilungen an bewertende Personen senden* mit *Ja* aktiviert, so werden diese Personen über getätigte Abgaben informiert. Es kann sich hier um termingerechte oder auch verspätete Abgaben handeln. Demzufolge kann in der nächsten *Einstellung Bewerter/innen über verspätete Abgaben von Lösungen informieren* keine Option ausgewählt werden. Das kann nur gemacht werden, wenn in der ersten Einstellung *Nein* gewählt wurde. Ist dies der Fall, so ist es möglich nur über verspätete Abgaben zu informieren. Wenn dies auch nicht erwünscht wird, so wird überhaupt keine Mitteilung an die Bewerter geschickt. Nur beim Besuch des Moodle-Kurses sind die abgegebenen Aufgaben einzusehen.

Wird die Einstellung *Teilnehmer/innen arbeiten in Gruppen* aktiviert, so wird eine Abgabe als Gruppe ermöglicht, bei der die Abgabe der Lösung von allen Gruppenmitgliedern hinzugefügt, geändert und gelöscht werden kann. Wird von einem Gruppenmitglied die Lösung endgültig abgegeben, dann kann keiner mehr die abgegebene Lösung ändern. Falls das nicht erwünscht ist, so ist in der nächsten Einstellung *Erfordert eine Abgabebestätigung durch alle Gruppenmitglieder* die Auswahl auf Ja zu setzen. Erst wenn alle die Lösung als endgültig deklariert haben – auch wenn einige Mitglieder davor keine Änderungen vornahmen – wird diese für die bewertende Person als endgültige Abgabe der gesamten Gruppe sichtbar.

Mit der nächsten Einstellung *Bildung von Gruppen* wird die Aufgaben-Aktivität nur an bestimmte Gruppen – auch Gruppierung genannt – zur Verfügung gestellt. Das können Gruppen sein, die sehr ähnliche Aufgaben bearbeiten. Dementsprechend kann auch die Aufgabenstellung und Bewertung für eine Gruppierung anders gewählt sein als bei einer anderen Gruppierung. Wird die Bildung von Gruppen nicht aktiviert, so hat jede Gruppe Zugriff auf dieselbe Aufgaben-Aktivität.

In der letzten Einstellung *Anonyme Bewertung* aus Abbildung 75 kann eine anonyme Bewertung vorgenommen werden. In der Bewertungstabelle aus Abbildung 82 würde anstatt der Spalte *Vorname/Nachname* die Spalte *ID* stehen. Statt eines Namens würde beispielsweise die ID *Teilnehmer/in24* auftauchen. Die Nummer am Ende repräsentiert die ID-Nummer eines anonymen Kursteilnehmers. Nichtsdestotrotz kann der Kursleiter über die Aufgaben-Administration die Identität der Kursteilnehmer in Erfahrung bringen. Per Mausklick sind die Namen, wie in Abbildung 82 gezeigt, zu sehen.

A.2.2 Einstellungen *Abgabeform*, *Feedback* und *Bewertungstyp*

Neben den Aufgabeneinstellungen gibt es auch spezifische Einstellungen zur Abgabe, die in Abbildung 76 zu sehen sind.

Eine Abgabe kann als *Texteingabe online* und/oder per *Dateiabgabe* erfolgen. Bei der Texteingabe kann die Lösung einer Aufgabe in einem vorgesehenen Textfeld eingegeben werden (siehe hierzu Abbildung 80). Dieser Text kann zusätzlich mit einem Editor, der in Moodle standardmäßig vorhanden ist, bearbeitet werden.

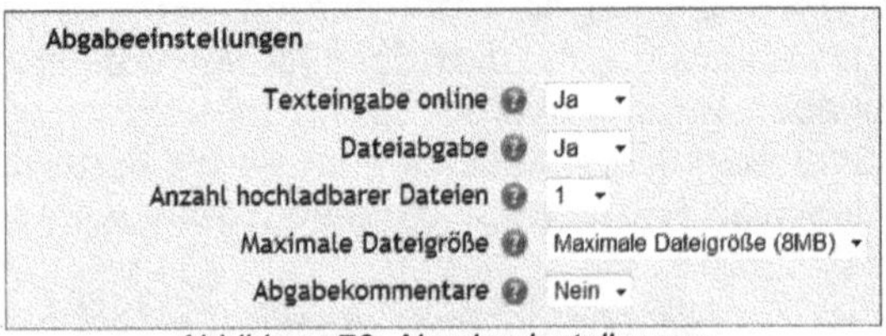

Abgabeeinstellungen

Texteingabe online ❓ Ja ▾
Dateiabgabe ❓ Ja ▾
Anzahl hochladbarer Dateien ❓ 1 ▾
Maximale Dateigröße ❓ Maximale Dateigröße (8MB) ▾
Abgabekommentare ❓ Nein ▾

Abbildung 76: Abgabeeinstellungen

Bei der Dateiabgabe kann die Lösung in einem vorgesehenen Feld als Datei hochgeladen werden. In der nächsten Einstellung *Anzahl hochladbarer Dateien* kann die maximale Anzahl der Dateien für den Upload angegeben werden. Darüber hinaus ist die *Maximale Dateigröße* anzugeben. Außerdem kann zu jeder Abgabe ein Kommentar des Kursteilnehmers zugelassen werden. Dazu ist unter *Abgabekommentare* ein Ja auszuwählen, ansonsten kann Nein als Voreinstellung stehen gelassen werden.

Die Abgabeeinstellungen beziehen sich insbesondere auf die Abgaben der Kursteilnehmer. Die nächsten Einstellungen in Abbildung 77 und 78 beziehen sich auf die Art und Weise, wie die Bewerter eines Kurses Feedbacks und Bewertungen für die Teilnehmer vornehmen.

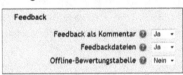

Feedback

Feedback als Kommentar ❓ Ja ▾
Feedbackdateien ❓ Ja ▾
Offline-Bewertungstabelle ❓ Nein ▾

Abbildung 77: Feedbackeinstellungen

Ein Feedback kann, genau wie bei der Abgabe, als Texteingabe und/oder als Datei abgegeben werden. Bei der Datei könnte es sich um eine Textdatei handeln, in der der Bewerter innerhalb des Textes Fehler oder Korrekturen vermerkt. In Moodle können verschiedene Dateiformate hochgeladen werden. In bestimmten Kursen kann eine Korrektur innerhalb einer Datei sinnvoll erscheinen.

Die Einstellung *Offline-Bewertungstabelle* aus Abbildung 77 ermöglicht es dem Bewerter eines Kurses, die Bewertungen offline innerhalb einer Excel-Tabelle vorzunehmen. Dabei muss er zunächst bei der Bewertungstabelle im Moodle-Kurs (siehe Abbildung 82) beim *Bewertungsvorgang* die Auswahl *Bewertungstabelle herunterladen* anklicken. Daraufhin erscheint ein Fenster zum Download der Offline-Bewertungstabelle im Excel-Format. Die Excel-Tabelle enthält dieselbe Bewertungstabelle aus Abbildung 82, die auch im Moodle-Kurs zu sehen ist. Bewertungen und Kommentare zur Lösungsabgabe können in die dafür vorgesehenen

Spalten der Excel-Tabelle hinzugefügt und gespeichert werden. Anschließend kann die ausgefüllte Excel-Tabelle im Moodle-Kurs hochgeladen werden. Dazu wird diesmal beim *Bewertungsvorgang* die Auswahl *Bewertungstabelle hochladen* angeklickt, die den Upload der Excel-Tabelle ermöglicht. Nach dem Upload werden alle hinzugefügten Informationen zu einer Aufgaben-Aktivität im Moodle-Kurs übernommen, so dass die Kursteilnehmer ihre Bewertung erfahren können. Die Offline-Bewertungstabelle kann hilfreich sein, wenn beispielsweise der Veranstalter eines Kurses die Bewertungen von den Tutoren vor Veröffentlichung der Ergebnisse überprüfen oder einfach einsehen möchte.

Abbildung 78: Bewertung

In Abbildung 78 sind die Einstellungen zur Bewertung einer Aufgabe zu erkennen. Unter *Bewertung* gibt es drei mögliche Optionen. Es kann ein numerischer Wert von 1 bis 100, eine nicht-numerische Skala oder auch keine Berechnung ausgewählt werden. Bei der nicht-numerischen Skala muss der Bewerter selbst definieren, wie diese Berechnung dann aussieht. Neben der Bewertung kann auch eine *Bewertungsmethode* ausgewählt werden. Diese gibt dann vor, wie die Bewertung einer Aufgabe aussieht. So kann bei einer ausgewählten maximalen Punktzahl die Art und Weise, wie diese Punkte in einer Aufgabe zu verteilen sind, beschrieben werden. Die Lernplattform Moodle bietet standardmäßig drei Methoden an. Diese sind: *Einfache direkte Bewertung, Bewertungsrichtlinie* und *Rubrik.*

Bei der einfachen direkten Bewertung kann der Bewerter, ohne bestimmte Kriterien in Moodle festgelegt zu haben, eine Bewertung abgeben. So kann in einem Bewertungsfeld die Punktzahl ganz einfach eingegeben werden.

Bei den anderen beiden Methoden wird vorher eine bestimmte Anzahl von Kriterien festgelegt, nach denen dann die Punkte zu vergeben sind. Wie diese Bewertungsmethoden im Einzelnen aussehen, wird gegen Ende dieses Abschnitts erläutert.

A.2.3 Anzeige und Abgabe einer Lösung

Nachdem die ganzen Einstellungen veranschaulicht wurden, ist die Aufgabenaktivität sowohl aus der Sicht der Kursteilnehmer als auch der Kursleiter zu betrachten.

Wenn die Aufgabe angeklickt wird, erscheint die Aufgabenstellung mit einem Abgabestatus, wie in Abbildung 79 zu sehen.

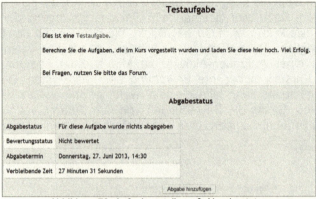

Abbildung 79: Aufgabenstellung & Abgabestatus

In dieser Abbildung ist der Name der Aufgabe - hier Testaufgabe - und darunter die Aufgabenstellung zu erkennen. Weiter unten im Bild ist der Abgabestatus, der Bewertungsstatus, der Abgabetermin und die verbleibende Zeit für das Einreichen der Aufgabe zu entnehmen.

Beim Abgabestatus ist zu erkennen, dass bisher noch keine Aufgabe eingereicht wurden. Folglich ist auch noch keine Bewertung vorhanden. Der Abgabetermin und die verbleibende Zeit informieren den Teilnehmer, bis zu welchen Datum die Aufgabe abgeben werden kann.

Die Abgabe erfolgt über den Button *Abgabe hinzufügen*. Wenn dieser Button benutzt wird, dann erscheint eine neue Seite, auf der eine Texteingabe und/oder eine Dateiabgabe zu sehen sind.

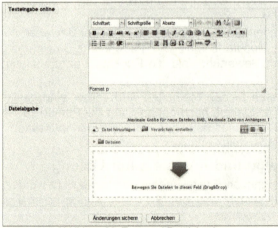

Abbildung 80: Text- und Dateiabgabe

Zur Veranschaulichung ist in Abbildung 80 sowohl ein Text -eingabefeld als auch eine Dateiabgabefeld zu sehen.

Die Bearbeitung der Aufgabe kann im Textfeld vorgenommen werden. Dabei kann der Texteditor verhelfen, die Aufgabe zu gestalten. Sogar Sonderzeichen können mit Hilfe des Editors hinzugefügt werden, so dass mathematische Formeln eingetippt werden können.

Wie in Abbildung 80 unter *Dateiabgabe* zu sehen, kann eine Datei bis zu 8 MB hochgeladen werden. Dies kann ganz einfach per Drag and Drop ausgeführt werden. Alternativ erscheint nach Mausklick auf *Datei hinzufügen* ein Fenster, über das nach Dateien auf den eigenen Rechner gesucht und diese ausgewählt werden können.

Außerdem merkt sich das Moodle-System Dateien, die zu einem früheren Zeitpunkt hochgeladen wurden, so dass sie schnell wieder verfügbar sind und erneut hochgeladen werden können. Zusätzlich kann über *Verzeichnis erstellen* aus Abbildung 80 ein Verzeichnis erstellt werden, in dem eine oder mehrere Dateien hinzugefügt werden können. Damit bietet die Aufgaben-Aktivität mehrere Möglichkeiten an, um eine Lösung abgeben zu können.

A.2.4 Bewertungsansicht der Betreuer

Die Aufgabenstellung in Abbildung 79 zeigt die Perspektive, die ein Teilnehmer im Kurs hat. Der Kursleiter, der mehr Zugriffsrechte besitzt, sieht noch den in Abbildung 81 gezeigten Abschnitt, der für die Bewertung wichtig ist. Der spezielle Abschnitt, in Form einer Tabelle, hat die Bezeichnung Bewertungsüberblick. Mit diesem hat der Kursleiter alle wichtigen Informationen auf einen Blick. So kann die Anzahl der abgegebenen Aufgaben sowie die verbleibende Zeit bis zur Einreichung von der Tabelle entnommen werden.

Bewertungsüberblick	
Teilnehmer/innen	3
Entwürfe	1
Abgegeben	2
Bewertung erwartet	0
Abgabetermin	Donnerstag, 27. Juni 2013, 14:30
Verbleibende Zeit	Der Abgabetermin ist vorbei
Verspätete Abgaben	Weitere Abgaben sind nicht zugelassen.
Alle Abgaben anzeigen und bewerten	

Abbildung 81: Bewertungsüberblick

Ganz unten in der Abbildung 81 ist der Link *Alle Abgaben anzeigen und bewerten* zu sehen. Über diesen Link gelangt der Kursleiter auf eine Bewertungsseite wie in Abbildung 82, in der die Aufgaben der einzelnen

Kursteilnehmer heruntergeladen und bewertet werden können.

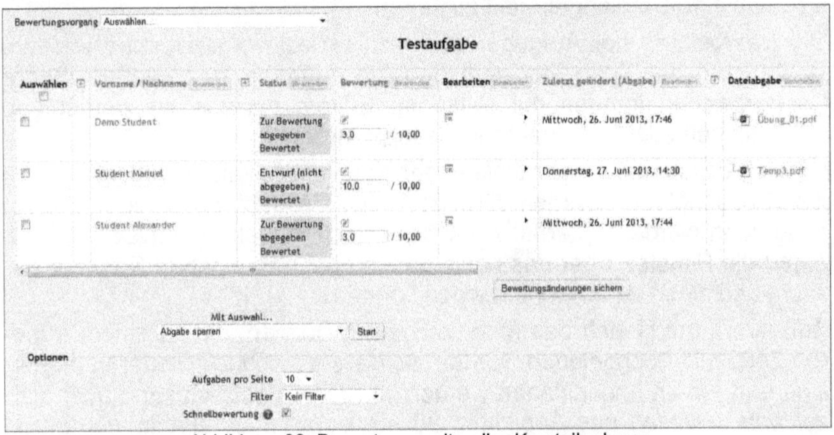

Abbildung 82: Bewertungsseite aller Kursteilnehmer

In Abbildung 82 ist eine tabellarische Übersicht zu sehen. Aktuell sind drei Abgaben von unterschiedlichen Studenten zu erkennen, wobei *Demo Student* und *Student Alexander* als Gruppe abgegeben haben. Die Kursteilnehmer haben ihre Lösungen als PDF-Dateien abgegeben. Diese sind in der Spalte *Dateiabgabe* zu erkennen. Nur bei *Alexander* steht keine Datei, da sein Gruppenmitglied *Demo* die Abgabe getätigt hatte. In der informativen Tabelle sind noch zusätzliche Spalten vorhanden, wie etwa das Datum der *zuletzt geänderten Abgabe* der Kursteilnehmer sowie der zuletzt geänderten Bewertung seitens der Bewerter. Der Bewerter kann über den *Bewertungsvorgang* (in Abbildung 82 ganz oben zu sehen) die Lösungen herunterladen und überprüfen. Nachdem dies erfolgt ist, kann die Bewertung eingegeben werden. Hierzu gibt es, wie schon bei der Erläuterung zur Abbildung 78 beschrieben, drei Methoden: *Einfache direkte Bewertung, Bewertungsrichtlinie* und *Rubrik*.

A.2.4.1 Einfache direkte Bewertung

Bei der *einfachen direkten Bewertung* gibt es zwei Möglichkeiten. Die Erste ist die Punktzahl für den jeweiligen Studenten in der Spalte *Bewertung* einzutippen, falls bei den Optionen die *Schnellbewertung* aktiviert wurde. Bei den Optionen kann zusätzlich die Anzahl der Aufgaben angezeigt werden, die auf einer Seite angezeigt werden sollen. Beim Filter kann für die Anzeige zwischen abgegebenen oder noch zu bewertenden Abgaben ausgewählt werden, so dass der Bewerter einen besseren Übersicht erhalten kann. Falls in den Feedbackeinstellungen (siehe Abbildung 77, Seite 175) die Option *Feedback als Kommentar* mit Ja ausgewählt wurde, so kann auf der Bewertungsseite (hier in Abbildung 82) ein Kommentar unter der Spalte *Feedback als Kommentar* vom Bewerter eingegeben werden, was in Abbildung 82 aus Platzgründen nicht mehr zu sehen ist. In Moodle kann das durch das Scrollen nach rechts eingesehen werden.

Die zweite Möglichkeit, um Punkte und Feedback in dieser Bewertungsmethode zu geben, ist der Aufruf einer neuen Seite. Dazu geht der Bewerter wie folgt vor: In der Spalte *Bearbeiten* (in Abbildung 82) ist ein Rechteck mit einem Pfeil zu erkennen.

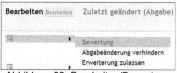

Abbildung 83: Bearbeiten/Bewertung

Wird der Mauszeiger auf dieses Rechteck bewegt, so wird die Option *Bewertung* (in Abbildung 83) zur Auswahl gestellt. Wird diese angeklickt, dann gelangt der Bewerter auf die *einfache direkte Bewertung* der Testaufgabe von Demo Student, die in Abbildung 84 zu sehen ist.

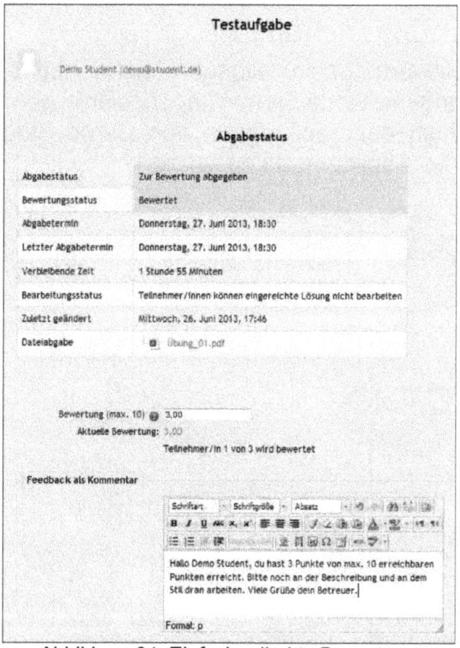

Abbildung 84: Einfache direkte Bewertung

Darüber hinaus kann eine schon abgegebene Lösung verhindert werden, wenn auf *Abgabeänderung verhindern* geklickt wird. Über *Erweiterung zulassen* kann das Abgabedatum erweitert werden, so dass eine Abgabe auch nach dem Abgabetermin erfolgen kann. Dies könnte in einigen Fällen sinnvoll erscheinen.

In Abbildung 84 ist eine beispielhafte Bewertung von Demo Student zu erkennen. Dabei ist am Anfang der Abgabestatus zu erkennen, in dem der Bewertungsstatus, der (letzte) Abgabetermin, die verbleibende Zeit zum Abgabetermin, der Bearbeitungsstatus, das Datum der letzten Änderung der Lösungsabgabe sowie die abgegebene Datei aufgeführt werden. Unterhalb des Abgabestatus kann die Punktzahl eingegeben werden. Wurde in den Einstellung, wie in Abbildung 78 zu sehen, die maximale Punktzahl eingestellt, so wird dies in Klammern in Abbildung 84 angezeigt. In Abbildung 77 sind Einstellungen zum Feedback durchführbar. Wurde das Feedback in Form von Kommentaren und/oder als Datei aktiviert, so erscheint ein Textfeld und/oder eine Dateiabgabe, um bei der Bewertung zusätzlich Kommentare zu ermöglichen.

Im Beispiel aus Abbildung 84 wurde Demo Student schon bewertet. Er hat 3 von maximal 10 Punkten erreicht. Zu dieser Bewertung hat der Betreuer von Demo ein Feedback-Kommentar im Textfeld eingetippt. Über einen Texteditor kann das Feedback bearbeitet werden.

A.2.4.2 Bewertungsrichtlinie

Wurde bei den Bewertungseinstellungen (siehe Abbildung 78 auf Seite 176) die Bewertungsmethode *Bewertungsrichtlinie* gewählt, so sieht der Bewertungsabschnitt der Testaufgabe von Demo Student anders aus. Dies ist in folgender Abbildung 85 zu sehen.

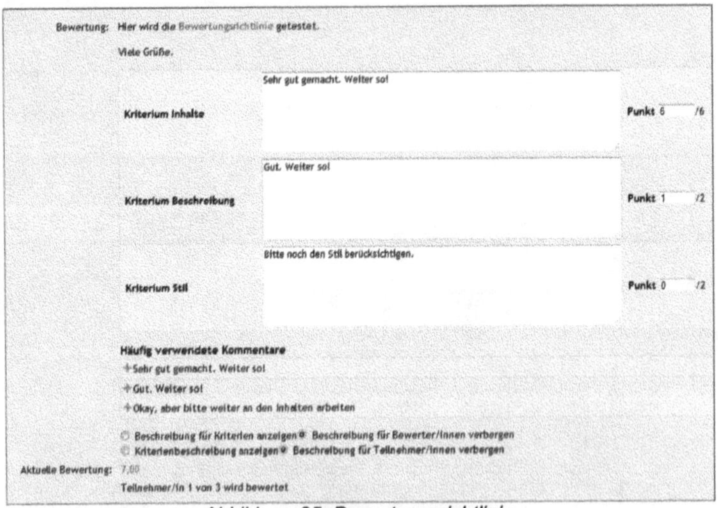

Abbildung 85: Bewertungsrichtlinie

Bei der *Bewertungsrichtlinie* erhält jedes vom Bewerter vorher festgelegte Kriterium eine maximal erreichbare Punktzahl. Im Beispiel aus Abbildung 85 wurden Testkriterien, konkret Inhalte, Beschreibung und Stil, definiert. Außer der Punktzahl kann in der Mitte des Abschnitts auch ein Kommentar zu jedem dieser Kriterien vergeben werden. Häufig verwendete Kommentare können vor der Bewertung festgelegt und dann in der Bewertung genutzt werden.

Der Aufgabensteller kann die Kriterien für alle Bewerter selbst oder für die Teilnehmer verbergen oder sichtbar machen. Zum Schluss wird die aktuelle Bewertung angezeigt, die sich aus der Addition aller vergebenen Punkte in den jeweiligen Kriterien ergeben. In diesem Beispiel erhält Demo Student insgesamt 7 Punkte.

Damit dieser Bewertungsabschnitt für den Bewerter überhaupt zur Verfügung stehen kann, muss dieser die Bewertungsrichtlinie vorher definieren. Dazu geht er folgendermaßen vor: Zuerst ist eine bereits erstellte Aufgabe im Moodle-Kurs anzuklicken. Danach ist unter *Aufgaben-Administration* die *Erweiterte Bewertung* auszuwählen.

Nun taucht der Link *Bewertungsrichtlinie festlegen* auf. Abbildung 86 verdeutlicht diesen Vorgang. Zu beachten ist, dass die *Aufgaben-Adminis-*

Abbildung 86: Link Bewertungsrichtlinie festlegen

tration in *Decaf*-Design, wie in Abbildung 86 zu sehen, ganz oben im Kopfbereich erscheint.

Bei anderen Designs ist die *Aufgaben-Administration* im Block *Einstellungen* enthalten. Durch diesen Link gelangt der Bewerter auf die Seite in Abbildung 87, die zur Festlegung von Bewertungsrichtlinien vorgesehen ist.

Zu Beginn ist es erforderlich, einen übergeordneten Namen für die Kriterien zu vergeben. Dazu kann optional eine kurze Beschreibung über die ausgewählten Kriterien eingefügt werden.

Der nächste Abschnitt *Bewertungsrichtlinie* ist von großer Bedeutung, um ein Kriterium zu definieren. Per Mausklick auf *Anklicken, um Kriterienbezeichnung zu ändern* wird sofort ein Textfeld sichtbar, in dem der

Name des Kriteriums eingetippt werden kann.

Auf dieser Weise kann ein Text in *Beschreibung für Teilnehmer/innen* und/oder *Bewerter/innen* hinzugefügt werden. Dies kann eine kurze Beschreibung zu dem Kriterium sein, die dann später für die Teilnehmer bei ihrer bewerteten Aufgabenlösungen angezeigt werden kann. Als nächstes wird in *Höchstbewertung* die maximale Punktzahl eingegeben, die ein Teilnehmer für dieses Kriterium erreichen kann.

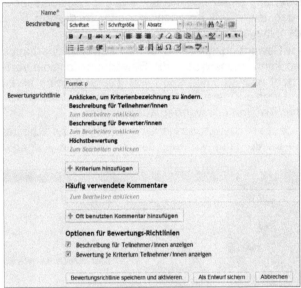

Abbildung 87: Bewertungsrichtlinien festlegen

Durch den Button *Kriterium hinzufügen* kann ein neues Kriterium hinzugefügt und definiert werden. Außerdem können, wie in Abbildung 85 unten gezeigt, häufig verwendete Kommentare hinzugefügt und festgelegt werden, die dann bei der Bewertung per Mausklick ausgewählt werden können. Bei sehr vielen Teilnehmern erspart sich der Bewerter hiermit viel Tipp- und Zeitarbeit.

Anschließend gibt es zwei Optionen, über die die Beschreibung der Bewertungsrichtlinie und die Bewertung der jeweiligen Kriterien für Teilnehmer sichtbar gemacht werden können. Nachdem eine Bewertung der eingereichten Aufgabe abgeschlossen ist, kann der Kursteilnehmer die Optionen sehen, wenn diese vom Bewerter, wie in Abbildung 87, aktiviert worden sind. Das Ergebnis der Festlegung der Bewertungsrichtlinien wurde schon in Abbildung 85 vorgestellt. Dabei wurde die Bewertung für den Studenten Demo als Beispiel vorgenommen.

Wenn der Student Demo seine Aufgabe im Kurs aufruft, sieht er seine

Bewertung, wie in Abbildung 88 gezeigt.

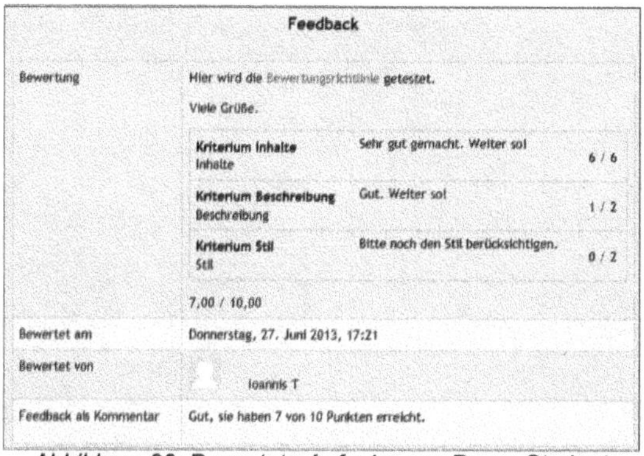

Abbildung 88: Bewertete Aufgabe von Demo Student

Im Bewertungsfeld sind der Beschreibungstext und die Kriterien zu sehen, die vorher in den Optionseinstellungen aktiviert wurden (siehe Abbildung 87). Nun kann der Teilnehmer die erreichte Punktzahl in den jeweiligen Kriterien sowie die Gesamtpunktzahl einsehen. Mit der Anzeige der Bewertungsrichtlinien wird den Kursteilnehmern kenntlich gemacht, wo eventuell noch Schwierigkeiten vorliegen. Das signalisiert dem Studenten, dass er sich zu einem bestimmten Kriterium noch verbessern kann. In diesem Beispiel hat Demo für Inhalte und Beschreibung sehr gut abgeschnitten. Nur beim Kriterium Stil ist eine deutliche Verbesserung nötig.

Ferner sind auch Informationen zu entnehmen, wie das Bewertungsdatum, der Name des Bewerters und dessen Kommentare als Feedback. Das kann sehr wichtig sein, falls der Kursteilnehmer Fragen oder Einwände zu seiner Bewertung hat. Durch den Namen des Bewerters weiß er sofort, an wen er sich wenden kann.

A.2.4.3 Rubrik

Der gesamte Vorgang, um Richtlinien festzulegen, gilt auch für die Bewertungsmethode *Rubrik*. In Abbildung 89 wird eine Rubrik-Bewertung angezeigt, in der eine Bewertung vorgenommen wurde.

Es gibt einen entscheidenden Unterschied zu der Bewertungsrichtlinie. Eine Rubrik-Bewertung hat zusätzlich zu jedem Kriterium Kategorien. Dies können Bewertungsabstufungen, etwa sehr gut, gut, befriedigend, ausreichend und mangelhaft sein. Diesen Kategorien wird eine feste Punktzahl zugeordnet, die der Bewerter im jeweiligen Kriterium auswählen kann, ohne dabei eine Punktzahl eintippen zu müssen. Die Namen der Kriterien und der Kategorien sowie deren Anzahl sind beliebig wählbar. Auch die Punktzahl kann vom Bewerter, wie gewünscht, zugeordnet werden.

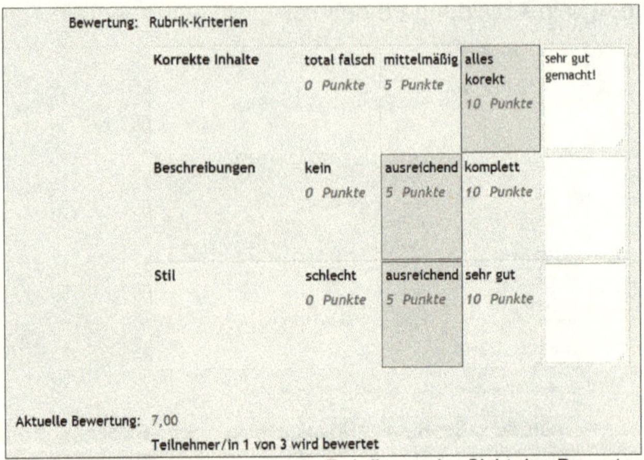

Abbildung 89: Bewertungsmethode Rubrik aus der Sicht des Bewerters

Zum Verständnis wird das Beispiel von Demo Student fortgeführt. In Abbildung 89 ist erkennbar, dass der Student für das Kriterium korrekte Inhalte 10 Punkte erhalten hat. Hierbei gibt es drei Kategorien bezüglich dieses Kriteriums. Diese sind *total falsch* mit 0 Punkten, *mittelmäßig* mit 5 Punkten und *alles korrekt* mit 10 Punkten. Diese sind spaltenweise in auswählbaren Feldern je Kriterium angeordnet. Der Bewerter hat in dem Fall für die korrekten Inhalte das Feld mit den 10 Punkten durch einen Mausklick ausgewählt. Zu jedem Kriterium gibt es ein eigenes Textfeld für Kommentare.

Für die Gesamtpunktzahl *GP* einer Aufgabe wird folgende Formel aus Abbildung 90 [29] verwendet:

$$GP = \frac{\sum_{i=1}^{N}(ep_i - min_i)}{\sum_{i=1}^{N}(max_i - min_i)}, \; wobei\, N,\, ep_i,\, max_i\, und\, min_i \in \mathbb{N}$$

Abbildung 90: Formel für die Berechnung von GP [29]

Die Gesamtpunktzahl *GP* berechnet sich aus dem Quotienten der Summe der erreichten Punktzahl ep_i des Kursteilnehmers über alle Kriterien von $i=1\, bis\, N$ und der Summe der maximalen Punktzahl max_i über alle Kriterien von $i=1\, bis\, N$. Sowohl im Zähler als auch im Nenner wird die minimal erreichbare Punktzahl min_i abgezogen, die üblicherweise 0 ist.

Bei der Gesamtpunktzahl *GP* entstehen reelle Werte im Intervall $[0,1]$. Das Ergebnis wird dann mit der höchstmöglichen erreichbaren Punktzahl der Aufgabe multipliziert. Danach erfolgt ein Runden, so dass das Endergebnis eine ganze Zahl ist.

Für den Studenten Demo ergibt sich eine Gesamtpunktzahl von $GP = 20/30$. Dies wird hier mit 10, der maximal erreichbaren Punktzahl für die Gesamtaufgabe, multipliziert und anschließend gerundet. Damit ergeben sich insgesamt 7 Punkte für die Aufgabe.

A.2.4.4 Zusammenfassung

Abschließend ist zu sagen, dass die Aktivität Aufgabe eine sehr wichtige Aktivität ist, da sehr viele Kurse Hausaufgaben anbieten. Dabei erleichtert diese Aktivität den Ablauf von der Abgabe bis hin zur Bewertung ganz erheblich. Die Aufgaben können digital erstellt und bearbeitet werden und anschließend orts- und zeitunabhängig abgegeben werden. Die persönliche Präsenz vor Ort beim Veranstalter sowohl bei der Abgabe als auch bei der Bewertung kann entfallen. Den Bewertern stehen zudem hilfreiche Bewertungsmethoden zur Verfügung, mit denen ganz einfach und schnell Aufgaben bewertet werden können.

Außerdem können Aufgabestellungen und Abgaben im Moodle-Kurs gesichert werden, so dass sie für die Kursleiter und für die Kursteilnehmer immer verfügbar sind. Bei vielen Abgaben die in Papierform abgegeben werden, kann es vorkommen, dass einzelne Hausaufgaben oder einige Seiten einer Abgabe einfach verloren gehen. Falls ein Kursteilnehmer die bewerteten Aufgaben nicht ordentlich aufbewahrt, verliert er den Überblick über seine gesamten Abgaben. Eventuell kann er nicht mehr seine erreichte Gesamtpunktzahl für den Kurs berechnen. Mit einem virtuellen Kurs in Moodle entstehen derartige Probleme nicht, da die Abgaben gesichert werden und die Bewertung einer Aufgabe immer angezeigt wird. Jeder Kursteilnehmer kann dadurch seine bisherige Leistung jederzeit kontrollieren.

A.3 Forum

Als nächstes wird die Aktivität Forum betrachtet, die zu den kooperativen Elementen in Moodle gehört. Dabei wird nicht auf alle Einstellungen eingegangen, wie in der Abstimmungs- oder Aufgabenaktivität, da die meisten Konfigurationen sich sehr ähneln. In den meisten Aktivitäten kommen wiederholt die gleichen Einstellungsmöglichkeiten, wie etwa: Name, Beschreibung, Zeitraum, Gruppen, Sichtbarkeit und andere. Diese Angaben werden in den nächsten Aktivitäten nicht mehr erläutert. Es werden nur noch wichtige Einstellungen, die die spezifische Aktivität ausmachen, beschrieben. Im Fokus wird eher die Funktionalität sowie deren Sinn und Zweck stehen.

Die Aktivität Forum gehört zu den kommunikativen Elementen in Moodle. Das Forum ermöglicht die Kommunikation zwischen den Kursteilnehmern untereinander und mit den Kursleitern.

In einem virtuellen Kurs können mithilfe des Forums Fragen und Ideen ausgetauscht werden. Wichtige Themen einer Veranstaltung können durch Fragen und Antworten vertieft werden. Schwer zu verstehende Aspekte können durch eine aktive Diskussionsteilnahme im Forum besser verstanden werden.

Die Dozenten können anhand der Fragen im Forum erkennen, dass einige Einzelheiten in der Präsenzveranstaltung zu kurz gekommen sind. Deshalb benötigen Studierende eventuell mehr Informationen oder auch Beispiele, um einige Aspekte besser verstehen zu können.

In einem Kurs können mehrere Foren, je nach Zweck, eingesetzt werden. So kann etwa ein Forum nur für organisatorische Anliegen des Kurses angeboten werden. Ein anderes Forum kann nützlich für Kursinhalte, wie etwa zu Vorlesungen und Übungen, sein. Bei diesen Foren können Fragen, Anregungen und Ideen ausgetauscht werden. Verschiedene Foren können ganz einfach hinzugefügt werden. Dabei ist der Name und die Beschreibung des jeweiligen Forums in den Konfigurationseinstellungen dieser Aktivität entsprechend zu vergeben.

In jedem Moodle-Kurs ist standardmäßig ein Nachrichtenforum vorhanden. Dieses Forum ist anders als die Foren, die zusätzlich eingefügt werden. Das Nachrichtenforum dient eher für Ankündigungen der Veranstalter. Dabei schreiben die Dozenten wichtige und dringliche Neuigkeiten, die den Studierenden schnell mitgeteilt werden können. Da dieses Forum nur als Nachrichtenankündigung dient, können Kursteilnehmer in diesem Forum die Nachrichten nur lesen, ohne selber eine Rückantwort zu verschicken. In allen anderen hinzugefügten Foren dürfen die Kursteilnehmer Nachrichten verschicken.

Das Einstellen eines Beitrags in ein Forum ist einfach und intuitiv. Zunächst ist das gewünschte Forum anzuklicken, in dem eventuell schon Einträge von anderen Teilnehmern gemacht wurden.

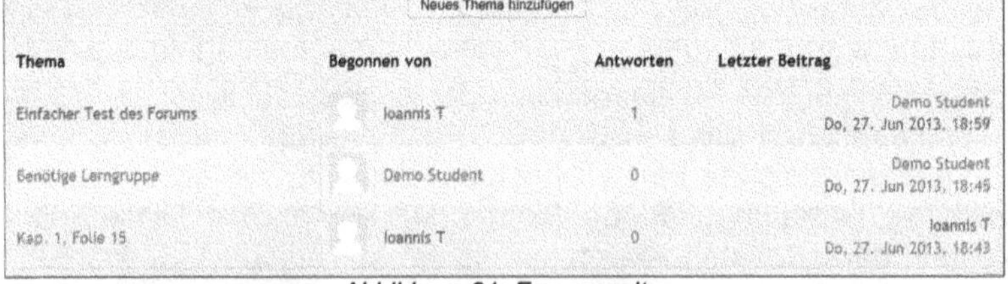

		Neues Thema hinzufügen	
Thema	**Begonnen von**	**Antworten**	**Letzter Beitrag**
Einfacher Test des Forums	Ioannis T	1	Demo Student Do, 27. Jun 2013, 18:59
Benötige Lerngruppe	Demo Student	0	Demo Student Do, 27. Jun 2013, 18:45
Kap. 1, Folie 15	Ioannis T	0	Ioannis T Do, 27. Jun 2013, 18:43

Abbildung 91: Forumsseite

Auf der Forumsseite (siehe Abbildung 91) ist eine Tabelle mit vier Spalten zu erkennen. Momentan sind drei Zeileneinträge zu sehen. So hat der Teilnehmer *Ioannis T* ein Thema zur Diskussion gestellt. Das Thema in diesem Beispiel wurde *Einfacher Test des Forums* genannt, was auch der Link ist, über den alle Beiträge zu diesem Thema einzusehen sind. Die Spalte Begonnen von gibt an, wer dieses Thema initiiert hat. Neben dieser Spalte ist die Anzahl der Antworten auf die Mitteilung des Verfassers zu entnehmen. Die letzte Spalte gibt an, wer den letzten Beitrag zu diesem Thema abgegeben hat.

Wird ein neues Thema zur Diskussion erwünscht, so kann jeder Kursteilnehmer den Button *Neues Thema hinzufügen* anklicken. Nach dieser Aktion erscheint das Formular aus Abbildung 92.

Mit diesem Formular kann erst eine Mitteilung im Forum zustande kommen. Hierbei ist es erforderlich, die Felder Betreff und Mitteilung auszufüllen. Der Betreff gibt das Thema an, über das diskutiert werden soll und ist sehr wichtig für die Forumsseite (siehe Abbildung 91). So ist der Betreff *Einfacher Test des Forums* aus Abbildung 92 in Abbildung 91 in der Tabellenspalte Thema wiederzufinden.

Im nächsten Feld ist eine Mitteilung einzugeben. Das kann etwa eine Frage, eine Antwort oder eine Wunschäußerung sein. Was genau geschrieben wird, obliegt ganz dem Verfasser der Mitteilung. Dazu kann der eingegebene Text mit dem Editor formatiert werden.

Abbildung 92: Ein Forumsbeitrag erstellen

Anschließend kann ausgewählt werden, ob der Kursteilnehmer das Forum abonnieren möchte. Das bedeutet, dass alle Beiträge in diesem Forum per E-Mail an ihn gesandt werden. Falls dies nicht erwünscht wird, kann das hiermit verneint werden.

Darüber hinaus kann einer Mitteilung auch ein Anhang hinzugefügt werden, falls dies vorher in den Konfigurationseinstellungen des Forums aktiviert wurde.

Nachdem das ausgefüllte Formular gespeichert wurde, ist die Mitteilung im Forum veröffentlicht. Um alle Nachrichten im Forum lesen zu können, genügt auf der Forumsseite (Abbildung 91) ein Mausklick auf das gewünschte Thema einer Diskussion in der Tabellenspalte Thema. Nach dieser Aktion gelangt der Kursleiter oder der Kursteilnehmer zu den Beiträgen des ausgewählten Themas, wie in Abbildung 93 zu erkennen.

In Abbildung 93 ist die Sicht von Demo Student zu sehen, der seinen kürzlich hinzugefügten Beitrag noch bearbeiten und löschen kann.

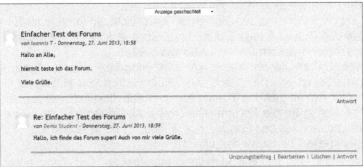

Abbildung 93: Diskussion im Forum

Der Verfasser der Mitteilung hat nach Veröffentlichung seiner Nachricht 30 Minuten Zeit, um seinen Text nochmals zu bearbeiten oder auch zu löschen, wenn dies notwendig sein sollte. Rechts unterhalb einer Nachricht sind diese Aktionen auswählbar. Andere Kursteilnehmer, die eine Antwort zu einem Beitrag abschicken möchten, können dazu auf *Antwort* klicken. Dann erscheint das bekannte Formular aus Abbildung 92, in dem die Antwort geschrieben und bearbeitet werden kann.

In Abbildung 93 kann die Anzeige der Beiträge in einem Thread geändert werden. In diesem Beispiel sind die Beiträge geschachtelt angeordnet. Das bedeutet, dass Antworten auf ein Beitrag eingerückt werden. Neben der *geschachtelten Anzeige* gibt es noch andere Formate, wie etwa, dass Beiträge nach ihrem Datum aufsteigend oder absteigend aufgelistet werden. Dabei behält der Ursprungsbeitrag die erste Position und alle andere Beiträge werden nach der Zeit aufsteigend oder absteigend sortiert.

Die Beiträge in einem Forum können per E-Mail an alle Nutzer eines Kurses versendet werden. Dazu muss das Forum vorher von jedem Teilnehmer abonniert werden oder der Kursleiter hat in den Einstellungen der Aktivität das Abonnement für alle Kursteilnehmer verpflichtend gemacht. Beim standardmäßigen Nachrichtenforum bekommt jeder die Beiträge; dies kann auch nicht von den Teilnehmern deaktiviert werden. Das hat einen wichtigen Grund: alle Nutzer des Kurses sollen wichtige und dringliche Neuigkeiten erhalten.

Alle anderen Foren können so eingestellt werden, dass die Kursteilnehmer selber entscheiden, ob sie das Forum abonnieren wollen. In anderen Fällen sind alle Nutzer eines Forums als Abonnenten eingetragen. Dabei kann jeder das Abonnement jederzeit problemlos abbestellen. Der Kursleiter kann auch gar kein Abonnement anbieten.

In diesem Abschnitt wurde intensiv der Forumstyp *Standardforum zur all-*

gemeinen Nutzung beschrieben. Neben dieser Art gibt es noch weitere Typen, die im Vergleich nur ein paar Einschränkungen besitzen. So kann beim Forumstyp *Diskussion zu einzelnem Thema* nur ein einziges Thema angelegt werden. Bei dem Forumstyp *Jede Person darf genau ein Thema anlegen* darf jede Person nur ein Thema hinzufügen, über das dann diskutiert werden kann. Im Standardforum hingegen können Kursteilnehmer beliebig viele Themen eröffnen und diskutieren. Bei allen Typen bleibt jedoch die in diesem Abschnitt beschriebene Vorgangsweise zum Verfassen und Versenden einer Nachricht gleich.

Die Diskussion zwischen den Teilnehmern in einem Forum findet nicht zur gleichen Zeit statt. Im besten Fall antwortet ein anderer Kursteilnehmer kurz nach Veröffentlichung einer Frage im Forum. Es sind jedoch nicht alle Kursteilnehmer zur gleichen Zeit online und einige Fragen werden vielleicht erst nach ein paar Tagen beantwortet.

Für eine synchrone Diskussion eignet sich die Aktivität Chat, die im nächsten Abschnitt erläutert wird.

A.4 Chat

Die Aktivität Chat eignet sich besonders, um gleichzeitig mit anderen Kursteilnehmern zu diskutieren. Wie das Forum gehört auch der Chat zu den kommunikativen Elementen in Moodle. Die Teilnehmer an einem Chat betreten einen virtuellen Raum in dem sie gleichzeitig kommunizieren. Dabei erfolgt der Austausch über das Schreiben von Mitteilungen. Ein solcher Kommunikationsaustausch kann in einigen Moodle-Kursen sinnvoll eingesetzt werden.

In einer Präsenzveranstaltung kann es vorkommen, dass eine Diskussion aus Zeitgründen nicht mehr fortgeführt werden kann. Anstatt einen extra Termin zu machen, an dem alle Kursteilnehmer anwesend sein müssen, kann die Diskussion online zu Ende geführt werden. Dazu ist es jedoch notwendig, dass der Kursleiter einen Termin ausmacht, wann die Diskussion im Chat anfangen soll. Danach können alle Teilnehmer ganz bequem, etwa von zu Hause aus, aktiv an der Online-Diskussion teilnehmen.

In einem Kurs können mehrere Chats zu verschiedenen Themen eingefügt werden. Der Name eines Chatrooms ist auch der Link über den ein Teilnehmer in den Chat gelangen kann. Da der Chat eine Aktivität ist, befindet sich der Link in der Mitte des Moodle-Kurses in einem Themen- oder Wochenabschnitt. Bevor er den Chat betritt, kann er zwischen einer standardmäßigen oder einer barrierefreien Oberfläche auswählen. Jeder kann auf beide Arten problemlos und gleichzeitig kommunizieren.

Abbildung 94 zeigt den standardmäßigen Chat. Der Nutzer des Chats tippt seine Mitteilung ganz unten in die dafür vorgesehene Textfläche ein. Mit einem Klick auf den danebenstehenden Button *Senden* wird der

Text in den Chatroom veröffentlicht. Neben dem Button ist ein Link mit den Namen *Designs* angeordnet. Über diesen Link können die Chat-Nutzer zwischen zwei Designs (Bubble und Compact) auswählen.

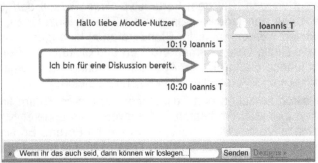

Abbildung 94: Standardmäßiger Chatroom in Moodle

Außerdem wurde in Abbildung 94 das Bubble-Design gewählt, bei dem die verschickten Mitteilungen in Sprechblasen zu sehen sind. Unter jeder Sprechblase steht die Uhrzeit an der die Nachricht verschickt wurde, sowie der Name des Absenders. Ganz rechts im Chatroom ist ein hellblaue Fläche platziert, auf der die Namen der Chat-Teilnehmer aufgelistet sind.

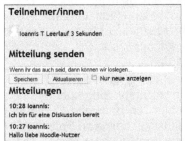

Abbildung 95: Barrierefreie Chat-Oberfläche

Abbildung 95 zeigt die barrierefreie Oberfläche. Die barrierefreie Oberfläche ist in drei Abschnitte – *Teilnehmer/innen, Mitteilung senden und Mitteilungen* – aufgeteilt. Der große Unterschied zum standardmäßigen Chat ist die Art und Weise, wie die Mitteilungen angezeigt werden. Es wird hier kein Design angeboten, bei dem Formen und Farben vorhanden sind. Obwohl die barrierefreie Oberfläche sehr schlicht ist, sind alle Informationen auf einen Blick zu sehen. Dabei wird der größtmöglichen Kontrast, Schwarz-Weiß, benutzt. Farbenblinde Menschen können dadurch ohne Probleme chatten.

Außerdem steht in dem Abschnitt Mitteilungen die aktuellste Nachricht immer an oberster Stelle, so dass diese immer im Blickfeld des Betrachters bleibt. Das kann in Abbildung 95 anhand der Uhrzeit der Mitteilungen verifiziert werden.

Eine weitere Besonderheit sind die beiden Buttons - *Speichern* und *Aktualisieren* - sowie die Checkbox *Nur neue Anzeigen* in der Mitte der Oberfläche. Der Button *Speichern* bewirkt das Gleiche, wie der Button *Senden* beim standardmäßigen Chat. Damit wird die Mitteilung veröffentlicht.

Was hingegen einzigartig ist, ist der Button zur Aktualisierung in Verbindung mit der Checkbox. Falls viele Nachrichten auf der Oberfläche den Kursteilnehmer stören, so kann die Checkbox aktiviert und anschließend auf den Button *Aktualisieren* geklickt werden. Dadurch werden alle sichtbaren Mitteilungen von der Oberfläche entfernt und nur neue Mitteilungen angezeigt.

Neben den beiden Chat-Oberflächen können alte Sitzungen, auch Chat-Protokolle genannt, zu einem späteren Zeitpunkt wieder angesehen werden. Dies ist nur möglich, wenn der Kursleiter das in den Konfigurationseinstellungen dieser Aktivität so eingestellt hat.

Im nächsten Abschnitt wird die Aktivität Umfrage vorgestellt.

A.5 Umfrage

Die Umfrage ist eine Aktivität, die für eine Auswertung und Evaluierung [14] eines Moodle-Kurses geeignet ist. Damit kann der Kursleiter die Meinungen der Teilnehmer zum Kurs sammeln. So können etwa Fragen zur persönlichen Einstellung des Kursteilnehmers, zur Lernumgebung und zur Interaktion mit anderen gestellt werden.

Bei dieser Aktivität sind allerdings die Fragebögen vorgefertigt. Eine Änderung der einzelnen Fragen sowie das Hinzufügen oder Entfernen von Fragen ist nicht möglich, da die Fragebögen nach einem wissenschaftlichen und überprüften Konzept Informationen über das Verhalten des E-Learnings sammeln. Eine Änderung der Fragebögen könnte die durchdachten Konzepte gefährden, so dass keine eindeutigen Ergebnisse zustande kommen.

Der Link besitzt im Standardpaket als Symbol ein Radiobutton. Das zeigt, dass die Kursteilnehmer ganz einfach den vorgefertigten Fragebogen durch das Anklicken der verschiedenen Optionen der Zustimmung oder Nichtzustimmung ausfüllen können.

Im Standardpaket von Moodle gibt es drei Arten von Fragebögen. Diese sind [34]: **A**ttitudes **t**o **T**hinking and **L**earning **S**urvey (kurz: ATTLS, in deutsch: Einstellung zur Denk- und Lern-Bewertung), **C**onstructivist **On**-**L**ine **L**earning **E**nvironment **S**urvey (kurz: COLLES, in deutsch: Konstruktivische Bewertung des laufenden Kurses) und Kritische Ereignisse. Letzteres hat keine Radiobuttons, sondern freie Textfelder zum Ausfüllen.

Zur Veranschaulichung wird nur der ATTLS Fragebogen in Abbildung 96 präsentiert. Bei dieser Abbildung handelt es sich um einen Teilausschnitt des gesamten Fragebogens. Dabei wird die persönliche Einstellung zum Lernen und Denken eines Kursteilnehmers erfasst. Zu allen Punkten kann genau ein Radiobutton ausgewählt werden. Die Auswahl erfolgt stufenweise von *Lehne ich vollständig ab* bis *bin völlig einverstanden.*

Nachdem eine Umfrage abgegeben wurde, erscheint bei erneutem Aufruf der Umfrage ein Diagramm, in dem das eigene Ergebnis im Vergleich zur eigenen Lerngruppe, falls vorhanden, verglichen werden kann.

Weitere Details zu den jeweiligen Fragebögen werden in dieser Arbeit nicht gegeben. Bei Interesse sind weitere Informationen zu diesem Thema in [17] zu finden.

Diese Fragebögen können universal in fast jedem Moodle-Kurs eingesetzt werden, da sie eher allgemeine Aspekte des interaktiven Lernens und der Lernumgebung erfassen.

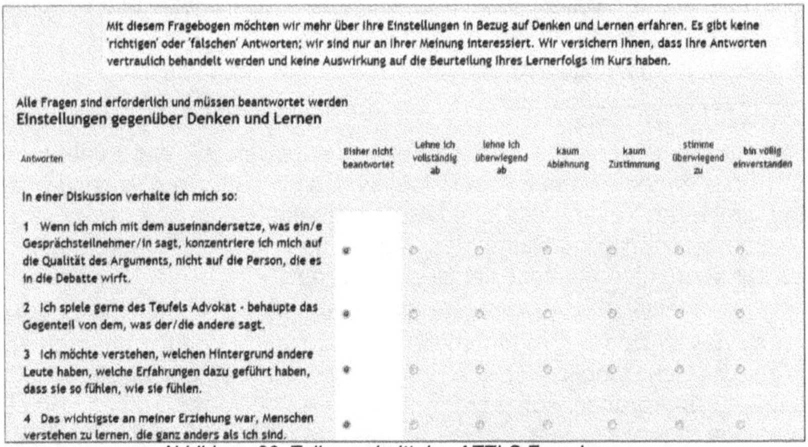
Mit diesem Fragebogen möchten wir mehr über Ihre Einstellungen in Bezug auf Denken und Lernen erfahren. Es gibt keine 'richtigen' oder 'falschen' Antworten; wir sind nur an Ihrer Meinung interessiert. Wir versichern Ihnen, dass Ihre Antworten vertraulich behandelt werden und keine Auswirkung auf die Beurteilung Ihres Lernerfolgs im Kurs haben.

Alle Fragen sind erforderlich und müssen beantwortet werden

Einstellungen gegenüber Denken und Lernen

Antworten	Bisher nicht beantwortet	Lehne ich vollständig ab	lehne ich überwiegend ab	kaum Ablehnung	kaum Zustimmung	stimme überwiegend zu	bin völlig einverstanden
In einer Diskussion verhalte ich mich so:							
1 Wenn ich mich mit dem auseinandersetze, was ein/e Gesprächsteilnehmer/in sagt, konzentriere ich mich auf die Qualität des Arguments, nicht auf die Person, die es in die Debatte wirft.	●	○	○	○	○	○	○
2 Ich spiele gerne des Teufels Advokat - behaupte das Gegenteil von dem, was der/die andere sagt.	●	○	○	○	○	○	○
3 Ich möchte verstehen, welchen Hintergrund andere Leute haben, welche Erfahrungen dazu geführt haben, dass sie so fühlen, wie sie fühlen.	●	○	○	○	○	○	○
4 Das wichtigste an meiner Erziehung war, Menschen verstehen zu lernen, die ganz anders als ich sind.	●	○	○	○	○	○	○

Abbildung 96: Teilausschnitt des ATTLS Fragebogens

In vielen Fällen möchten die Kursleiter spezifische Fragen, die ihren Kurs speziell betreffen, an die Kursteilnehmer stellen. Um einen eigenen Fragebogen erstellen zu können, eignet sich die Aktivität Feedback, die im nächsten Abschnitt erläutert wird.

A.6 Feedback

In vielen Fällen möchten die Veranstalter am Ende eines Kurses ein Feedback über ihren Kurs erhalten. Ein Kursleiter erfährt dadurch, wie die Kursteilnehmer die Organisation und die Inhalte des Kurses bewerten. Ein Feedback kann für die Präsenzveranstaltung sowie für den Moodle-Kurs erfolgen. Beim virtuellen Kurs kann nachgefragt werden, ob die Teilnehmer mit dem Aufbau und den ausgewählten Elementen zurecht kamen. Somit können Verbesserungsvorschläge seitens der Teilnehmer die Veranstaltung insgesamt optimieren.

Die Aktivität Feedback kann nicht nur am Ende eines Kurses, sondern jederzeit angeboten werden, so dass Änderungsvorschläge eventuell schon während des Kurses umgesetzt werden können. Aspekte die nicht zeitnah zu ändern sind können etwa im nächsten oder übernächsten Semester, je nachdem wann die Veranstaltung wieder angeboten wird, berücksichtigt werden.

Wie schon im vorherigen Abschnitt erwähnt, werden beim Feedback die Fragen selbst gestellt, was bei der Aktivität Umfrage nicht der Fall ist.

Im Standardpaket von Moodle symbolisiert das grüne Fragezeichen des Feedback-Links, dass hier Fragen gestellt werden. Über diesen Link gelangt der Kursteilnehmer zu dem Fragebogen, den er sofort oder auch zu einem späteren Zeitpunkt ausfüllen kann. Falls ein Abgabedatum angegeben ist, kann die Abgabe des Feedbacks nur bis zu diesem Datum erfolgen. Mit den Antworten kann der Kursleiter die Meinung und Wünsche der Kursteilnehmer erfahren. Außerdem kann in Moodle das Feedback vom Kursleiter so eingestellt werden, dass der Fragebogen anonym beantwortet wird. Ein Beispiel für einen Feedback-Fragebogen ist in Abbildung 97 zu sehen.

Im Moodle-Standard stehen neun Elemente zur Verfügung um einen Feedback-Fragebogen zu konzipieren. Diese sind: (1) *Captcha (Completely **A**utomated **P**ublic **T**uring test to tell **C**omputers and **H**umans **A**part)* [14], (2) *Eingabebereich*, (3) *Eingabezeile*, (4) *Information*, (5) *Multiple Choice*, (6) *Multiple Choice (skaliert)*, (7) *Numerische Antwort*, (8) *Seitenumbruch hinzufügen* und (9) *Textfeld*.

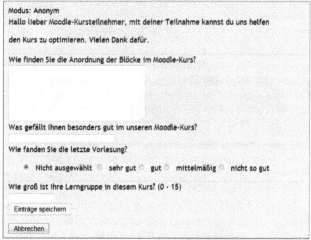

Abbildung 97: Feedback-Fragebogen

Der Fragebogen aus Abbildung 97 hat fünf verschiedene Abschnitte, in dem jeweils ein anderes Element zu sehen ist. Von oben angefangen, ist ein einführender Text zu sehen, also das Element mit der obigen Reihenfolgenummer (9). Damit kann ein kurzer Text geschrieben werden, der Hinweise für den Fragebogen oder einfach eine Begrüßung enthält.

Danach kommen zwei Fragen mit jeweils einem freien Textfeld. Im oberen Feld können mehrere Zeilen eingetippt werden (2) und im darunterliegenden Feld nur eine Zeile (3). Die Anzahl der Zeichen und Zeilen kann in den Einstellungen der Elemente angegeben werden.

Im nächsten Abschnitt kann eine Antwort per Auswahl eines Radiobuttons erfolgen (5). Zum Schluss wird ein Feld angeboten, in dem nur ein numerischer Wert zwischen 0 und 15 eingegeben werden kann (7).

Die nicht vorhandenen Elemente (1), (6) und (8) in diesem Beispiel werden kurz erläutert. Ein Captcha (1) ist in der Regel ein Bild, in dem ein zufälliges verzerrtes Kennwort enthalten ist. Damit ausgeschlossen werden kann, dass ein Computer den Fragebogen maschinell ausfüllt, muss der Kursteilnehmer dieses Kennwort in ein Eingabefeld eintippen. Nur dann kann das Feedback akzeptiert werden. Das könnte in Kursen, in denen das Feedback maßgebliche Änderungen für alle Teilnehmer bewirkt, wichtig erscheinen. Für eine Vorlesung an einer Universität oder einer Schule käme dieser Fall vermutlich eher selten vor.

Das Element (6) ist von der Funktion von (5) identisch. Das einzige was noch hinzu kommt ist, dass jede Option, die zur Auswahl steht, einen numerischen Wert erhält. Diese Wert kann der Kursleiter bei der Bearbeitung des Elements hinzufügen. Nach Abschluss des Feedbacks kann dadurch für jede Option der Mittelwert berechnet werden [20].

Mit dem Element (8) kann an einer gewünschten Stelle im Feedback-Fragebogen ein Zeilenumbruch eingefügt werden. Alle Elemente vor diesem Zeilenumbruch sind nur auf einer Seite sichtbar. Die folgenden Elemente sind erst per Mausklick auf einen Button auf der nächsten Seite zu sehen. Möchte der Ersteller des Fragebogens eine neue Seite für nachfolgende Fragen einsetzen, so kann dies mit dem Element (8) erfolgen. Bei sehr vielen Fragen kann eine bestimmte Anzahl pro Seite in den Einstellungen bestimmt werden.

Wie ein Element seitens der Kursleiter hinzugefügt und bearbeitet wird, soll an einem dieser Elemente kurz beschrieben werden. Bei allen anderen Elemente wird ähnlich vorgegangen. Zuerst ist der Feedback-Link anzuklicken. Danach sehen Kursleiter und berechtigte Personen einen Überblick über die Feedback-Seite, wie in Abbildung 98 zu sehen. Bei diesem Überblick sieht der Kursleiter an erster Stelle, wie viele Feedbacks ausgefüllt worden sind. Außerdem wird die Anzahl der Fragen im Fragebogen sowie die zeitliche Verfügbarkeit angegeben. Dann ist der Beschreibungstext zu sehen, der beim Hinzufügen der Aktivität in den

Einstellungen eingetippt wurde.

Abbildung 98: Feedback-Seite zum Bearbeiten

Es kann auch ein Text, der nach dem Ausfüllen des Fragebogens auftaucht, hinzugefügt werden. Das könnte etwa ein Dank für die Teilnahme
am Feedback sein. Ganz am Ende ist der Link *Formular ausfüllen* zu sehen, über den der Kursleiter zu den Fragen gelangen kann.

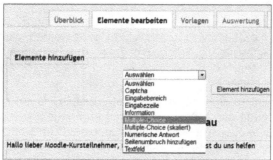
Abbildung 99: Elemente hinzufügen und bearbeiten

Neben dem *Überblick* sind auch andere wichtige Seiten im Feedback
vorhanden. Auf diese gelangt der Kursleiter über die oben angeordneten
Karteireiter (siehe Abbildung 98): *Elemente bearbeiten*, *Vorlagen*, *Auswertung* und *Einträge anzeigen*.

Wenn der Kursleiter dem Feedback Fragen hinzufügen möchte, dann
kann er über den Reiter *Elemente bearbeiten* auf die entsprechende Seite gelangen. In Abbildung 99 ist diese Seite zu sehen. In einer Dropdown-Liste stehen alle neun Elemente zur Verfügung, mit denen ein online
Feedback-Fragebogen in Moodle erstellt werden kann.

Falls eine Frage in Multiple-Choice-Format angezeigt werden soll, so ist
das entsprechende Element aus der Liste, wie in Abbildung 99 zu sehen,
auszuwählen. Danach erscheinen die Einstellungen dieses Elements,

was in der folgenden Abbildung 100 zu sehen ist.

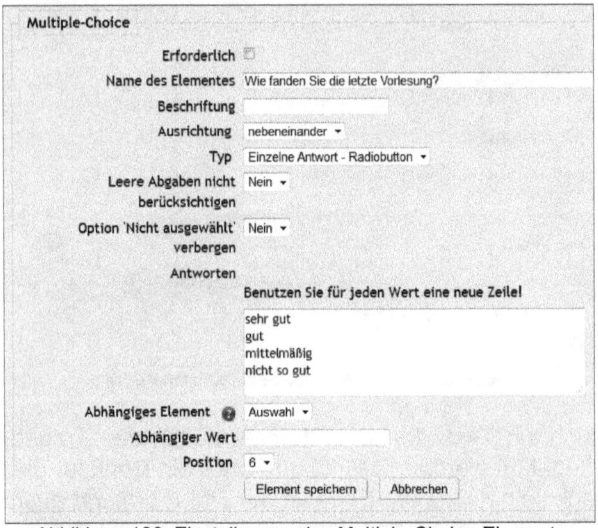

Abbildung 100: Einstellungen des Multiple-Choice-Elements

Das Resultat dieser Einstellungen wurde in Abbildung 97 vorgestellt. Zu Beginn kann die Checkbox *Erforderlich* aktiviert werden, wenn beim Ausfüllen des Feedbacks die Frage unbedingt vom Teilnehmer beantwortet werden muss. Bei Nichtaktivierung kann das Feedback auch ohne die Beantwortung dieser Frage akzeptiert werden.

Als nächstes ist es sinnvoll die Frage im Textfeld *Name des Elementes* einzugeben, denn nur dann ist die Frage im Feedback sichtbar. Außerdem kann dieses Element, falls notwendig, eine ID erhalten.

Mit der Einstellung *Ausrichtung* wird bestimmt, ob die Antworten nebeneinander oder untereinander angezeigt werden sollen. So sind im Beispiel aus Abbildung 97 die Antworten nebeneinander platziert.

Bei der Einstellung *Typ* stehen drei Optionen zur Auswahl: *Einzelne Antwort - Radiobutton*, *Einzelne Antwort - Dropdown* und *Mehrere Antworten*. Bei den ersten beiden Optionen kann nur eine einzige Antwort ausgewählt werden, jeweils via Radiobuttons oder einer Dropdown-Liste. Bei der letzten Option sind mehrere Antworten durch Anklicken von Checkboxen möglich.

In der nächsten Einstellung ist zu entscheiden, ob eine leere Abgabe des Elements in der Auswertung berücksichtigt wird. Wenn dies erlaubt wird, dann zählen in der Gesamtbewertung des Multiple-Choice Elements alle Feedbacks, auch wenn einige davon diese Frage nicht beantworten.

Als nächstes kann bei den Antwortalternativen die Antwort *Nicht gewählt* verborgen oder sichtbar gemacht werden, indem die Einstellung *Nicht* gewählt *verbergen* entsprechend gesetzt wird. Die anderen Antworten können in einem darunterliegenden Textfeld eingetippt werden. Jede Antwort ist in einer neuen Zeile einzugeben, so dass das System es als eigenständige Antwort erkennen kann. In Abbildung 97 sind alle einge-tippten Antworten und die Alternative *Nicht gewählt* zu erkennen.

Mit den zwei nachfolgenden Einstellungen *Abhängiges Element* und *Ab-hängiger Wert* kann das Erscheinen der Frage *Wie fanden Sie die letzte Vorlesung?* (Abbildung 100) von der Antwort einer vorangegangenen Frage abhängig gemacht werden. Nur bei der passenden Antwort er-scheint die Frage aus Abbildung 100. Für ein besseres Verständnis wird an dieser Stelle ein kleines Beispiel erläutert.

Informatiker und Wirtschaftsinformatiker haben gemeinsame und ge-trennte Veranstaltungen. So wird das Fach Technische Grundlagen der Informatik I nur von Informatikern besucht, da es eine Pflichtveranstal-tung für diesen Studiengang ist. Das Fach Betriebswirtschaftslehre ist eine Pflichtveranstaltung für Wirtschaftsinformatiker. Werden spezielle Fragen an den jeweiligen Studiengang gestellt, so ist es sinnvoll, zuerst nach dem Studiengang der Studenten zu fragen. Abhängig von dieser Antwort werden sich die nächsten Fragen an dem Studiengang der Per-sonen orientieren. Um das im Feedback-Fragebogen bewerkstelligen zu können, kann der Ersteller des Feedbacks folgendermaßen vorgehen: Zuerst wird die Multiple-Choice-Frage *Was studieren Sie?* mit den Ant-wortalternativen *Informatik* und *Wirtschaftsinformatik* erstellt (siehe Abbil-dung 101).

Abbildung 101: Abhängiges Element

Bei dieser Frage kann optional eine ID hinzugefügt werden. Die ID hilft bei der Zuordnung, von welchem Frage-Element ein weiteres Frage-Ele-ment abhängig ist. Die ID könnte hier *Studiengang* genannt werden. Da-nach wird ein Seitenumbruch hinzugefügt. Nach dem Seitenumbruch kann die Informatik-Frage *Haben Sie schon die Veranstaltung Techni-sche Grundlagen der Informatik 1 besucht?* und die Wirtschaftsinformati-k-Frage *Haben Sie die Veranstaltung Einführung in BWL besucht?* hin-zugefügt werden. In den Einstellung der beiden Fragen sind die Einstel-lungen *Abhängiges Element* und *Abhängiger Wert* auszufüllen. Bei bei-den ist in *Abhängiges Element* die ID *Studiengang* auszuwählen. Dadurch wird dem Moodle-System signalisiert, dass die Antwort auf die Frage *Was studieren Sie?* einer der beiden Fragen in Frage kommt. Nur durch den Wert in *Abhängiger Wert* kann das System genau unterscheiden, welches die nächste Frage ist. In diesem Beispiel sind die abhängigen Werte die Antwortalternativen Informatik und Wirtschaftsinformatik. Für die Informatik-Frage wird der Wert *Informatik* eingesetzt und bei der Wirtschaftsinformatik-Frage der Wert *Wirtschaftsinformatik*. Wird in Abbildung 101 die Antwort Informatik ausgewählt und der Button *Nächste Seite* geklickt, so erscheint die Informatik-Frage. Wird Wirtschaftsinformatik ausgewählt, so erscheint die Frage für die Wirtschaftsinformatik. Durch den Einsatz von abhängigen Elementen lassen sich spezifische Fragen unkompliziert stellen.

Zum Schluss kann die Platzierung des Elements über die Position beeinflusst werden. Dabei ist zu beachten, dass jedes Element in jeweils einem Abschnitt auf der Feedback-Seite zu sehen ist. In der Einstellung Position wird eine Zahl ausgewählt, die angibt, an welcher Stelle dieser Abschnitt auf dem Feedback-Fragebogen stehen soll. So steht ein Element mit Position 1 an erster Stelle, also als erster Abschnitt auf dem Feedback-Fragebogen. Mit Position 2 würde der Abschnitt an zweiter Stelle stehen. Positionen von 1 bis n können vergeben werden, wenn n Elemente im Fragebogen auch hinzugefügt werden.

Das Multiple-Choice-Element genügt hier als ein Beispiel, wie ein Element konfiguriert werden kann. Alle anderen Elemente besitzen ähnliche Einstellung und werden daher nicht weiter betrachtet.

Nachdem der Kursleiter einen Feedback-Fragebogen erstellt hat, kann er diese Fragen als Vorlage speichern. Über den Reiter *Vorlagen* in Abbildung 98 gelangt der Kursleiter auf die Vorlagen-Seite, auf der die Fragen gespeichert werden können. Diese Vorlage kann zu einem späteren Zeitpunkt bei einem anderen Feedback nützlich erscheinen.

Als nächstes stehen dem Kursleiter noch die zwei Karteireiter *Auswertung* und *Einträge anzeigen* (Abbildung 98) zur Verfügung. Mit *Einträge anzeigen* ist jeder ausgefüllte Feedback-Fragebogen eines Kursteilnehmers einzusehen. Möchte der Kursleiter einen Gesamtüberblick über die Antworten aller Kursteilnehmer erhalten, so kann er diesen auf der *Auswertungs*-Seite einsehen.

In Abbildung 102 wird beispielhaft die Auswertung der beiden letzten Elemente (numerische Antwort und Multiple-Choice) aus Abbildung 97, welche auf Seite 194 zu sehen sind, gezeigt.

Im oberen Abschnitt der Abbildung 102 ist die Auswertung des Multiple-Choice-Elements *Wie fanden Sie die letzte Vorlesung?* als Balkendiagramm dargestellt. Im unteren Abschnitt sind die numerischen Antworten zu der Frage „*Wie groß ist ihre Lerngruppe in diesem Kurs?*" zu sehen. Aus allen Werten der Kursteilnehmer wird der Mittelwert berechnet. Dazu wird für die jeweilige Antwort die Anzahl der Teilnehmer und der prozentuale Wert ermittelt. Auch der Mittelwert der gesamten Aufwertung ist einzusehen. Damit erfasst die Aktivität Feedback auch statistische Daten über die Antworten der Kursteilnehmer.

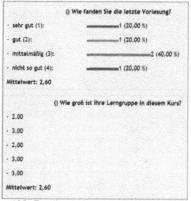

Abbildung 102: Feedback-Auswertung von zwei Elementen

Somit ist das Feedback ein geeignetes Instrument, um spezifische Rückmeldungen sowohl für die Präsenzveranstaltung als auch für den Moodle-Kurs zu erhalten.

A.7 Test

Neben der Erfassung der persönlichen Meinung durch das Feedback und die Umfrage gibt es zusätzlich die Aktivität Test, mit der das Wissen der Teilnehmer getestet und trainiert werden kann. Darüber hinaus kann ein Test auch als Hausaufgabe gestellt werden, bei dem die Ergebnisse in die Gesamtbenotung eingehen.

Das in Moodle-Standard verwendete Icon für einen Test – ein rotes Häkchen auf einem Formular – symbolisiert, dass hier eine Aktivität zum Testen angeboten wird. Über diesen Link gelangt der Kursteilnehmer zu den Fragen, die er sofort oder auch zu einem späteren Zeitpunkt beantworten kann. Dabei kann ein Test mehrere Fragen umfassen. Moodle bietet mehrere Typen von Fragen an, die in diesem Abschnitt erläutert werden. Bevor ein Test zur Verfügung steht, muss der Kursleiter Fragen erstellen. Über den Link und dann über den Button *Testinhalt bearbeiten* gelangt dieser auf die Testbearbeitungsseite (siehe Abbildung 103), in der die Fragen erstellt werden können.

In Abbildung 103 ist zu erkennen, dass dem Testersteller einige Informationen und Aktionen zur Verfügung stehen. Die fette Schrift des Titels zeigt an, in welchem Test Fragen hinzugefügt, gelöscht oder geändert werden. Unterhalb des Titels werden Informationen angezeigt, beispielsweise wie viele Fragen im Test schon vorhanden sind sowie ob der Test schon zugänglich oder noch geschlossen ist. Außerdem wird die *Summe der Bewertungen* aller schon erstellten Fragen angezeigt. Da hier noch keine Fragen erstellt worden sind, wird der Wert 0 angezeigt. Unter *Beste Bewertung* kann eine beliebige Zahl eingegeben und gespeichert werden. Diese gibt die höchstmögliche Punktzahl des gesamten Tests an.

Abbildung 103: Seite zur Testerstellung

Als nächstes ist in der Abbildung 103 eine Fläche mit dem Titel *Leere Seite* und zwei Buttons - *Frage hinzufügen* und *Zufallsfrage hinzufügen* - zu erkennen. Auf dieser noch leeren Seite werden Fragen erwartet und mit jeder Frage wird die silbergraue Fläche größer. Durch den Button *Frage hinzufügen* können dem Test verschiedene Fragetypen hinzugefügt werden (siehe Abbildung 104). Dabei wird die Reihenfolge in der die Fragen im Bearbeitungsmodus angeordnet werden genauso auch beim Ausfüllen des Test zu sehen sein. Darüber hinaus kann eine bestimmte Anzahl an Fragen auf mehreren Seiten angeordnet werden, so dass nicht zu viele Fragen auf einer Seite zu sehen sind. Über den Button *Seite hier hinzufügen* (in Abbildung 103) kann der Testersteller auf einer neuen Seite Fragen hinzufügen. Die Reihenfolge der Fragen und die Seiten, auf denen sie platziert sind, können über den Karteireiter *Reihenfolge und Seitenumbrüche* eingesehen und geändert werden.

Alle Fragen werden in einer Kategorie gespeichert: nur in dem spezifischen Test, im gesamten Kurs oder kursübergreifend. Nachdem die Fragen erstellt wurden, sind diese über den Link *Fragensammlung [Anzeigen]* in der jeweiligen Kategorie gespeichert und einsehbar. Wenn bei einem anderen Test Fragen benötigt werden, können aus der Fragensammlung ein oder mehrere Fragen hinzugefügt werden.

Wird eine Frage über den Button *Zufallsfrage hinzufügen* hinzugefügt, so wird bei jedem Testversuch und bei verschiedenen Testpersonen die Frage aus einer Kategorie zufällig ausgewählt. Das kann bei unbegrenzten Testversuchen hilfreich sein, damit die Testpersonen die richtigen Antworten nicht aus dem Abspeichern der Reihenfolge lernen.

Wie schon erwähnt, stehen Moodle verschiedene Fragetypen zur Verfügung. In Abbildung 104 sind diese zu sehen.

Abbildung 104: Fragetypen im Moodle-Standard

Diese Typen werden nun kurz vorgestellt, ohne auf die vielen Konfigurationsmöglichkeiten einzugehen. Erst gegen Ende des Abschnitts werden einzelne Einstellungen des Tests, die für die Kurse an einer Universität wichtig erscheinen, erläutert. Die folgenden Fragetypen können in einem Test hinzugefügt werden:

- **Berechnet:** Dieser Fragetypus erstellt numerische Fragen und erwartet auch eine numerische Antwort. Bei der Erstellung können Variablen eingesetzt werden, so dass bei erneutem Testversuch oder auch bei mehreren Testteilnehmern die gleiche Frage mit unterschiedlichen Werten gestellt werden kann. Moodle kann dafür mehrere zufällige Zahlen generieren. Dieser Typ eignet sich hervorragend für Formeln jeglicher Art. So könnte etwa für den Satz des Pythagoras nach der fehlenden Länge einer Seite in einem Dreieck gefragt werden. Die anderen beiden Seiten können bei jedem Testversuch zufällige neue Werte erhalten. Die korrekte Lösung dieser Aufgabe kann in den Einstellungen der Frage als Formel mit den jeweiligen zufälligen Werten, den Variablen, eingegeben und berechnet werden, so dass die richtige Antwort kalkuliert werden kann. Das ist besonders wichtig bei der Vergabe der Punkte. Die Punkte werden hierbei automatisch durch den Vergleich der Antwort und der Lösung vergeben. Außerdem kann bei einer falschen Antwort ein Feedback mit der richtigen Lösung angezeigt werden.

- **Berechnete Multiple-Choice-Frage:** Dieser Fragetypus wird auf ähnliche Weise erstellt wie der Typ *Berechnet*, nur dass die Antwort vom Testeilnehmer nicht eingetippt werden muss. Hier stehen mehrere Antworten zur Verfügung und die richtige Antwort ist auszuwählen. Auch hier werden bei erneutem Testversuch oder bei mehreren Teilnehmern die gleiche Frage gestellt, jedoch mit unterschiedlichen Werten.

- **Einfach Berechnet** bietet ähnliche Dienste wie *Berechnet* nur mit den wichtigsten Funktionalitäten, so dass es eine einfachere Variante ist.

- **Freitext:** Bei dieser Frageart wird ein Antwortfeld angeboten, in dem die Antwort eingetippt werden kann. Dabei wird auch ein Texteditor zum Bearbeiten des Textes bereitgestellt. In diesem Fall werden die Punkte nicht automatisch vergeben. Der Bewerter kann erst nach dem Lesen der Antwort die Punkte für diese Frage manuell eingeben.

- **Kurzantwort** erwartet in einem Zeilenfeld eine kurze Antwort. Die Antwortmöglichkeiten auf diese Art Frage sind in den Einstellungen festgelegt, so dass auch eine automatische Punktevergabe ermöglicht wird.

- **Lückentext-Frage:** Verschiedene Fragen können in einem Lückentext erfragt werden. Hierbei gibt es drei Arten diese Lücken zu füllen: durch textuelle Kurzantworten, numerische Antworten und Multiple-Choice-Antworten über eine Dropdown-Liste.

- **Multiple-Choice:** Zu einer Frage sind mehrere Antwortmöglichkeiten vorgegeben, von denen eine oder mehrere Richtige auszuwählen sind. Die Antworten können textuell, numerisch oder auch beides sein.

- **Numerisch:** Hat eine ähnliche Funktion wie die Kurzantwort, akzeptiert aber nur eine numerische Antwort. Dieser Typ ist sinnvoll, wenn nur numerische Antworten auf eine Frage zugelassen sind.

- **Wahr/Falsch:** Dieser Typ erwartet Wahr oder Falsch als Antwort. Die entsprechende Antwort wird per Mausklick auf einem Radiobutton ausgewählt. Damit können etwa bestimmte Aussagen auf Richtigkeit überprüft werden.

- **Zufällige Kurzantwortzuordnung** ist eine Frageart wie die Zuordnung. Die Fragen und Antworten kommen jedoch aus den Kurzantwort-Fragen, die der Testersteller schon vorher erstellt hat. Daher ist eine Grundbedingung für diesen Typus, dass schon mehrere Kurzantwort-Fragen schon vorhanden sind. Ansonsten kann eine zufällige Kurzantwortzuordnung im Test nicht korrekt eingesetzt werden.

- **Zuordnung:** Bei diesem Typus werden mehrere Fragen gestellt, zu denen jeweils die dazugehörigen Antwortmöglichkeiten per Dropdown-Listen angezeigt werden. Das Ziel ist es, die jeweils richtigen Antworten zu den Fragen zu finden. Die Zuordnung kann auch eingesetzt werden, um bestimmte Begriffe passend zuzuordnen. So könnte bei einer Testaufgabe die richtige Zuordnung griechischer oder lateinischer Fachbegriffe zu den entsprechenden deutschen Wörter erfragt werden.

Nachdem die einzelnen Fragetypen vorgestellt wurden, ist in Abbildung 105 die Seite zur Testerstellung mit vier hinzugefügten Fragen zu sehen.

Jede Frage ist nummeriert – hier von Eins bis Vier – und besitzt einen Fragetitel und einen Fragetext. Der Titel und der Text sind Links. Beide führen den Testersteller zur Einstellungsseite der jeweiligen Frage, auf der die Frage bearbeitet werden kann. Unterhalb einer Frage ist der Fragetyp zu erkennen. So hat Frage Drei den Fragetitel *Rechteck* und den einfachen Fragetext: *„Wie viele Ecken hat ein Rechteck?"*. Der hier verwendete Fragetyp ist Multiple-Choice.

Neben jedem Fragetyp ist eine kleine Lupe zu erkennen. Die Lupe signalisiert eine Vorschau der Frage, wie diese im Test aussehen würde. Rechts neben jeder Frage kann die Höchstpunktzahl eingegeben werden. Mit den Button *Speichern* wird jede Änderung diesbezüglich aktualisiert. Außerdem kann durch die rechtsstehenden Pfeile die Position der Fragen nach oben oder nach unten verschoben werden. Neben den Pfeilen ist auch ein **x** zu erkennen, mit dem die Frage gelöscht werden kann.

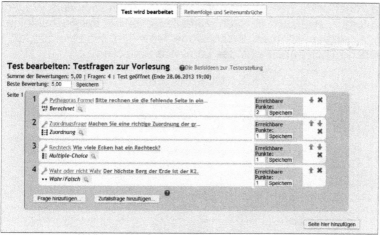

Abbildung 105: Seite zur Testerstellung mit Fragen

Ganz oben in Abbildung 105 sind die Informationen bezüglich der Punktevergabe im gesamten Test zu sehen. So hat dieser Test für die Summe der Bewertungen über alle Fragen fünf Punkte. Dabei sind vier Fragen erstellt worden und die höchstmögliche Punktzahl, die im gesamten Test erreicht werden kann, ist fünf Punkte.

Nachdem die Fragen für den Test auf der Testerstellungsseite erstellt wurden, können diese für die Kursteilnehmer eingesetzt werden. In Abbildung 106 sind die Fragen zu sehen, die in Abbildung 105 erstellt wurden. Wie schon erwähnt, sind in diesem Beispieltest vier unterschiedliche Fragetypen vorhanden. Die erste Frage ist eine *Berechnet*-Frage, in der eine numerische Antwort – die fehlende Seitenlänge im rechtwinkligen Dreieck - erwartet wird. Frage Zwei ist eine Zuordnungsfrage, in der griechische Fachbegriffe den deutschen Begriffen zugeordnet werden müssen. Bei der dritten Testfrage ist eine sehr einfache Multiple-Choice-

Frage zu erkennen. Schließlich ist die vierte Frage eine Wahr oder Falsch Frage, bei der die Aussage: *„Der höchste Berg der Erde ist der K2."* auf Richtigkeit überprüft werden soll.

Falls ein Zeitraum für den Test vorgegeben ist, kann dieser nur innerhalb dieses Zeitraums von den Testteilnehmer ausgefüllt werden. Ist die Anzahl der erneuten Testversuche begrenzt, so ist eine gute Überlegung oder auch eine gute Recherche über die Fragen angebracht.

Wie oft und wie lange ein Test durchführbar ist, kann der Testersteller in den Konfigurationseinstellungen der Aktivität Test festlegen. Der Zugang zu einem Test für einen längeren Zeitraum ist sinnvoll, wenn das Wissen der Teilnehmer trainiert werden soll.

In diesem Zeitraum kann die Anzahl der Versuche des gleichen Tests unbegrenzt sein. Dies ist nur dann hilfreich, wenn sich viele Fragen bei erneutem Testversuch in ihren Variablen oder bei der Reihenfolge ändern. Ansonsten könnten verschiedene Tests konzipiert werden, die verschiedene Themenbereiche des Lernstoffs abdecken.

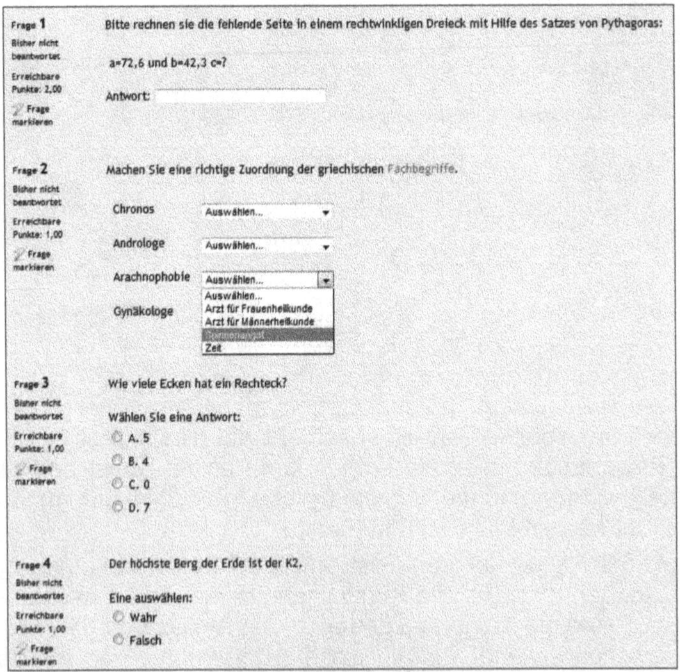

Abbildung 106: Testfragen

Der Testteilnehmer kann während des Tests zu den einzelnen Fragen ein Feedback erhalten. Das Feedback kann erst nach Beantwortung einer Frage die richtige Lösung bei einer falschen Antwort, die Punktzahl, die Anzahl der Versuche oder auch Verbesserungsvorschläge anzeigen. Jede einzelne Information kann vom Testersteller für die Anzeige in den Einstellungen ausgewählt werden. Ist nur die Punktevergabe erwünscht, dann ist es möglich, nur diese dem Teilnehmern anzuzeigen. Unmittelbar nach dem Test kann auch ein Gesamtfeedback für den ganzen Test angezeigt werden. Je nach erreichbarer Punktzahl kann ein entsprechendes Feedback ausgegeben werden. Das Feedback kann nach den Vorstellungen des Erstellers in Textform für die jeweiligen Punkte selbst bestimmt werden. Das Gesamtfeedback kann auch nach Ende des Zeitraums, also erst nach dem Enddatum, angezeigt werden.

Wird ein Test bei der Benotung eines Teilnehmers berücksichtigt, so kann der Test für einen kurzen Zeitraum angeboten werden. Auch die Anzahl der Versuche kann eingeschränkt werden. Falls keine Einschränkung gemacht wird, dann kommt ein Feedback zu jeder Frage oder ein Gesamtfeedback erst nach Ende des Testzeitraums in Frage. Vorher würde das keinen Sinn machen, da die Teilnehmer die Lösung vor Testende sehen würden. Somit können sich Studenten in einem kurzen Zeitraum (eventuell 1 Woche) einen Test ansehen und sich Gedanken dazu machen. Wenn der Student sich in der Lage fühlt, die Antworten zu geben, kann er dies bis zu dem angegebenen Enddatum machen.

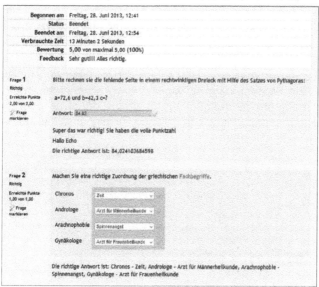

Abbildung 107: Testergebnisse

In Abbildung 107 ist ein Feedback mit Lösungen unter den jeweiligen Fragen und ein Gesamtfeedback oben im Bild zu erkennen. Auch die Bewertung des gesamten Test ist zu sehen. Das grüne Häkchen bei jeder Auswahl zeigt an, dass hier richtig geantwortet wurde. Links neben den Fragen ist die Gesamtpunktzahl pro Frage und die erreichte Punktzahl des Teilnehmers zu entnehmen.

Bei vielen oder unbegrenzten Testversuchen kann die erreichte Gesamtpunktzahl wie folgt bestimmt werden: bester Versuch, Durchschnitt, erster Versuch oder letzter Versuch. Außerdem kann die Fragenreihenfolge so bestimmt werden, dass diese sich bei jeder Testperson oder bei wiederholtem Versuch zufällig ändert.

Es ist zu erkennen, dass in der Aktivität Test viele Kombinationsmöglichkeiten eingestellt werden können. Dadurch kann ein Test an die Bedürfnisse eines Kurses beliebig und nach Situation angepasst werden. Somit ist er ein geeignetes Instrument, um Teilnehmer zu trainieren oder um benotete Aufgaben zu stellen. Auf diese Weise kann das Wissen der Kursteilnehmer gefördert werden.

Nachdem ein Test beendet wurde, kann der Testbewerter ähnlich wie bei der Aktivität Feedback jeden einzelnen Test ansehen oder auch in einem Balkendiagramm die Gesamtzahl der Teilnehmer und deren Bewertung ansehen. Bei mehreren Testversuchen kann auch eine Statistik über die Durchschnittsergebnisse ausgegeben werden. Der Testbewerter kann auch die Ergebnisse als Excel-Tabelle und anderen gängigen Formaten herunterladen. Damit haben die Verantwortlichen eines Kurses einen guten Überblick über das Wissen und die Schwierigkeiten ihrer Teilnehmer. Daraus können auch Rückschlüsse auf die Inhalte des Kurses getroffen werden.

Für die Kursteilnehmer dient diese Aktivität als Reflexion für ihren Wissenstand. Ein Student kann bei schlechtem Abschneiden in einem Test frühzeitig mehr Anstrengungen unternehmen, damit er sich verbessern kann. Das ist insbesondere sehr wichtig für die abschließende Prüfung im Kurs.

B Blöcke

Wie schon im Abschnitt 3.1 erwähnt, werden Blöcke entweder links oder rechts auf einer Kursseite angeordnet. Sie informieren den Kursteilnehmer über die vorhandenen Aktivitäten des Kurses. Der Name Aktivität ist sehr zutreffend ausgewählt worden, da in den vorherigen Aktivitäts-Abschnitten zu erkennen war, dass bei einer Aktivität der Kursleiter und die Kursteilnehmer aktiv etwas tun. Damit diese Aktionen im Kurs nicht unbemerkt bleiben, werden informative Blöcke in Moodle eingesetzt. Einige Blöcke besitzen Verlinkungen zu den jeweiligen Aktivitäten, um auf Neuigkeiten zu reagieren oder auch Einstellungen zu verändern.

In Abschnitt 3.1 wurde beispielhaft der Block Neue Nachrichten vorgestellt. In den nächsten Abschnitten werden weitere wichtige Standardblöcke in Moodle vorgestellt, die hilfreich für den Einsatz im Fachbereich Informatik erscheinen.

B.1 Aktivitäten

Abbildung 108: Block Aktivitäten

In Abbildung 108 sind alle hinzugefügten Typen von Aktivitäten und Arbeitsmaterialien eines Moodle-Kurses aufgelistet. Auch wenn mehrere Tests im Kurs vorhanden sind, steht im Block nur einmal der Link Tests. Über diesen Link gelangt der Nutzer auf eine Seite mit einer Übersicht zu allen Tests, die in diesem Kurs vorhanden sind. Diese Art der Auflistung gilt für alle anderen Aktivitäten, wie etwa Foren, Chats und Wikis auch. Je mehr unterschiedliche Aktivitäten dem Kurs hinzugefügt werden, desto größer wird dieser Block.

Ein Link in diesem Block der nicht zu den Aktivitäten gehört ist Arbeitsmaterial. Über den Link gelangt der Moodle-Nutzer auf eine Übersichtsseite, auf der alle Materialien des Kurses aufgelistet sind.

Durch diese Art der Auflistung hat man einen schnellen Überblick über alle vorhandenen Aktivitäten und Arbeitsmaterialien des Kurses. Dies ermöglicht einen sehr schnellen Zugriff auf eine bestimmte Aktivität oder Material.

B.2 Neue Aktivitäten

Jegliche Änderungen im Moodle-Kurs – eine Aktualisierung einer Aktivität, neu hinzugefügte Aktivitäten und Arbeitsmaterialien oder neue Forumsbeiträge – werden zur Information im Block *Neue Aktivitäten* (siehe Abbildung 109) angezeigt. Falls zwischen dem letzten und den aktuellen Besuch der Kursseite neue Aktivitäten im Kurs stattfanden, dann sind nur diese beim aktuellen Besuch im Block zu sehen. Wenn in diesem Zeitraum nichts passiert ist, dann wird dementsprechend der Text: *„Nichts Neues seit Ihrem letzten Login"* angezeigt.

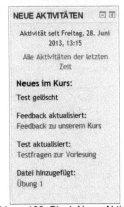

Abbildung 109: Block Neue Aktivitäten

Bei diesem Block ist genau zu erkennen, was sich geändert hat. In Abbildung 109 wird angegeben, dass der Test *Testfragen zur Vorlesung* und das Feedback *Feedback zu unserem Kurs* aktualisiert, eine Datei hinzugefügt und ein anderer Test gelöscht wurden. Der Titel der einzelnen Aktivitäten und Arbeitsmaterialien wird genannt und als Link angeboten. Über den Link kann der Kursleiter und der Kursteilnehmer die Aktualisierung in der jeweiligen Aktivität oder beim jeweiligen Arbeitsmaterial direkt einsehen. Damit sind die Teilnehmer des Kurses immer auf den aktuellsten Stand des Kurses. Somit ist dieser Block sehr nützlich.

B.3 Aktuelle Termine

Der Block Aktuelle Termine, wie in Abbildung 110 zu sehen, zeigt bevorstehende Termine an. Das kann ein Abgabetermin für eine Ausarbeitung sein, ein Termin zum Chatten oder ein Zeitraum, in dem ein Feedback stattfinden wird. Dabei beinhaltet ein Termin den Wochentag, das Datum und die Uhrzeit, sofern diese nicht sehr kurzfristig sind.

Abbildung 110: Block Aktuelle Termine

Zudem sind die jeweiligen Termine Links, über die der Kursteilnehmer zur entsprechenden Aktivität gelangen kann.

Darüber hinaus befinden sich noch zwei weitere Links ganz unten im Block. Über den Link *Zum Kalender* gelangt der Moodle-Nutzer auf einer Seite, auf der ein Kalender angezeigt wird. In diesem Kalender, der zur Übersicht drei Monate anzeigt, werden alle Termine farblich markiert. Auf dieser Kalender-Seite werden die Termine als Links erneut aufgelistet, so dass ein Teilnehmer auf die entsprechende Seite gelangen kann. Außerdem kann eingestellt werden, wie viele bevorstehende Termine im Block angezeigt werden sollen, sowie bis wie viele Tage im Voraus Termine sichtbar gemacht werden sollen.

Über den Link *Neuer Termin* kann ein wichtiger Termin zur Erinnerung eingetragen werden. Dieser Termin ist nur für den einzelnen Moodle-Nutzer sichtbar.

Im Kalender sind sowohl persönliche als auch für alle Teilnehmer sichtbare Termine zu sehen. Diese dienen als Erinnerung an bevorstehende Aktivitäten im Kurs.

B.4 Suche in Foren

Abbildung 111: Block Suche in Foren

Mit dem Block in Abbildung 111 kann nach einem bestimmten Wort in den Foren des Kurses gesucht werden. Darüber hinaus wird eine erweiterte Suche angeboten, bei der man mehrere Parameter eingeben kann. Außerdem sind bestimmte Einschränkungen, wie etwa ein Zeitraum, in dem Forumsbeiträge getätigt wurden, wählbar. Bei sehr vielen Beiträgen ist dieser Block sehr nützlich, um schnell zur gesuchten Information zu gelangen.

B.5 Mitteilungen

Abbildung 112: Block Mitteilungen

In einem Moodle-Kurs können die Teilnehmer untereinander Mitteilungen verschicken, ohne dabei die E-Mail-Adresse des Empfängers kennen zu müssen. Ein Klick auf den Namen eines Kursteilnehmers genügt, um eine Mitteilung verschicken zu können. Der Block Mitteilungen in Abbildung 112 zeigt dem Kursteilnehmer, ob er eine oder mehrere Nachrichten erhalten hat. Dazu wird der Name der Person angezeigt, die die Nachricht gesendet hat. Darunter wird der Link Mitteilungen angeboten, über den das Mitteilungssystem in Moodle erreicht werden kann.

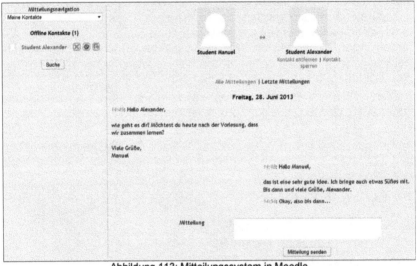

Abbildung 113: Mitteilungssystem in Moodle

Über die Mitteilungsnavigation in Abbildung 113 auf der linken Seite können die eigenen gespeicherten Kontakte oder auch ein Kurs ausgewählt werden, in dem Kontakte vorhanden sind. Per Mausklick kann ein Kontakt ausgewählt werden, um eine Mitteilung an diese Kontaktperson zu schicken.

Auf der rechten Seite der Abbildung 113 ist der Mitteilungsverlauf zwischen zwei Kursteilnehmer zu sehen. Weiter unten befindet sich eine Textfläche, in die eine Mitteilung eingetippt und versendet werden kann.

In der persönlichen Kontaktliste kann der Kursteilnehmer einen Kontakt hinzufügen, suchen, entfernen oder auch sperren. Außerdem sind ältere Mitteilungsverläufe zu einem späteren Zeitpunkt einsehbar. Dazu stehen die folgenden Buttons zur Verfügung.

- Kontakt enfernen ⊠
- Kontakt sperren ⊘
- Mitteilungsverlauf ansehen 🔳

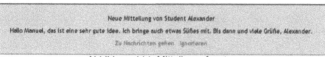
Abbildung 114: Mitteilungsfenster

Neben den Block Mitteilungen wird zusätzlich der Empfang einer Mitteilung durch ein auftauchendes Fenster signalisiert, was in Abbildung 114 zu sehen ist. In dem Mitteilungsfenster wird auch sofort die Nachricht des Senders angezeigt. Das Erscheinen dieser Nachricht erfolgt, wenn ein Kursteilnehmer sich gerade im Moodle-System aufhält und die Mitteilung währenddessen an ihn verschickt wurde. Falls der Moodle-Nutzer offline war, dann taucht dieses Fenster gleich nach dem Einloggen ins Moodle-System auf. Auf diese Weise ist es fast unmöglich, dass eine Mitteilung verpasst wird.

Ferner kann jeder Kursteilnehmer die Mitteilungen an die gewünschte E-Mail-Adresse weiterleiten lassen. In den Voreinstellungen wird die E-Mail-Adresse genutzt, die bei der ersten Anmeldung angegeben wurde. Dies kann danach jederzeit geändert werden.

B.6 Personen

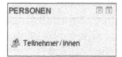
Abbildung 115: Block Personen

Der Block Personen in Abbildung 115 beinhaltet einen Link "Teilnehmer/innen". Über diesen Link gelangt man auf eine Übersichtsseite (siehe folgende Abbildung 116), auf der alle Kursteilnehmer eines Kurses aufgelistet sind.

Abbildung 116: Teilnehmerliste

Ganz am Anfang dieser Seite steht die Anzahl der Personen, die in diesem Kurs eingeschrieben sind. Bei sehr vielen Teilnehmern kann die Anzeige über den Anfangsbuchstaben von Vor- und Nachname beschränkt werden.

Außerdem kann der Teilnehmerkreis nach Vor- und Nachname, Land, Stadt und letzte Zugriffe entweder aufsteigend oder absteigend sortiert werden. Dazu genügt ein Klick auf den jeweiligen Spaltennamen.

Die Einträge der Spalte Vorname/Nachname dienen auch als Link. Jeder Link führt auf das Profil der ausgewählten Person. Das Profil beinhaltet öffentliche Angaben der Person, die für alle sichtbar sind, wie etwa die E-Mail-Adresse, der letzte Zugriff im Kurs und die besuchten Kurse. Auch weitere Informationen können im Profil veröffentlicht werden, falls dies erwünscht wird. Beim Profil ist auch ein Mitteilungslink vorhanden, über den eine Mitteilung an die betreffende Person verschickt werden kann.

In der Abbildung 116 ist noch die Spalte *Auswählen* zu erkennen, die für Kursleiter und andere Berechtigte sichtbar ist. Das gilt auch für die beiden untenstehenden Buttons, sowie für die Dropdown-Liste. Alle anderen Informationen sind für Kursteilnehmer sichtbar.

Über den Button *Alle auswählen* werden alle Checkboxen in der Spalte *Auswählen* markiert. Mit den Button *Nicht auswählen* werden markierte Checkboxen deaktiviert. Eine Checkbox ist auch manuell mit einem Klick auswählbar. Nachdem die Auswahl der jeweiligen Personen getroffen wurde, wird über die Dropdown-Liste eine auszuwählende Aktion ausgeführt. Diese Aktion betrifft dann alle Teilnehmer, die selektiert wurden. Die möglichen Aktionen sind eine Mitteilung zu versenden, separate Anmerkungen zu jeder einzelnen Person oder eine gleiche Anmerkung für alle ausgewählten Teilnehmer anzugeben.

Vor allem für den Kursleiter ist der Block Personen eine sehr hilfreiches Instrument, da er an eine Gruppe von Teilnehmern die gleiche Nachricht verschicken kann, ohne das unberechtigte Personen davon in Kenntnis gesetzt werden müssen.

B.7 Online-Aktivitäten

Abbildung 117: Block Online-Aktivitäten

Der Block *Online-Aktivitäten* in Abbildung 117 listet die Kursteilnehmer auf, die in den letzten fünf Minuten im Kurs online waren oder noch sind. Jeder Name wird als Link zur Verfügung gestellt, der zum Profil der ausgewählten Person führt.

Über das Sprechblasen-Icon neben jeden Namen (außer den eigenen Eintrag) gelangt der Kursteilnehmer zum Mitteilungssystem, in dem eine Mitteilung an die betreffende Person verschickt werden kann. Im Abschnitt B.5 *Block Mitteilungen* sind weitere Informationen zum Mitteilungssystem erhältlich.

Mit den Block Online-Aktivitäten kann die Kommunikation zwischen den Kursteilnehmer gefördert werden. Wichtige Fragen, Ideen oder auch andere Anliegen können direkt an die Person, die sich zur gleichen Zeit im Moodle-Kurs beschäftigt, kontaktiert werden. Dadurch könnte eventuell eine zeitnahe Antwort zustande kommen.

www.ingramcontent.com/pod-product-compliance
Lightning Source LLC
La Vergne TN
LVHW042333060326
832902LV00006B/140